KB126712

고종시대 인물연구 총서

해월 최시형 평전

| 새로운 세상을 실천한 최보따리 |

고종시대 인물연구 총서

해월 최시형 평전

| 새로운 세상을 실천한 최보따리 |

초판 1쇄 인쇄 2021년 11월 10일
초판 1쇄 발행 2021년 11월 20일

저   자 | 성주현

발행인 | 윤관백
발행처 | 도서출판 선인

디자인 | 박애리
편   집 | 이경남 · 박애리 · 이진호 · 임현지 · 김민정 · 주상미
영   업 | 김현주

등   록 | 제5 - 77호(1998.11.4)
주   소 | 서울시 마포구 마포대로 4다길 4, 곳마루빌딩 1층
전   화 | 02)718 - 6252 / 6257
팩   스 | 02)718 - 6253
E-mail | sunin72@chol.com

정 가 25,000원
ISBN 979-11-6068-643-2 93990

이 저서는 2015년 대한민국 교육부와 한국학중앙연구원(한국학진흥사업단)의
한국학총서사업 지원을 받아 수행된 연구임(AKS-2015-KSS-123006)

해월 최시형 평전

성주현 저

도서출판 선인

일러두기

1. 일자는 모두 음력으로 표기하는 것을 원칙으로 했다. 양력 일자를 표기할 때는 별도로 (음력)이라고 표시했다.

2. 인용문은 별도의 표시가 없는 한 모두 필자가 번역한 것이다. 인용 원문에 주석이 있는 경우[原註]는 [ ], 필자가 덧붙인 주석은 ( )로 표시했다.

3. 일반 독자를 대상으로 하는 대중서임을 고려하여 각주는 가급적 달지 않았으며, 직접 인용문의 경우에도 출처만 간략히 표기했다.

책을 내면서

퉁퉁 부은 발과 기울어지는 몸을 한, 한 장의 사진.

해월 최시형의 마지막 모습이다. 이 사진에는 무너져가는 한말의
모습과 해월 최시형의 삶을 단적으로 보여주고 있다. 동학농민혁명 최
고 지도자 해월 최시형은 그렇게 역사의 흐름에서 자신을 증명하였다.

1898년 6월 2일 처형 직전 러시아 공사
인 파블로프(A. Pavlow)[1]가 해월 최시형의 탁
월한 사상과 인품에 감복하여 최후의 모습
을 남겼다고 한다. 파블로프는 조선 정부의
허가를 받아 해월 최시형의 마지막 모습을
담았다.[2]

처형 직전 해월 최시형의 사진에는 '처
교죄인 동학 괴수 최시형(處絞罪人 東學 魁道 崔

교형 직전 해월 최시형의 모습

---

1 파블로프(A. Pavlow)는 1899년 1월 12일 주한러시아공사로 부임하여 고종을
  접견하였다.(『고종실록』 36년 1월 12일자) 해월 최시형이 처형을 당할 당시 주한
  러시아공사는 마튜닌이었다. 그동안 해월 최시형 사진은 파블로프가 촬영한 것
  으로 알려져 있는데, 이에 대해서는 좀 더 살펴보아야 할 것으로 본다.
2 파블로프가 찍은 해월 최시형의 사진은 브세로프스키가 1909년 러시아에서 조
  선의 풍물을 소개한 『고려』에 '죄인으로 몰려 사형 선고를 받은 동방의 탁월한
  혼인 최시형'이라고 소개하면서 알려지게 되었다. 현재 전해지고 있는 해월 최
  시형의 사진은 러시아어와 독일어로 설명이 붙어 있으며, 해월 최시형의 손 위
  치가 다른 것으로 보아 여러 사진사들이 찍은 것으로 보인다.

時亨)'이라는 문구가 붙어 있고, 윗저고리는 오른쪽으로 쏠려 있다. 퉁퉁 부은 두 발등이 그대로 드러난 채 지치고 엉거주춤한 모습으로 앉아 있다. 어딘지 모르게 불안정한 자세이다. 홀로 앉아 있을 수 없었던 해월 최시형을 쓰러지지 않도록 뒤에서 사람이 잡고 있기 때문이었다. 그의 모습에서 당시 서세동점의 시기 불안정한 조선의 위기 상황이 그대로 전해진다.

서소문 감옥에서 최후를 마친 '동학 괴수' 해월 최시형은 동학의 최고지도자이며, 동학농민혁명을 지도한 인물로 평가받고 있다. 그리고 서세동점의 시기 동학을 통해 반봉건과 반외세를 극복하고자 하였던 해월 최시형의 모습이었다.

동학의 2세 교조로 1863년 8월 14일 동학의 최고책임자가 되어 36년간 도바리 생활을 해월 최시형에 대해서는 여러 가지 흥미로운 일화들이 많다. 그 중의 하나가 '최보따리'이다. 최시형은 성리학 이데올로기의 조선에서 이단으로 지목을 받아 끝없이 잠행하면서 보따리를 어깨에 메고 다녔다. 그래서 제자들이 붙여준 별명이다. 또 하나의 별명이 있는데, '해월 선생'이었다. '선생'과 '보따리' 두 별명은 상반되는 듯하지만, 해월 최시형을 가장 잘 보여주는 모습이다. 선생의 이미지는 동학 지도자로써 보여준 다양한 모습을 그대로 담고 있다.

검곡에서 '만민평등'에 대해 처음으로 설교를 한 이래 천지부모(天地父母), 대인접물(待人接物), 경천(敬天)·경인(敬人)·경물(敬物)의 삼경설(三敬說), 부부화순(夫婦和順), 향아설위(向我設位), 이천식천(以天食天), 양천주(養天主), 내수도문(內修道文) 등 동학의 실천적 생활철학은 '선생'으로서의 모습이다.

이에 비해 보따리는 고난의 전형적인 모습을 보여주고 있다. 스승 수운 최제우로부터 동학의 최고지도자로 선택된 해월 최시형은 조선 정부의 끊임없는 추적과 도망이라는 길에 스승 최제우가 남겨준 글을 한시라도 잃어버리지 않으려고 보따리에 싸서 메고 다녔던 말 그대로 '도바리'의 모습이다. 그렇지만 이 두 가지 모습을 통해 종교가이며, 혁명가의 모습을 대조적으로 생각하게 한다.

본시는 2015년노 한국학중앙연구원 한국학진흥사업의 한국학총서 연구사업의 결과물이다. '고종시대 인물연구'라는 주제 아래 고종, 대원군, 최시형, 안창호 등 고종시대에 활동하였던 인물을 조명하고자 하였다. 한 인물을 조명한다는 것은 쉬운 작업이 아니라는 것을 새삼 느꼈다. 적든 많든 선행연구가 있다는 것은 더욱 부담되었다. 그런 점에서 본서를 간행하는데 가장 많은 도움을 받은 것은 윤석산 교수의 『해월 최시형의 사상』이었다. 다시 한번 감사의 인사를 드린다.

본서를 출판하는데 많은 분의 도움과 배려가 있었다. 본 연구사업을 수행하는 데 많은 도움을 주신 신용하 선생님, 이민원 선생님, 김종학 선생님께 먼저 감사의 인사를 드린다. 그리고 지난한 연구자의 길을 가고 있는 필자를 위해 묵묵히 지원해주고 있는 가족들, 이제는 같은 연구자의 길에 나선 딸 지윤에게도 고마움을 전하고자 한다. 같은 시대, 같은 주제로 함께 연구하며 도움을 주고받는 동생 성강현 박사에게도 감사의 인사를 전한다. 끝으로 본 연구서의 출판을 맡아준 도서출판 선인의 윤관백 사장과 편집진, 특히 수정 보완을 맡아준 이진호 편집원에게 별도의 감사를 전하고자 한다.

2021년 11월 아산 수정재에서

1.
조선후기 사회모순과 서구열강의 도전

1) 조선후기 사회의 모순

19세기 조선 사회는 농업, 수공업, 상업, 공업 등 모든 경제 분야에서 서서히 자본주의적 생산 관계가 발생 발전하면서, 그동안 사회를 지탱해 왔던 봉건적 질서가 해체되는 시기였다. 조선 사회의 해체과정은 모든 사회부문에서 진행되었지만, 이를 가능케 한 기본적 동력은 17세기 이래 나타난 농업생산력의 발전이었다.[1] 농업생산력의 발전에 따라 사회적 분업이 진전되었으며, 그 결과 상품화폐경제가 크게 발달하였을 뿐만 아니라, 그 성격도 점차 변하였다. 18세기 이후에는 농민들의 농업생산에 필요한 농기구, 면화, 면포, 미곡 등이 주요한 상품으로 등장하여 농민 중심의 상품화폐경제로 발전하였다. 이러한 상품들은 농촌 주위의 시장에서 교환되었고, 이를 토대로 상업적 농업을 영위하는 농민들은 농업경영의 이윤추구로 부를 축적할 수 있었다.

이와 같은 농민 중심의 상품화폐경제의 성장은 봉건적 생산 관계를 자본주의적인 것으로 변화시키는 계기가 되었으며, 나아가 상업, 수공업, 광업 등에서도 이러한 생산 관계를 발전시켰다. 그러나 19세

---

1 한국역사연구회 편, 『한국사강의』, 한울아카데미, 1989, 203~208쪽.

기 전반기까지는 여전히 봉건적 사회관계가 모든 사회부문을 지배하였고, 이는 역사발전의 장애물로서 기능하고 있었다. 이로 볼 때 19세기의 조선 사회는 자본주의적 생산 관계를 지향하는 토대의 발전으로 인하여 봉건적 지배질서의 위기를 맞을 수밖에 없었다.

조선 사회의 위기는 일차적으로 신분제(身分制)의 변동에 따른 봉건적 신분질서의 동요, 지주제(地主制)의 확대에 따른 지주와 전호농민(佃戶農民)의 계급 대립의 심화, 그리고 농업생산력의 발전으로 인한 농민층의 분해 등으로 사회갈등을 초래하였다. 그 결과로 나타난 농민층의 분해는 부농(富農)의 대두와 소농민(小農民)의 몰락으로 이어졌다.

18세기 이후 소수 농민들은 농지를 넓혀가면서 상업적 농업을 통해 부농이나 서민지주(庶民地主)로 성장할 수 있었다. 그렇지만 대다수 농민들은 부농들에게 자신들이 경작하던 농지마저 빼앗겨 빈농으로 전락하였다. 이로써 농민층 내부에는 중간계층이 없는 부농과 빈농만이 존재하였다. 이 결과 새롭게 형성된 빈농층은 농업 생산만으로 생계가 어려웠으므로 부농의 경영 확대에 따른 노동력 부족을 충당하는 품팔이 노동자로 전락하였다.

한편 양반층의 경우도 오랫동안 관직에 진출하지 못하면서 경제적으로 몰락하여 평민이나 천민과 전혀 다를 바 없는 소작 농민으로 전락하였다. 이와 같은 사회변동의 상황에서 다수는 아니었지만 평민이나 천민도 부를 축적하기만 하면 농지를 대여하는 지주가 될 수 있었다.

이와 같은 조선후기 사회의 변화는 농촌사회 내의 계층구성의 재편으로 이어졌다. 지주계급은 기존의 양반특권 지주와 새롭게 성장한 서민지주로 분화되었고, 농민층도 부농, 빈농, 농촌노동자로 분화되었다. 이러한 사회구조는 농촌사회 내의 계층 간·계급 간의 대립을 첨예화시켰을 뿐 아니라, 그 자체가 조선사회의 위기를 조성하는 요인이 되었다.[2] 더욱이 상품화폐경제의 발전에 따라 토지의 상품화가 진전되었으며, 그 결과 토지에 대한 지배권이 강화되어 지주제가 보다 확대, 강화되었다. 이러한 지주와 전호농민의 토지 소유관계를 둘러싼 대립은 19세기 조선사회를 위기로 몰고 간 가장 중요한 원인이 되었다.

19세기 이래 조선 사회의 위기는 정치적인 면에서도 드러났다. 토지와 생산자에 대한 봉건국가의 지배와 통제력이 약화되면서 광범위한 양반세력의 참여가 보장되었던 기존의 정치질서는 붕괴되었다. 정권을 잡은 세도가들은 자신들의 권력을 이용하여 매관매직(賣官賣職)으로 부를 축적하였다. 따라서 벼슬자리가 중요한 치부의 수단이 되었기 때문에, 정권을 잡은 자들은 관직의 임기를 단축시켜 자주 교체함으로써 축재하였다.[3] 이러한 관직의 불안정한 상태는 관리들에 의한 탐학행위의 증가로 결국은 농민 수탈로 이어졌다.

이와 더불어 상품화폐경제의 발전은 지배층의 사치욕구를 자극하여 국가재정의 지출을 증대시켰다. 이는 세도정권 하에서 국가재정의 위기가 만성화되는 하나의 계기가 되었다. 이러한 국가재정의 위기를

---

2 민중사상연구소 편, 『한국근대민중사』, 참한, 1988, 16~20쪽.
3 당시 사회상을 황현은 다음과 같이 비판하였다. "좌의정 김병시가 상소하기를 "수령을 자주 교체하는 폐단이 있어 백성들이 지방에서 소란을 피우는 일이 빈번하므로 하루도 관직을 비울 수 없습니다. 그러나 후임 발령이 늦어지고 속히 임명하여 보내기 바란다"라고 하였다. 이때 외직으로는 감사, 유수, 병사, 수사 등으로부터 수령, 진장에 이르기까지 매도되었는데, 그중 돈을 많이 들여놓은 사람이 실직을 받을 수가 있어 어떤 사람은 자리 하나에 10,000냥을 주고 제수를 받기도 하였다. (중략) 그리고 음사로는 도사, 감역, 참봉, 감찰 등이 그 계품의 우열에 따라서 가격이 정해지기도 하였는데, 그 가격은 혹 20,000~30,000냥에서 혹은 10,000냥 내지 수천 냥쯤 하였다."(황현 저·김준 역, 『완역 매천야록』, 교문사, 1996, 207~209쪽 참조).

극복하기 위하여 당시의 세도정권들은 새로운 재원의 확보방법으로 대동미의 중앙 상납분을 늘리는 조치나 환곡의 총액을 늘리는 방법, 심지어 주화의 질을 떨어뜨려 화폐 발행에서 생기는 이익을 늘리는 것도 상습적으로 자행되었다.

이처럼 중앙정부에 의해 재정이 감액된 지방관청에서는 각종 잡세의 부과나 환곡, 고리대 등을 통하여 재정부족을 보충할 수밖에 없었다. 따라서 자연히 봉건권력에 의한 농민 수탈은 더욱 강화되었고, 이는 19세기의 만성적인 삼정(三政) 수탈의 계기로 작용하였다.

2) 조세수취체제의 문란

삼정은 봉건적 조선사회 조세수취의 근간을 이루는 것이었다. 봉건적 조세수취는 원칙적으로 국가가 개별국민과 토지를 통일적으로 지배하면서 실현되는 것으로, 신분제를 근간으로 운영되면서 그 자체가 개별국민 들에게 신분제를 강제하는 제도였다. 이러한 조세수취제도는 17세기 이후 크게 변화되어 대동법(大同法),[4] 균역법(均役法)의 실시,

---

4 대동법은 지방에서 특산물로 바치던 전통적 조세체제가 미곡으로 통일되고 그 대동세는 대전납부를 허용함으로써 현물경제체제가 화폐경제체제로 변화되는 계기가 된다는 점에서 조선조 경제체제를 획기적으로 변화시켰다. 대동법은 조선전기 토공제도 자체의 모순과 공물의 부과 및 징수과정에 있어서의 공리의 대납제를 통한 농민착취로 인해서 선조 때부터 그 개편론이 제기되어 광해군 때부터 점차 실시되었다. 이는 종래의 토공과 용역에 대해 징수함으로써 조세체제를 일원화시킨 것이다. 또한 토지소유에 비례하여 과세함으로써 공정한 조세체계를 이룩하고 고정된 세율을 부과케 한 것으로 공물의 미납화로 인한 중간착취를 제거하였다. 대동법은 18세기 중엽 이후 정치기강의 문란으로 정상적 운영이 저해되기도 하였으나 그 역사적 의의는 컸다. 특히 수세체제를 미·포·목 등 현물체제로부터 현물 및 전 이원체제로 전환시켜 금납일원체제가 되기 위한 기초를 마련하였을 뿐만 아니라 상품생산과 교환경제의 발달을 촉진시키는데 기여 하였으나 지방에서는 여전히 특산물을 공물로 받아 국민의 부담에는 변한 것이 없었다.(김운태, 『조선왕조행정사(근세편)』, 박영사, 1981,

환곡(還穀)의 부세적 성격의 강화에 따라 19세기 조세수취제도는 전정(田政), 군정(軍政), 환정(還政)이라는 삼정체제로 확립되었다.

삼정은 조선의 국가재정의 원천이었다. 즉 전정은 전세(田稅), 대동미(大同米), 삼수미(三收米), 결작(結作)⁵ 등을 포함한 토지에 부과되는 모든 부세를 일괄하여 거두는 전결세 수취행정이었고, 군정은 양인과 농민을 대상으로 한 군포(軍布) 징수행정이었으며, 환정은 환곡의 분배와 수납행정⁶이었다.

그러나 조선 후기 경제상황의 총체적 부패는 삼정의 문란으로 귀결된다. 즉, 전정의 경우는 토지대장이 정리되어 있지 않아 관리의 작위적 기재에 희비가 갈렸으며 전세의 삼수미세는 호조에서, 대동미는 선혜청에서, 결작은 균역청에서 각각 출납케 되어 혼란만을 야기했다.⁷ 특히 군정의 경우는 호적이 정비되어 있지 않아 관리에 의도대로 군역의 부담이 편중되어 가장 큰 혼란을 야기했으며⁸ 환곡의 경우도 본래의 빈민구제의 의미를 상실하고 일종의 고리대 성격으로 변하여 농민을 착취했다.⁹

251~252쪽).

5 전세는 매결 4두, 삼수미는 사, 살, 포의 삼수병의 급료를 위한 세로 매결 2두 2승, 대동미는 매결 12두, 결작은 균역세의 일종이었다.

6 환곡은 일종의 국가적 사회사업제도였다. 즉, 가난한 백성에 봄에 관곡을 빌려주고 가을에 약간의 이자를 포함하여 갚는 빈민구제의 일종이었다.

7 전정의 문란은 은결(대장에 실리지 않은 전답에 징세하는 것), 진결(진황전에 징세하는 것), 전세 문란에 따른 면세지의 증가 등이다.

8 군정의 문란은 족징(도망자, 사망자의 체납 분을 친족에게 물리는 것), 동징(동리사람에게 공동부담 시키는 것), 강년채(60이 넘은 자에게도 고의로 나이를 줄여 군포징수), 마감채(병역 의무자에게 일시불로 받는 면역군포), 황구첨정(유아를 장정으로 기재해 부과하는 것), 백골징포(죽은 자에게 부과하는 것) 등이 있었다.

9 환곡의 문란은 반작(허위 작부로 출납을 속이는 것), 가분(저축하여야 할 부분을 대출하는 것), 허류(창고에 없는 실물을 있는 듯이 함), 입본(풍년과 흉년 등을 미리 예견하고 미곡시세를 정해 대전으로 사취하는 것), 증고(상사가 명

군역은 국민개병제(國民皆兵制)와 병농일치(兵農一致)였으나 16세기 이후 모병제(募兵制로) 바뀌면서 군역 대신 포를 거두는 수포대역제(收布代役制)가 실시되면서 1년에 포 2필을 내게 되었다.[10] 결국 군역은 국방의 의무보다는 군포징수의 의미가 커지면서 전세나 공납보다도 더 힘겨운 부담으로 그에 대한 폐단만 증가하였다. 따라서 균역법의 실시는 초기의 농민부담을 어느 정도 덜어 주었으나 시일이 지나면서 군정의 문란으로 확대 부패되어 갔다.

이러한 삼정의 문란은 19세기 중엽 조세수취체제를 와해의 위기로 몰고 갔으며, 이는 또한 수취체제 뿐만 아니라 조선사회 전반을 해체시키는 농민항쟁의 원인이 되었다. 즉, 19세기 농민층의 분화 경향은 지배층에 의한 '삼정의 문란'으로 더욱 노골적으로 나타났으며 또한 세도정치(勢道政治)라는 비정상적 정치과정을 통하여 더욱 심화되었다. 아울러 봉건적 신분제의 동요로 다수의 부농층이 양반으로 상승해 나감으로써, 조선의 재정 위기도 심각한 상태에 이르게 되었다. 조선의 재정적 기초는 전정, 군정, 환곡이 중심을 이루었으나 점차 토지로 집중되어 갔다. 따라서 삼정의 문란과 함께 양반층의 토지 수탈은 당시 민중의 빈궁과 유리를 촉진시켰다.

조선 후기 전개된 민중의 저항에 빼 놓을 수 없는 것이 가뭄과 장마 등 자연 재해였다. 즉, 수년마다 닥쳐오는 자연 재해에 따른 농업생산의 감소는 단기적으로는 가장 큰 재정압박의 요인이 되었다. 특히 수재와 한발 등의 자연재해는 직접적인 농사의 피해로 기근과 굶어죽

한 공정액보다 고가로 매출하는 것), 탄정(흉년에 무리로 징수하여 연말 증가의 분을 사취하는 것) 등이다.

10 군역은 집안의 장정마다 바치므로 이것은 '인두세'나 마찬가지였다.

는 자를 발생케 했을 뿐만 아니라 전야(田野)의 황폐를 가져왔다.[11] 더욱이 자연재해에 대해 지배층이 장기적인 방지책이나 사후 수습책을 제시하지 못한 채 임시방편의 무능을 그대로 드러냄으로써 민중들의 불신을 촉진시켰다. 19세기에 들어와서도 자연 재해의 규모나 참혹상이 감소되지 않았음에도 불구하고 정부의 구제활동은 오히려 점차 축소되어 갔다.[12]

더욱이 통치기구 자체의 문란은 조선의 재정위기에 가장 심각한 문제가 되었다. 조선후기 민중들은 각종 자연재해에 무방비 상태로 방치된 채, 지방관과 그들을 보좌하는 향리층들은 가렴주구와 수탈행위로 이미 빈곤상태에 있는 민중들을 막다른 궁지로 몰고 갔다. 특히, 이들의 조세 수탈행위는 19세기에 이르러 절정에 달하였으며 삼정의 문란으로 집중되었다. 결국 가혹한 착취에 따른 소농민 경제의 극한적인 악화는 민중의 계층적 자각에 따른 의식의 성장과 함께 민중 저항의 기반이 된 것이다.[13]

---

11 홍수의 피해는 심각하여 1729년의 경우 함경도에서만 1000여 명이 사망하기도 하였으며, 1832년에는 293명의 인명손실이 있었다. 또 1845년에는 500여명의 사망자가 발생하였다. 조선후기 수재보다 더 큰 피해를 준 것은 한발로 17세기 중엽부터 19세기 중엽 동안 규모가 큰 기근이 모두 52회에 달한다. 1672년의 경우 아사자의 수가 18,950여 명에 이르며, 1733년 기근 때에는 13,113명의 아사자가 발생하였다. 그리고 1763년의 기근에서도 729명의 아사자가 나타나고 있다. 이러한 피해는 전국적일 때도 있었고 일부 지방에 국한된 경우도 있었다.(조광, 「19세기 민란의 사회경제적 배경」, 『19세기 한국전통사회의 변모와 민중의식』, 고려대학교 민족문화연구소, 1882, 185~189쪽 참조).

12 이 같은 경향은 구제활동이 축소된 19세기에 들어와서 농업의 발전과 수제시설의 확충이라는 측면도 생각할 수 있을 것이나, 계속된 피해로 보아 그 근본적인 원인으로는 세도정치 등장 이후 국가재정이 파탄상태에 있었다는 사실을 들 수 있을 것이다.(조광, 「19세기 민란의 사회경제적 배경」, 『19세기 한국전통사회의 변모와 민중의식』, 194~195쪽).

13 농민의 몰락과 함께 국가재정의 고갈을 가져온 삼정의 문란은 많은 문제점의 인식과 함께 개선을 위한 움직임이 전개되지 않을 수 없었다. 즉, 18세기 중엽

3) 서구열강의 도전

다음으로 조선 사회의 변화는 외부 즉, 서구 제국주의 열강의 침입이었다. 서구의 새로운 도전은 서학(천주교)의 포교, 이양선의 연안 출몰, 외국상선의 통상 요구, 유럽과 미국·일본 등 제국주의 국가들의 개항 요구, 선진 자본주의 국가에 의한 식민지화의 위협 등의 형태로 나타났다. 외부로부터의 도전은 조선의 양반신분사회에 대한 도전이었음과 동시에 조선에 대한 도전이기도 하였다.

이러한 도전은 당시의 조선사회에 대하여 종래의 쇄국체제로부터 개방체제로의 전환을 요구하는 것이었다. 뿐만 아니라 조선사회가 개방체제로의 전환 후 외부로부터의 도전을 적절히 자기의 힘으로 처리하지 못하면, 양반 중심의 신분사회 붕괴와 함께 제국주의 국가의 '식민지'로 전락할 수도 있게 되는 매우 심각한 상황이었다.

사회적 측면에서 보면 근대적 서구시민사회의 전근대적 조선 양반신분사회에 대한 도전이었으며, 정치적으로는 근대 국민국가의 제국주의적 팽창에 의한 전근대 군주국가에 대한 도전이었다. 경제적으로는 산업혁명을 거쳐 이룩한 공장제도라는 근대 산업체제의 전근대 농업체제에 대한 도전이었다. 또한, 문화적으로는 근대 합리적 과학기술문화에 전근대적 인문교양문화에 대한 도전이었고, 군사적으로는 군

이후 실학자들은 토지제도의 개혁을 통한 조세제도의 정비문제를 제기했다. 이들은 당시 농촌의 현실을 직시하고 농본주의 조선조 경제체제에 있어서 토지제도의 중요성을 인식함으로써 토지제도의 개혁안을 제시했던 것이다. 특히 반계 유형원은 조선조의 만악의 근원은 토지제도의 모순에서 비롯되고 있다며 토지제도의 전면적인 개정을 펴기도 했다. 그러나 이러한 실학자의 주장은 탁상공론의 수준에서 끝나고 말았다. 이것이 실학자들의 개혁노선의 한계이기도 하다. 이에 대해서는 김용섭, 『한국근대 농업사 연구』(상), 일조각, 1984, 참조할 것.

함의 함포 등 근대 군대의 전근대적 군사장비의 구식 군대에 대한 도전이었다. 조선후기 서구 열강들이 강탈해간 주요 경제적 이권들을 정리하면 다음 〈표〉와 같다.

〈표〉 조선후기 서구열강에 빼앗긴 이권[14]

시기	이권의 내용	침탈국
1876	무관세 무역권 외국화폐 통용권	일본 일본
1882	평안도 · 황해도 연안어채권 상해-인천 윤선운항권 해관 인사권 상해-시노모세키-부산-인천 윤선정기운항권 한성(서울) 상점개설권	청 청 청 영국 청
1883	부산-시노모세키 해저전선가설권 상해-인천 윤선정기운항권 전라 · 경상 · 강원 · 함경 연안어채권 조선연해 화물운송권 해관 수세권	일본 영국 일본 일본 일본
1884 - 1885	인천-한성-의주 전선가설권 서울-부산 전선가설권 조선-일본 윤선정기운항권	청 청 일본
1886	부산 절영도 저탄소설치권 전라도 새미운송권 창원(경남) 금광채굴권	일본 독일 일본
1887	제주도 연해어채권	일본
1888	도문강(두만강)운항권 한러은행 개설권 군함 밀무역권 경기도 연안제한어채권	러시아 러시아 청 일본
1890	조선-일본 윤선정기운항권	일본
1891	인천 월미도 저탄소 설치권 경상도 연해포경권 원산 저탄소설치권	일본 일본 러시아
1892	인천-한성 한강운항권 화폐주원료 독점제공권	청 일본

---

14 김정기, 「자본주의 열강의 이권침탈연구」, 『역사비평』 가을, 1990, 83~84쪽을 참조하여 작성하였다.

시기	이권의 내용	침탈국
1895	운산 금광채굴권 인천-부산, 인천-대동강, 인천-함경도 윤선정기항로 개설권	미국 일본
1896	경인철도 부설권 경원·종성 광산채굴권 인천 월미도 저탄소채굴권 압록강·울릉도 산림벌채권 경의철도 부설권 동해 포경권	미국 러시아 러시아 러시아 프랑스 러시아

　　이러한 국내외로부터의 도전에 직면하여 조선사회는 최대의 위기
를 맞게 되었다. 불행히도 봉건적 조선사회는 대내외로부터의 도전이
시기적으로 거의 동시에 왔기 때문에 조선 정부는 두 개의 도전을 '동
시에' '중첩하여' 해결해야만 되었다.[15] 그러나 조선정부의 대응은 무능
함의 극치를 보여 주었고 결국 그 해결책은 가장 핍박받는 계층인 조
선 민중의 몫으로 돌려 지고 있었다.

15　신용하, 『한국 근대사회의 구조와 변동』, 일지사, 1994, 32~38쪽 참조.

2.
출생과 가계, 그리고 유년시절

1) 해월 최시형의 가계

동학(東學) 2세 교주 해월(海月) 최시형(崔時亨)은 세기 말 서세동점의 극복과 봉건적 사회의 해체를 요구를 요구하는 조선후기의 모순이 가득한 1827년 3월 21일(음, 양 4월 16일) 경북 경주 동촌(東村) 황오리(皇吾里)에서 태어났다. 족보에 의하면 아버지는 최종수(崔宗秀)이고, 어머니는 월성배씨(月城裵氏)이다. 본관은 경주(慶州), 처음 이름은 경상(慶翔), 자(字)는 경오(敬悟)이며, 도호(道號)[1]는 해월이다. 시형(時亨)이라는 이름은 1875년 '용시용활(用時用活)'이라는 법설

〈해월 최시형의 가계도〉

1세 고운(孤雲) 최치원(崔致遠)
14세 관가정(觀稼亭) 최청(崔淸)
20세 최수원(崔壽遠)
21세 최인우(崔麟祐)
22세 최무민(崔武敏)
23세 최시암(崔是巖)
24세 최봉익(崔鳳翼)
27세 최계동(崔啓東)
28세 최규인(崔奎仁)
29세 최종수(崔宗秀)
30세 최시형(崔時亨)

---

1 도호(道號)는 동학교단 및 천도교단에서 사용하는 호칭이다. 도호의 사용은 수운 최제우가 최시형에게 '해월'을, 최시형이 제자인 손병희에게 '의암', 김연국에게 '구암', 손천민에게 '송암'을 각각 부여하면서 관례화되었고, 이를 '도호'하고 한다.

을 하면서 스스로 개명한 것이다.[2]

해월 최시형의 집안은 신라시대 유명한 사상가 고운(孤雲) 최치원(崔致遠)과 맥을 하고 있다. 최치원을 시조로 하고 있는 해월 최시형가의 계보를 살펴보면 다음과 같다.[3]

1세 고운 최치원은 신라 말기 대석학으로 알려지고 있다. 최치원은 육두품 출신으로 12세에 당나라로 유학을 떠나 18세에 빈공과에 합격한 후 선주(宣州) 표수현위(漂水縣尉), 관역순관(館驛巡官), 제도행영병마도통(諸道行營兵馬都統)의 종사관(從事官), 도통순관(都統巡官) 등을 활동하다가 29세 되던 885년 귀국하였다. 귀국 후 시독 겸 한림학사 수병부시랑 지서서감사(侍讀兼翰林學士守兵部侍郎知瑞書監事)에 임명되어 관료로 활동하였으며, 진성여왕에게 시무책(時務策) 10여 조를 올려서 문란한 정치를 바로잡으려고 노력하기도 하였다. 그러나 신라왕실에 대한 실망과 좌절감을 느낀 최치원은 40여 세 장년의 나이로 관직을 버리고 소요자방(逍遙自放)하다가 마침내 해인사에 은거하였다.[4]

중시조로 알려진 고려 말 충신 관가정 최청은 자는 직재(直哉), 호는 관가정(觀稼亭) 또는 송음거사(松陰居士)로 판봉상시사 자운(子雲)의 아들이다. 어려서부터 자질이 특출하였고, 익재(益齋) 이제현(李齊賢)의 문하에서 학문을 배웠다. 여러 현인들과 함께 두문동(杜門洞)에 들어가 은거하였으며 양주의 풍양에서 여생을 보냈다. 임종을 맞아 자손들에게 "내

---

2 『최선생문집도원기서』.
3 해월 최시형의 가계도는 최정간, 『해월 최시형가의 사람들』, 웅진출판, 1994, 12쪽과 44쪽을 참조하였다.
4 『한국민족문화대사전』, 최치원조(http://100.daum.net/encyclopedia/view/14XXE0057711).

비석에는 반드시 고려의 관직을 써라"는 유언을 남겼다.[5] 8대조 최무민은 조선 선조대 당상관인 통정대부, 예조참의를 지낸 바 있으며, 5대조 최시암과 4대조 최봉익은 가선대부를 지냈다.

증조부 최계동은 몇 차례 과거를 통해 중앙으로 진출하고자 하였으나 남인 출신이라는 관계로 번번이 실패하였다. 이후 도학과 명리학에 조예가 깊어 경주의 산천을 벗삼아 고적과 역사, 풍수지리 등을 연구하면서 산림처사로 평생을 불우하게 보냈다.

이를 계기로 해월 최시형 집안의 가세는 점차 몰락의 길을 걷게 되었다. 증조부 최계동은 죽기 직전 "앞으로 60년 후 증손 대에 계림(鷄林)의 정기를 온몸에 받는 큰 인물이 날 것이며, 그 아이는 우리 최씨 가문만의 영화가 아니라 천하를 복되게 할 인물"이라고 예언한 바 있는데, 이는 해월 최시형을 염두에 둔 것으로 풀이된다.

조부 최규인은 1796년 출생하여 35세 요절하였으며, 경주 일대의 가뭄과 집안의 화재로 가세가 완전히 몰락하였다. 아버지 최종수는 1809년 6월 22일 태어나 1826년 월성배씨 형구(亨九)의 딸과 혼인하였으며, 이듬해 1827년 3월 21일 해월 최시형이 태어났다. 아버지는 할아버지와 마찬가지로 32세에 요절함에 따라 별다른 행적을 남기지 못하였다.

2) 해월 최시형의 유년시절

몰락한 가정에서 태어난 해월 최시형은 고난의 유년시절을 보냈

---

5 경주최씨 운내종친회 블로그(http://cafe.daum.net/choifamilymeeting/6P
  5a/62?q=%B0%FC%B0%A1%C1%A4%20%C3%D6%C3%BB).

다. 어머니는 5세 때 병환으로 갑자기 죽음을 맞았다. 홀로 지내기 어려웠던 아버지는 영일정씨(迎日鄭氏)와 재혼하였다.

아버지 최종수는 곤궁한 생활 속에서도 해월 최시형을 가문의 인물로 키우기 위해 노력하였다. 특히 증조부 최계동의 학문을 이어갈 재목으로 만들고자 하였다. 어릴 적부터 아버지로에게 가문의 법도와 조상들의 내력을 배운 해월 최시형은 10세가 되던 해 김계사(金桂史) 등과 함께 서악서원(西嶽書院)에서 학문에 입문하였다.

서악서원은 경주의 서쪽인 서악동에 위치한 서원으로, 1561년 이정(李楨)[6]등이 유림들이 뜻을 모아 김유신(金庾信)의 위패를 모시며 창건하였고, 1563년 신라의 문장가 설총(薛聰)과 최치원(崔致遠)의 위패를 추가 배향하였다. 처음에는 선도산(仙桃山) 아래 서악정사(西岳精舍)로 창건하여 향사를 지내오다가, 임진왜란 때 소실되어 1600년 서원 터의 초사(草舍)에 위패를 봉안하였다. 1602년 묘우(廟宇)를 신축하고 1610년

---

6 본관은 동성(東城). 자는 강이(剛而). 호는 구암(龜巖). 이담(李湛)의 아들이다. 1536년(중종 31) 진사로 별시문과에 장원. 성균관전적에 보임되었다. 다음해 성절사(聖節使)의 서장관으로 명나라에 다녀왔다. 그뒤 예조정랑을 거친 뒤 연로한 부모봉양을 위하여 경상도 선산부사로 나갔다가 1552년(명종 7) 사성, 이듬해 청주목사를 지냈다. 이때 선정을 베풀고 효행이 뛰어나 통정대부(通政大夫)로 가자되었다. 1555년 왜구가 호남성에 침입하자 이를 구원하러 갈 때는 군기가 엄정하여 그 위엄에 눌려 왜구들이 도망하였다. 1559년 우부승지·형조참의·좌부승지 등을 거쳐 이듬해 병조참의·대사간·호조참의·예조참의를 지내고, 경주부윤으로 나가 옛 신라의 열왕묘(列王墓)를 보수하고, 서악정사(西嶽精舍)를 세워서 후진교육에 힘썼다. 1563년 중앙의 요직에 잠시 있은 뒤 다시 전라도 순천부사로 나가 갑자사화 때 사사된 김굉필(金宏弼)을 위하여 경현당(景賢堂)을 건립, 그를 제사하게 하였다. 1568년(선조 1) 홍문관부제학에 임명되었으나 취임하지 않고 고향에 구암정사(龜巖精舍)를 지어 동쪽에는 거경재(居敬齋), 서쪽에는 명의재(明義齋)를 만들어 후진양성에 힘썼다. 어릴 때에는 송인수(宋麟壽)로부터 배우고 성장한 뒤에는 이황(李滉)과 교유하였다. 성리학에 밝았다. 사천의 구계서원(龜溪書院)에 제향되었다. 저술로는《구암문집》을 비롯하여《성리유편(性理遺編)》·《경현록(景賢錄)》·《논상례(論喪禮)》·《한훤보록(寒暄譜錄)》·《열성어제(列聖御制)》등이 있다.(『한국민족문화대백과사전』)

강당과 재사(齋舍)를 중건하였다. 1623년 '서악(西岳)'이라고 사액되었다. 대원군의 서원철폐 때 훼철되지 않고 존속한 47개 서원 중의 하나였으며, 1873년에 중수하여 선현배향과 지방교육의 일익을 담당하였다.

아버지 최종수는 해월 최시형을 경주에서 유서 깊은 서악서원에 보낸 것은 서악서원이 명망이 높았기 때문이기도 하였지만, 무엇보다도 가문의 시조로 받들어지고 있는 최치원과 같은 인물이 되기를 바랐기 때문이었다. 해월 최시형과 서악서원에서 동문수학한 김계사는 해월 최시형보다 다섯 살 아래로 훗날 경주지역에 널리 알려진 고명한 선비가 되었으며, 김범부(金梵夫 1897~1966)[7]의 스승이기도 하였다. 김범부는 네 살 때부터 열세 살 때까지 김계사로부터 한문칠서(漢文七書) 등

---

7 본명은 정설(鼎卨). 경상북도 경주 출신. 아버지는 덕수(德守)이다. 4세부터 김계사(金桂史)에게 한학을 배웠고, 16세에 경주 남문에다 일제에 항거하는 격문을 붙인 뒤 산으로 들어가서 초막을 짓고 『월남망국사(越南亡國史)』를 읽는 한편, 병서를 탐독하였다. 1915년에 백산상회(白山商會)의 장학생으로 일본 도요대학(東洋大學)에 입학하여 동양철학을 전공하였다. 동경외국어학교에서 영어와 독어를 수학한 뒤 다시 도쿄대학(東京大學)과 교토대학(京都大學) 등에서 청강생으로 공부하다가 25세에 귀국하였다. 귀국 후 불교중앙학림에서 강의하다가 병으로 부산에 옮겨 살았고, 1934년 최범술(崔凡述)의 주선으로 다솔사(多率寺)에서 일본 천태종의 승려와 교수 40여 명에게 청담파(清談派)의 현리사상(玄理思想)을 강의하였다. 그 뒤, 전국의 사찰을 다니면서 고승들에게 불교의 진리를 묻고 수행에 힘쓰는 한편, 불교철학의 연구에 몰입하였다. 1941년에는 다솔사에서 해인사사건으로 검거되어 1년 동안 옥고를 치렀으며, 광복 후 부산에서 곽상훈(郭尙勳)·김법린(金法麟) 등과 함께 일오구락부(一五俱樂部)를 조직, 건국방책에 대한 강좌를 개설하였다. 1948년에는 서울에서 경세학회(經世學會)를 조직하여 건국이념에 대한 연구 및 강좌를 하는 한편, 첫 저서인 『화랑외사(花郎外史)』를 저술하였다. 1950년의 제2대 국회의원선거 때 동래에서 출마하여 당선되었고, 1955년에는 계림대학장(鷄林大學長)이 되었으며, 1958년에는 건국대학교에 동방사상연구소를 설립하여 역학과 오행사상을 3년 동안 강의하였다. 5·16군사정변 뒤 부산에 머물다가 1963년에 5월동지회 부회장이 되었다. 정치보다는 한학과 동양철학에 더 힘을 기울였던 학자이며, 저서로는 유작을 모은 『풍류정신(風流精神)』과 『건국정치의 이념』 등이 있다.(『한국민족문화대백과사전』)

을 수학했다고 한다. 김범부는 김계사에게 수운 최제우와 해월 최시형에 관한 이야기를 많이 전해 들었다고 한다.

김계사는 근대 한국의 천재로 알려진 범부(凡夫) 김정설(金鼎卨, 1897-1966)의 스승이다. 김범부의 할아버지는 수운 최제우보다 한 살이 적지만 수운 최제우와는 막역한 친구로 함께 젊은 날을 보낸 사람이기도 하다.[8] 김범부는 할아버지로부터 수운 최제우에 관한 이야기를 많이 듣고 이를 바탕으로 훗날 『한국일보』에 「최수운론」을 연재하였다.[9] 이어서 「최해월론」을 연재하려 하였으나 건강상 미루다가 그만 때를 놓쳤다고 한다.[10] 이와 같은 김계사의 증언은 김정설을 통해 세상에 알려지게 되었다.

이로 보아 해월 최시형은 일반적으로 알려진 '일자무식'은 아닌 것으로 추정된다. 다만 훗날 해월 최시형이 자신의 가르침을 직접 글로 쓰기보다 구술을 위주로 하고 그의 제자들이 기록으로 남긴 것으로 보아,[11] 능숙하게 한문 문장을 지을 수 있을 정도는 아니었다. 해월 최시형은 10세 무렵부터 서악서원에서 공부했지만, 집안 형편으로 인하여 오랜 기간 동안 체계적인 공부를 하지 못하고 중단했던 것이 아닐까 한다.[12]

이에 비해 어린 시절에 부모를 여의고, 또 힘든 삶을 살았기 때문에 동학 교단 측의 일부 기록에는 해월 최시형이 아무 교육도 받지 못

---

8 소춘, 「대신사 생각」, 『천도교회월보』162, 천도교회월보사, 1924.3, 16~19쪽.
9 김범부의 「최수운론」은 1987년 정음사에서 간행한 『풍류정신』에 수록되었다.
10 최정간, 『해월 최시형가의 사람들』, 44쪽.
11 해월 최시형이 구술을 한 것을 제자들이 받아썼다는 점은 규장각에 보관되어 있는 관몰문서 중의 하나인 「理氣大全」(『東學書』)이다. 「이기대전」은 해월 최시형의 구술을 손천민이 받아썼다고 하였다.
12 윤석산, 『일하는 한울님, 해월 최시형의 삶과 사상』, 모시는사람들, 2014, 34쪽.

한 '무학자'(無學者)라고 기록하고 있다. 이와 관련된 기록을 살펴보면 다음과 같다.

일찍 부모를 여의어 가업이 다 기울어져 일정한 재산이 없었기 때문에 항상 세월을 허송하는 것과 신세가 장차 좋지 않을 것을 한탄하였다.[13]

선생은 어려서 그 부모를 잃고 가도 빈한하여 남의 집 고용사리로 생활을 하였다.[14]

고독(孤獨) 일신(一身)이 정령 고고(孤苦)하여 생계를 소족(疏族)에 의탁하여 지낼 새, 남루를 면치 못하고 구(口)에 조강(糟糠)을 끊지 못하시되[15]

계모(繼母)에게 의하여 호구(糊口)의 책(策)이 무(無)하여 동숙서고(東宿西雇)하며 조석목(朝夕牧)하여 신(身)에 완의(完衣)를 착(着)치 못하며 구(口)에 조강(糟糠)을 염(厭)치 아니하니[16]

즉 동학교단 측의 기록에 의하면, 해월 최시형은 부모가 일찍 조실하여 먹고 살기도 힘들어 공부를 할 시간이 전혀 없었다고 하였다. 이는 해월 최시형의 성공자로 돋보이기 위한 방편으로도 이해할 수 있지만, 자연스러운 것은 아니었다.

---

13 『해월선생문집』. "早失怙恃 所業交違 仍無恒産 每恨歲月之虛送 自歎身勢之將拙".
14 오지영, 『동학사』, 영창서관, 1938, 41쪽.
15 이돈화, 『천도교창건사』(제2편), 천도교종리원, 1933, 1쪽.
16 『천도교회사초고』(제2편), 포덕 4년조.

15세가 되던 해에 아버지마저 타계하자,[17] 계모 슬하를 떠나야 하는 처지에 놓이게 되었다. 해월 최시형은 어린 누이동생과 함께 친척집을 전전하며, 때로는 남의 집 머슴살이 등을 하며 불우한 소년기를 보냈다. 이 무렵의 경험에 대해 해월 최시형은 '머슴애'라는 말을 듣는 것이 가장 싫었다고 술회하였으며, 사람을 함부로 대하지 말도록 경계하였다.[18]

3) 검곡과 화전민 생활

아버지를 여읜 이후 떠돌이처럼 살아가던 해월 최시형은 열일곱 살 되던 해에 고향마을인 신광면 터일마을[19] 근처 제지소(製紙所)의 심부름꾼으로 일하였다.

제지소에서 일한 지 2년 정도 되었을 때 뜻밖의 중매가 들어왔다. 상대는 오씨(吳氏) 성을 갖고 있는 젊은 과부였다. 비록 과부이지만 재산이 많아 형편이 어려운 해월 최시형에게는 좋은 조건이었다. 그러나 해월 최시형은 "남의 덕으로 말미암아 졸부가 되는 것은 상서롭지 못하다"하면서 완곡하게 거절하였다.[20] 그로부터 2년후 19세에 밀양 손씨를 부인으로 맞았다. 생계가 넉넉하지 못한 해월 최시형은 결혼 후

---

17 최정간, 『해월 최시형가의 사람들』, 44쪽. 아버지 최종수가 돌아가신 시기는 해월 최시형이 12세로 기록된 곳이 적지 않다. 『천도교창건사』(이돈화, 천도교 중앙종리원, 1933, 제2편 1쪽)에는 "父의 命은 宗秀니 神師-十二歳 때에 還元하였고", 『해월 최시형』(최동희, 태극출판사, 1970, 20쪽)에는 "그이 아니 열두살 때 돌아가시니"라고 하였다.

18 표영삼, 「해월신사의 생애」, 『한국사상』 24, 1998, 257쪽.

19 해월 최시형이 실제로 태어난 경주 황오동은 어머니의 고향으로, 해월 최시형은 당시 풍습에 따라 외가댁에서 태어난다. 터일마을은 부친의 고향이다.

20 이돈화, 『천도교창건사』(제2편), 1쪽.

에도 10여 년 동안 흥해 일대 터일 마을 안쪽 올금당 마을이나 마복동 (馬伏洞) 등지를 옮겨 다니며 살았다.[21]

이렇듯 가정을 이룬 후에도 한곳에 안주하지 못하고 이곳저곳을 옮겨 다니며 살던 해월 최시형은 서른세 살이 되던 1859년에 마복동을 떠나 마을 안쪽 산간에 자리한 화전민 마을 검곡(劍谷)으로 이주하였다.[22]

검곡은 현재 경북 포항시 북구 신광면 마북리 안쪽 산속 골짜기 지역이다. 1980년대만 해도 몇 가구가 살았는데, 지금은 사람의 흔적이 없는 첩첩산중일 뿐이다. 마북리 마을이 끝나는 지점 조금 못미쳐 왼쪽으로 제피골을 따라 조금 들어간 후 다시 오른쪽으로 올라가면 제법 큰 저수지가 있다. 상마북저수지로 포항 시민의 상수원이다. 예전에는 자유롭게 드나들었지만 상수원 보호구역으로 지정된 이후에는 드나드는데 상당한 제약을 받고 있다.

저수지를 오른쪽으로 끼고 죽 따라가면 계곡을 마주하게 된다. 여기서 계곡을 따라 한참 가면 막다른 곳을 이르기 전에 왼쪽 야트막한 언덕이 해월 최시형이 살았던 검곡이다. 비탈길을 따라 올라서면 옛사람이 살았던 흔적이 남아 있다. 집터로 추정되는 주위에는 계단식 밭의 모습이 고스란히 있으며, 커다란 감나무가 옛 사람의 온기를 머금고 있다.

---

21 해월 최시형은 1854년 28세 때에 흥해로부터 승광면(현 신광면) 마북동으로 이거하였다. 마북동에서는 "放人 해월의 公廉有威함을 보고는 특천하여 집강의 일을 맡아 보게 되었다. 이때 일을 잘 보아 공덕비를 마을 사람들이 세워주었다"다는 기록이 있다.(이돈화, 『천도교창건사』(제2편), 2쪽)

22 검등골(검곡)에 이라는 지명에 대해서는 기록마다 차이를 보이고 있다. 『해월선생문집』과 권병덕의 수기에는 '劍洞谷'으로 되어 있으며, 오상준의 『본교역사』에는 '劍谷'이라고 표기하였다. 그리고 동학 및 동학단의 초기 기록인 『수운행록』과 『최선생문집도원기서』에는 '劍谷'으로 표기하였다.

마북에서도 생활하기가 여의치 않았던 해월 최시형은 계곡을 따라 인가도 없는 첩첩산중에 자리 잡았다. 이곳에서 해월 최시형은 손수 산을 일구고 개간하면서 화전민 생활을 하였으며, 그를 통해 당시 조선 말기 척박한 소외된 민중의 삶을 느끼게 한다. 그렇지만 해월 최시형은 이곳에서 새로운 희망을 가지게 되었다. 그것은 바로 동학이었다. 시천주의 평등을 지향하는 동학의 소문을 듣고 수운 최제우를 찾아가 입교하였다.

3.
동학의 창명과 입도

1) 동학 창명의 시대적 배경

동학은 1860년 4월 5일 수운 최제우(水雲 崔濟愚)에 의해 창명된 종교이다. 수운 최제우는 창명 과정에서 '무극대도(無極大道)'라고 하였다. 그러나 수운 최제우가 창명한 종교는 동학(東學)이라고 불렸다. 이는 수운 최제우가 "학즉동학(學即東學) 도즉천도(道即天道)"라고 한 것에서 연유되었다. 그리고 동학은 의암 손병희가 1905년 12월 1일 그동안 불려오던 동학을 대고천하(大告天下)하고 근대적 종교로 전환되면서 천도교라는 명칭을 갖게 되었다. 동학은 한국근대사와 맥을 같이 하며 한국의 민족종교로써, 그리고 세계종교로서 발돋움하고 있다.

동학이 창도된 조선 후기 사회는 두 가지 측면에서 커다란 위기에 직면하였다. 하나는 내적인 요인으로 봉건체제의 모순이고, 다른 하나는 외적 요인으로 서구열강의 도전이었다. 봉건체제의 모순은 복합적인 요인을 지니고 있었는데 정치적으로는 세도정치와 과거제도의 문란, 경제적으로는 수취체제의 문란과 민중에 대한 가혹한 수탈, 사회적으로는 성리학의 공리공론과 이에 따른 지배이데올로기로서의 한계 등이었다. 또한 서구열강의 도전은 서학의 포교, 이양선의 출몰, 서양의 통상과 일본의 개항 요구, 값싸고 질 좋은 외국상품의 국내유통,

서구열강들의 식민지 위협 등이었다. 이와 같은 내외적 요인은 봉건적 체제를 지탱해주던 성리학의 지배이데올로기의 이완과 붕괴 과정과 맞물리면서 진행되었다.

조선후기 사회는 18세기 이후 급격하게 변화되었다. 첫째는 농민층의 양극화 현상이었다. 핵심적인 내용은 이앙법이라는 새로운 농법의 도입이었다. 조선후기 들어 보편화된 이앙법은 이전의 직파법에 비해 노동력을 절반 이상으로 줄이고 생산량은 두 배 이상 늘어났다. 더불어 한 논이 벼와 보리를 번갈아 지을 수 있는 이모작이 가능하였다. 이는 농민들의 소득을 증대시켰다. 뿐만 아니라 이 시기에는 저수지와 보 등의 수리시설의 확대, 시비법의 발달, 농기구의 개량, 여기에 더하여 감자, 고구마, 고추 등 새로운 작물이 도입되고 담배, 인삼 등의 상업작물의 재배가 확산되면서 등으로 농업생산력의 증대되었다.

특히 상업적 농업은 농민층의 소득증대를 가져왔고 농민층의 의식 성장에도 적지 않은 영향을 미쳤다. 또한 광작이라는 새로운 경영형태의 틀이 형성되면서 점차 서민지주와 부농이 나타났다. 이러한 사회적 변화에 따라 농촌사회는 점차 소수의 부농과 다수의 빈농으로 그 생활 양식의 격차가 벌어졌다. 이로 인해 빈농들은 농촌을 떠나 유랑민이나 화적, 그리고 도시로 이동하여 임금노동자가 되었다. 이를 농민층의 분화라고 하는데, 그 양극화 현상이 점점 심화되었고 민란이 발생하는 요인으로 성장하였다.

둘째는 조세수취체제의 모순과 문란이었다. 조선시대 조세제도는 신분제를 매개로한 조용조(租庸調) 체제가 기본이었다. 그러나 16세기 임진왜란과 병자호란 등 사회경제적 변동으로 대동법과 균역법 등이 시행되었지만 이는 근본적으로 조세제도의 붕괴를 막을 수 없었다. 이러한 과정을 겪으면서 18세기 중반 이후 조세제도는 전정(田政), 군정(軍政), 환곡(還穀)이라는 삼정체제가 확립되었다.

삼정체제는 초기에는 어느 정도 안정적으로 유지되었지만 중앙의 통치력이 약화되면서 점차 모순에 빠지면서 문란해져갔다. 이로 인해 토지세에 해당하는 전정은 허결(虛結), 진결(陳結), 가승미(加升米), 인정미(人情米), 낙정미(落庭米), 곡상미(斛上米), 간색미(看色米) 등을, 군역에 해당하는 군정은 황구첨정(黃口簽丁), 백골징포(白骨徵布), 인징(隣徵), 족징(族徵) 등의 부당한 세금을 거두었다. 환곡은 본래 춘궁기(보리고개)에는 관곡을 빌려주는 빈민구제책이었지만 오히려 국가고리대금으로 전락하였다.

삼정 중에서도 환곡의 병폐가 가장 심하였다. 여기에 더하여 조세 업무를 담당한 지방 군현의 수령과 향리들은 중앙지배층과 결탁하여 자의적이고 무제한적으로 수탈을 일삼았기 때문에 조세를 전적으로 부담하게 된 농민층의 몰락은 더욱 가속화되었다.

셋째는 정치세력의 부패였다. 정조 이후 조선의 정치는 외척에 의한 세도정치가 지속됨에 따라 관리들의 무능과 부패가 만연하였다. 정조 초기에 잠시 유지되었던 세도정치는 정조의 탕평책에 의해 근절되고 정치의 안정을 도모하였다.

그러나 정조 사후 등극한 순조, 그리고 헌종과 철종에 이르러서는 왕실과 연결된 외척들이 국가권력을 장악하는 기형적인 형태의 세도정치가 되살아났다. 이로 인해 매관매직과 과거시험 부정 등이 만연하였고 결국 무능하거나 탐욕에 눈이 먼 탐관오리의 양산만 가져왔다.

특히 매관매직은 극에 달하였는데, 감사는 2만 냥에서 5만 냥이고 부사는 2, 3천 냥에서 4, 5천 냥, 군수와 현령은 1천 냥 내지 2천 냥에 매매되었다. 이처럼 돈으로 관직을 산 관리들은 자신의 이익만을 챙기기 위해 농민들들을 각종 명목으로 세금을 부과하는 방법으로 농민들을 수탈하였다.

이러한 당시의 사회상에 대해 매천 황현은 "왕후 재상은 머리가 되고 지방관리는 몸통이 되고, 향리들은 그들의 손발이 되어 백성을 수탈하는데 혈안이 되었다"라고 할 정도였다.

넷째는 성리학 통치이념의 한계였다. 그동안 조선사회를 지탱해왔던 성리학은 명분론과 공리공론으로 사실상 국가를 통치할 이념으로서의 한계를 점차 드러났다. 즉 성리학은 부국강병과 민생안정을 도모하는 정치이념이 아니라 자신들의 권력과 이익을 유지하는 데만 몰두하였다. 더욱이 서학의 확산은 삼강오륜을 근본으로 하는 충효의 통치기반을 점차 약화시켰다. 이러한 한계를 극복하기 위해 한때 실학이 등장하였지만 현실적으로 대안을 마련하지 못하였다.

다섯째는 서세동점의 위기상황이었다. 산업혁명과 과학기술의 발달로 자본주의가 형성한 서구사회는 제국주의라는 이념 아래 후진지역이나 약소국가들을 지배하기 시작하였다. 아프리카와 아메리카, 그리고 중동과 인도 등을 식민지화한 서구열강은 동아시아로 진출하여 중국마저 침략의 대상으로 삼았다. 중국은 아편전쟁 등을 겪으면서 반식민지화되었고 그 영향은 조선에까지 미치게 되었다.

이와 같은 농민층의 양극화 현상, 수취체제의 문란, 정치세력의 부패, 통치이념의 한계, 서세동점의 위기는 조선후기 민란을 야기시키는 요인이 되었다. 조선후기 가장 대표적인 민란이 1811년 홍경래의 난이었다. 이후 전국적으로 민란이 발생하였는데, 이 시기를 '민란의 시대'라고 한다.

이러한 당시의 세태에 대해 수운 최제우는 매관매작 세도자도, 전곡 쌓아둔 부자도, 유리걸식하는 패가자도 모두 일신의 안위를 위해 '궁궁촌(弓弓村)'이라는 승지를 찾아가고 서학에 입도하는 등 각자위심 (各自爲心)하고 있다고 한탄하였다. 또한 "유도 불도 누천년에 운이 역시 다했던가"라고 하여 기존의 사회구조 문제에 대해 비판하였다.

2) 수운 최제우

동학을 창명한 수운 최제우는 1824(순조 24)년 10월 28일 경상북도 경주군 현곡면 가정리(현 경북 경주시 현곡면 가정리)에서 태어났다. 아버지 근암(近菴) 최옥(崔鋈)은 당시 영남 일대에서 이름난 유학자였으며, 어머니 한씨(韓氏)의 본관은 청주이다.

수운 최제우의 가계를 살펴보면, 본관은 경주이고 신라 말기 유명한 석학 고운(孤雲) 최치원(崔致遠)의 후손이었다. 7대조 정무공(貞武公) 잠와(潛窩) 최진립(崔震立)은 임진왜란 때 의병장으로 활약하였으며, 병자호란이 일어나자 공주영장으로 군사를 이끌고 용인군 험천(현 죽전)에서 전투 중 순절하였다. 아버지 근암공은 문장과 도덕이 높아 영남일대에 사림(士林)의 사표였다. 한국의 대표적 '노블레스 오블리제'로 널리 알려진 경주 최부자도 정무공 최진립의 후손이다.

수운 최제우는 근암공이 63세 되던 해 만득자로 태어났다. 성인이 태어날 때는 신이현상이 적지 않았는데, 최제우 태어나던 날은 씻은 듯이 맑게 개었고, 바람은 가볍게 불고 오색구름이 집을 감싸고 상서로운 향기가 산실에 가득하였다. 또한 수운 최제우가 태어나기를 전후하여 마을 앞 구미산(龜尾山)이 사흘 동안 크게 울었다고 전한다.

수운 최제우의 원래 이름은 제선(濟宣), 자는 도언(道彦)이었으나 홋

날 구도과정에서 이름은 제우(濟愚), 자는 성묵(性黙)으로 고쳤다. 호는 수운(水雲)이며, 어릴 때 이름은 복술(福述)이었다.

수운 최제우는 어려서부터 총명하고 비범하였다. 특히 눈에 광채가 빛났는데, 동네아이들이 "너의 눈은 역적의 눈"이라고 놀리면 "나는 역적이 되려니와 너희들은 선량한 백성이 되어라"고 하였다. 최제우는 유소년기부터 성리학의 윤리도덕에 적지 않은 비판적 의식을 가졌다. 하루는 어머니에게 "아버지는 의관을 벗으시고 안방과 사랑방을 마음대로 출입하시는데, 어머니는 왜 문밖을 자주 다니시지 못하고 안방에만 계십니까?"라든가, 또 언제가는 아버지에게 "다른 사람들은 아버지를 보면 먼저 절을 하는데, 아버지는 어째서 먼저 절을 하지 않습니까?"하고 물었다. 이는 최제우가 어릴 적부터 '남존여비의 모순'과 '반상의 차별' 등 사회적 모순에 대한 회의를 가졌던 것이다.

수운 최제우는 여섯 살 때 어머니를 여의고, 열세 살에 울산박씨와 결혼하였다. 열일곱 살에 아버지마저 여의게 되었고, 스무 살에는 화재로 인해 아버지의 유물과 가산이 모두 불타버렸다. 화재로 모든 것을 잃은 수운 최제우는 인생의 무상함을 느끼고 당시의 어지러운 세상을 구할 수 있는 방법을 모색하였다. 이듬해 수운 최제우는 가족을 울산 처가에 맡기고 구도를 위해 전국을 순회하였다.

이 과정에서 수운 최제우는 금강산을 비롯하여 명산대찰을 찾아 고승과 담론을 하기도 하고, 때로는 활을 쏘고 말 타기를 익히며, 심지어 장사를 하기도 하였다. 뿐만 아니라 유불선의 본의를 섭렵하고 도참서와 음양복술을 탐독하였다. 이를 '주유천하(周遊天下)'라고 한다. 그러나 이와 같은 주유천하의 과정을 겪으면서도 사회를 구제할 참된 깨달음을 얻지 못하였다.

수운 최제우는 10년의 주유천하를 중단하고 서른한 살이 되던 해 (1854년) 가을 처가가 있는 울산 유곡동(裕谷洞)으로 돌아와 초가삼간을 짓고 농사를 지으면서 새로운 구도방법을 모색하였다. 즉 사색을 통해 명상이었다.

이렇게 명상을 한지 반여 년이 지난 이듬해(1855년 을묘) 3월 어느 날 신비체험을 하였다. 한 이승으로부터 '을묘천서(乙卯天書)'라는 책을 받았는데, 여기에는 '49일 기도를 하라'는 내용이 있었다.

이러한 신비체험을 한 수운 최제우는 동학 창명 4년 전인 1857년 양산 천성산 통도사 내원암에서 49일 기도를 하였다. 기도하던 중 47일 만에 숙부의 돌아가심을 현몽하고 기도를 다 마치지 못한 채 집으로 돌아왔다. 수운 최제우는 이듬해(1588년) 다시 천성산 자연동굴인 '적멸굴(寂滅窟)'에서 49일 기도를 마쳤다. 하지만 49일 기도를 마쳤음에도 수운 최제우는 자신이 원하는 바를 구하지 못하였다.

수운 최제우는 동학 창명 1년 전인 1859년 10월 가족과 함께 고향인 가정리로 돌아왔다. 가산을 화재로 잃은 수운 최제우는 구미산 아래 용담정(龍潭亭)에 기거하였다. 용담정은 원래 부친 근암공이 건립한 용담서사(龍潭書社)였다.

수운 최제우는 용담정에서 도를 깨닫지 못하면 세상에 나가지 않겠다는 '불출산외(不出山外)'를 맹세하고 이름과 자를 고쳤다. 이와 더불어 "도의 기운을 길이 보존하여 사특한 것이 들어오지 않게 하고 (그렇지 아니하면) 세상 사람들과 함께 하지 않으리라(道氣長存邪不入 世間重人不同歸)"라는 입춘시를 써 붙이고 수련을 거듭하였다.

3) 동학의 창명과 배척

용담정에서 수련을 하던 수운 최제우는 1860년 4월 5일 포덕천하, 보국안민, 광제창생을 목적으로 하는 동학을 창명하였다. 수운 최제우는 동학 창명 상황을 다음과 같이 표현한 바 있다.

> 뜻밖에도 4월에 마음이 선뜩해지고 몸이 떨려서 무슨 병인지 집중할 수도 없고 형상하기도 어려울 즈음에 어떤 신선의 소리가 들리므로 놀라 깨어 물어본 즉, '두려워하지 말고 두려워하지 말라. 세상 사람들이 나를 상제라 이르거늘 너는 상제를 알지 못하느냐.' 그 까닭을 물으니 대답하시기를, '내 또한 공이 없으므로 너를 세상에 출생케 하여 사람들에게 이 법을 가르치게 하노니, 의심하지 말고 의심하지 말라.(포덕문)

이렇게 시작된 한울님과의 대화는 1여 년 동안 진행되었는데, 이를 천사문답(天師問答)이라고 한다. 천사문답 과정에서 영부(靈符)와 주문(呪文)을 받았다. 주문은 '지기금지 원위대강 시천주 조화정 영세불망 만사지(至氣今至 願爲大降 侍天主 造化定 永世不忘 萬事知)'이며, 한울님을 위하는 글인 동시에 한울님을 잘 모시어 천인합일(天人合一)에 이르는 발원문이다. 이로써 수운 최제우는 주유천하, 명상과 수련을 통한 구도방법으로 마침내 동학를 창명하였다.

동학 창도 이후 수운 최제우는 한울님과 천사문답을 하는 동안 세 가지 시험을 거쳤다. 첫째는 금력(金力)과 권력(勸力) 즉 부귀로서 세상을 구하는 일, 둘째는 권모술수(權謀術數)로서 세상을 구하는 일, 셋째는 조화의 술법으로서 세상을 구하는 일이었다.

그러나 수운 최제우는 이를 거절하고 수련에만 집중하였다. 그 결과 수운 최제우는 '시천주(侍天主)'와 '오심즉여심(吾心卽汝心)'의 가르침을 받았다. 수운 최제우는 당시의 상황을 다음과 같이 표현하였다.

> 내 마음이 네 마음이니라. 사람들이 어찌 이를 알리오. 천지는 알아도 귀신은 모르니 귀신이라는 것도 나니라. 너는 무궁무궁한 도에 이르렀으니 닦고 단련하여 그 글을 지어 사람들을 가르치고 그 법을 바르게 하여 덕을 펴면 너로 하여금 장생하여 천하에 빛나게 하리라.(포덕문)

천사문답을 거친 후 수운 최제우는 1861년 6월에 이르러 포교를 하기 시작하였다. 이를 동학교단에서는 '신유포덕'이라고 한다.

수운 최제우의 첫 포덕은 가족이었다. 그리고 집안의 두 여자 몸종을 해방시켜 한 사람은 수양딸로 또 한 사람은 며느리로 삼았다. 이러한 수운 최제우의 모습은 당시 성리학의 철저한 남녀의 차별과 반상(班常)의 차별을 과감하게 철폐하고 몸소 동학의 참 진리를 실천한 것이다. 이와 같은 수운 최제우의 실천적 모습과 동학의 교의가 알려지기 시작하자 용담정을 찾아 입도하는 사람들이 늘어났다.

이러한 가운데 사림의 고향이라 불리는 영남 일대에서는 수운 최제우와 동학에 대한 중상과 음해가 나타나기 시작하였다. 일부 성리학자들 중에는 동학을 서학(西學, 천주교)이라고 모략하였다. 당시 영남 일대 유림들의 동학 배척은 주로 상주의 우산서원과 도남서원을 중심으로 전개되었다.[1]

상주 외서면 우산리에 있는 우산서원은 1863년 9월 13일자로 동학

---

1 영남 유생들의 동학에 대한 배척은 최승희, 「서원(유림) 세력의 동학배척운동 소고」, 『한우근박사정년기념사학논총』, 지식산업사, 1981을 참조할 것.

배척 통문을 만들어 상급 서원인 도남서원으로 보냈다. 그 요지는 다음과 같다.

> 지금 이 요망한 마귀와 같은 흉측한 무리들이 하는 짓은 분명 서학(西學)을 개두환명(改頭幻名)한 것으로, 옛날에는 감히 이 지역에 들어오지 못하였는데, 지금 그 세를 좌시할 수 없게 퍼뜨려 가니, 소위 동학이란 선악을 어지럽히는 강아지풀과 같이 자라는 것이다. 그러므로 영남에서 글 읽는 우리들의 급선무는 동학이 햇빛을 못 보게 넝쿨을 뽑아 버리는 것이다.[2]

이 통문을 받은 도남서원은 1863년 12월 1일자로 통문을 다시 만들어 옥성서원 등 여러 서원에 보냈습니다. 그 내용은 다음과 같다.

> (전략) 동학이란 어떤 것인가. 서학(西學)의 명목을 다시 이어가자는 것으로 한 짝으로 태어난 이들을 우리 나라 백성이라 할 수 있겠는가? 즉 그들이 하는 말과 하는 일은 이미 참모습을 감추고 사악함이 만 가지가 하나같으니 얻을 것은 아무것도 없다. 그들의 행위가 무엇이 요사하고 흉악한 기도인지, 서양의 학(學)인 오랑캐 짐승의 도와 비해 심한지 심하지 않은지를 실로 모르고 있다.
> 그러나 전해지는 말을 대강 들으니 그들이 이른바 송주(誦呪) 하는 천주(天主)라는 것은 서양에 의부(依附)한 것이고 부적과 물로 병을 치료하는 것은 황건적의 행위를 답습한 것이다. 하나같이 귀천의 차등을 두지 않고 백정과 술장사들이 어울리며 엷은 휘장을 치고 남녀가 뒤섞여서 홀어미 홀아비가 가까이하며 재물이 있든 없든 서로 돕기를 좋아하니 가난한 자들이 기뻐한다.

---

2 「우남서원 통운」.

(중략) 도당을 널리 거두어들이는 것을 제일의 공으로 삼아 한마을에 들어앉으면 온 마을 사람을 끌어들이려 힘을 다하며, 한 고을에 머물면 온 고을 사람들을 끌어들이려 힘을 다하니 점차 전파되면 그들의 세력은 천하에 넘칠 것이다. 흡사 장각(張角)이 삼십육 방에 벌려 놓고 지휘하는 것 같으니 교(敎)의 주인으로 받드는 두목은 위엄이 대단하여 장차 지방관의 권한도 눌리치고 마음대로 행하게 될 것이다.

대저 세상 풍조가 스며들어 경문(經文)의 가르침이 손상되고 풀려 버리니 이상한 말이 떠들썩한데 어느 시대에도 없지 않았다. 여기저기서 뒤섞여 나오니 언제 또다시 회복하랴. 그들 모두는 참된 이치를 어지럽혀 혹세무민하기 때문에 거기에 빠진 자는 후세에 화가 될 것이다. 옛 어진 선비들이 배척한 것은 이런 때문임을 어찌 모르는가?

아! 그들이 하는 서양의 교(敎)는 분명히 진실을 어지럽히는 무리이다. 더욱이 이들은 비루하고 버릇없어 매우 비웃음을 살 만하다. 그런데 이를 모르고 빠져든 자는 과연 무엇이 그렇게 했는가?

새것을 좋아하는 사람은 대개가 새로운 말이면 모두 잘 들으려 하며, 빨리 이루기를 좋아하는 사람은 대개가 지름길로 모두 달려가려 한다. 노자, 부처의 현허(玄虛)한 이치와 적멸(寂滅)의 이치와 육구연과 왕양명의 인욕(認欲), 도리(道里)의 이치는 금세(今世)에 이르러 더욱 낡아 새롭지 못하다. 천주를 부건(父乾)과 모곤(母坤)이라는 엄한 상제(上帝)의 설(說)로 이즈음에 부르짖음이 마음에 들어맞았다 하니 하늘과 땅 사이라는 것을 알지 못하고 속아 넘어간 자가 많은 것이다.

이러므로 이번의 소위 동학이라 하는 것도 바로 무당의 하나로 귀신에게 비는 자의 종류에 지나지 않는다. 무지한 천류(賤類)들이 많이 물들어 나무꾼과 초동(樵童)과 같은 더벅머리 아이들이 다투어 송주(誦呪)를 하는데 그들이 하는 말에는 원래와 조금도 헷갈림이 없으며, 근거가 비슷하여 난류(亂流)인지 진류(眞流)인지 견줄 방도가 없다.

(중략) 어찌 문벌 좋은 집안의 재주 있는 사람들이 점차 물들어갈 염려야 있겠냐마는 오히려 (그들이) 부족함을 좌교(左敎)의 윤리를 본떠서

자신의 필설을 더럽히며 밝은 도리를 논척할 수 있다. 옛사람은 이단을 오랑캐나 금수라 칭하였으니 이는 이단을 배척하고 지목하는 극치의 화두이다.

그러나 지금의 소위 적도(賊徒)는 도깨비(魍魅魍魎)에 홀려 빠져든 데 지나지 않는다. 오랑캐나 금수는 오히려 형적이 있지만 도깨비는 어떤 형상으로 그릴 바도 없다. 하지만 그 죄를 용납하기 어려운 것은 동학의 명목(名目)이요, 그 조짐이 두려울 만한 것은 취당(聚黨)하는 일이다.

아! 그들이 통탄스럽다. 동학이 행하는 죄목을 가지고 우산서원에서 띄운 문유(文諭)에 상세하게 가려서 드러냈으니 이해하기를 바란다. 이제 얽어 놓지 않으면 피적들은 스스로 한 무리를 지을 것이다. 은밀히 서로 동학을 전수하여 깊은 산속 으슥한 곳에 근거지를 만들고 퍼져 물들게 되며, 고을과 마을의 중심에 한번 들어가면 장인과 장사치는 소업(所業)을 전폐하고 밭 가는 자도 또한 일하지 아니하니 그들이 꾀하려는 것이 무엇이겠으며 그들이 끝내 이르려 하는 곳이 어디이겠는가? 이는 오랑캐들과 이 땅에서 섞여 살자는 것과 다름이 없다. 해괴한 기미가 조석으로 박두하고 있음은 뻔한 일이다. 이를 보고 조금도 괴이치 않게 여기며 듣고도 별다를 것 없다고 편안히 여긴다면 어찌 유식한 이들의 천만부당함을 근심하고 한탄하지 않으랴!

한 가지는 유학을 밝게 풀이하여 그들로 하여금 사(邪)되고 저열한 짓을 못하게 해야 하며, 한 가지는 법조문(法條文)을 엄하게 확립하여 그들 요적(妖賊)으로 하여금 두려움을 알게 하여 부진한 유도(儒道)를 이어나가 나라의 원기를 강성하게 하면 천만다행이겠다. 이렇게 한다면 그들의 속임수에 들어간 무지한 천류(賤類)가 비록 혹시라도 헷갈림이 생겨 돌아올 줄 모르게 돼도 스스로 형벌에 이르게 되어 또한 욕을 보게 될 것이다.

9월 13일자 우산서원 통문을 받은 도남서원은 12월 1일에서야 다시 상기와 같은 통문을 만들어 영남 일대의 각 서원에 보내 동학에 대해 처벌할 것을 촉구한 것이다. 약 3개월의 시간은 파악 논의를 신중하게 거쳤다는 의미이며, 통문의 요지는 당시 동학에 대한 유림의 인식이 어떠하였는지를 확인할 수 있다.

이처럼 동학에 대한 배척과 탄압으로 수운 최제우는 신유년 11월 용담정을 떠나 남원 은적암(隱蹟庵)에 머물렀다. 은적암은 원래 덕밀암(德密庵)이었다. 수운 최제우는 이곳에서 해를 보내면서 「논학문(論學文)」, 「권학가(勸學歌)」, 「수덕문(修德文)」, 「몽중노소문답가(夢中老少問答歌)」 등을 지었다.

관의 지목이 수그러지자 1862년 3월 경주로 돌아온 수운 최제우는 박대여(朴大汝)의 집에 머물렀다. 그런데 이를 안 윤선달이라는 사람이 돈을 갈취하기 위해 경주부에 알려 9월 29일 처음으로 피체되었다. 이 소식을 들은 제자 6, 7백여 명이 항의하자 10월 5일 석방되었다.

용담정으로 돌아온 수운 최제우는 이해 11월 9일 흥해 매곡동 손봉조(孫鳳祚)의 집에 기거하였다. 이곳에서 수운 최제우는 최초로 교단조직인 접(接)을 조직하였다. 접은 단순한 조직이 아니라 신앙공동체이기도 하였다. 접을 조직하게 된 것은 동학에 입도하는 교인들이 많아지자 이를 효율적으로 관리하기 위한 조치였다. 당시 접이 조직된 지역은 경주를 중심으로 하여 영덕, 영해, 흥해, 대구, 청도, 연일 등 경상도 지역 외에 충청도의 단양과 경기도 일부도 포함되었다. 이는 당시 동학의 교세가 적지 않게 확장되었음을 알 수 있다.

이후 수운 최제우는 용담정을 거점으로 하여 영천과 신령 등지에서 포교활동을 전개하였다. 그러나 관의 지목이 점차 심해지자 수운 최제우는 1863년 7월 23일 제자 최경상에게 '해월'이라는 도호를 주는 한편 8월 14일에는 동학의 도법을 전수하였다. 그리고 수운 최제우는 이해 12월 10일 새벽 조정에서 파견된 선전관 정운구에 피체되었다. 경주부에 수감되었던 수운 최제우는 영천, 대구, 선산, 상주, 화령, 보은, 청산, 청주를 거쳐 12월 20일경 과천에 이르렀을 때 철종의 승하로 대구 경상감영으로 이송되었다.

이곳에서 심문을 받은 후 서헌순의 장계를 접수한 조정은 1864년 3월 초 수운 최제우를 좌도난정률(左道亂政律)로 죄목으로 참형에 처하도록 하였다. 수운 최제우는 3월 10일 대구 관덕정에서 순도하였다. 수운 최제우는 순도 이후 가족과 제자들에 의해 시신을 수습, 3월 17일 용담정 앞 구미산 기슭에 안장되었다.

4) 해월 최시형의 동학 입도

동학이 포교된 것은 동학을 창도한 수운 최제우 재세시였다. 즉 수운 최제우가 동학을 창도한 후 1년 뒤인 1861년경으로 추정된다. 동학의 첫 포교는 가족이었다.[3] 그러나 본격적인 포교는 1861년 6월 이후였다.

> 신유년 봄에 포덕문을 지었다. 그해 6월에 포덕할 마음이 있었다. 세상
> 의 어진 사람들을 얻고자 하니, 저절로 풍문을 듣고 찾아오는 사람들의
> 수가 많아 전부 헤아릴 수가 없을 정도였다. 혹은 불러서 입도하게 하고

---

3 『최선생문집도원기서』(이하 『최선생문집도원기서』), 경신년조. 첫 포교와 관련된 내용은 다음과 같다. "또한 주문 두 건을 지으니, 한 건의 주문은 선생이 읽는 것이요, 다른 한 건은 아들과 조카에게 전수하는 것이다." 즉 첫 포교는 아들과 조카 맹륜이었다.

혹은 명하여 포덕하게 하니[4]

수운 최제우는 1860년 4월 5일 동학을 창명하였지만, 곧 바로 포교를 하지 않고 거의 1년 후인 1861년 6월에 들어서야 포교를 하였다. 19세기 중엽 성리학의 이데올로기에 따라 신분적 차별을 받던 일반 백성들에게 '모든 사람이 한울을 모셨다'는 시천주라는 동학의 평등사상은 메시아였다. 이에 따라 동학에 입도하는 사람들이 헤아릴 수 없을 정도였다.

1861년 6월 이후 동학은 경주를 중심으로 인근 군현, 좀 더 넓게는 경상도 일대로 확산되었다. 이 시기 해월 최시형은 흥해 검곡에 머물고 있었는데, 동학의 소문을 듣고 경주 용담으로 수운 최제우를 찾아가 동학에 입도하였다.[5] 당시 해월 최시형은 35세였다. 해월 최시형의 입도 과정에 대한 기록은 없다. 그렇지만 동학의 입도 과정은 1892년 백범 김구가 동학에 입도 하는 장면을 통해 확인할 수 있다.

김구와 동학교인의 만남은 뜻밖이었다. 평소 신분제의 사회에서 상놈으로 차별받아왔던 김구로서는 새로운 세상을 만나는 첫 장면이었다.

> 삼가고 정중한 태도로 문으로 가서 주인 면회를 청하였더니, 아직 어려
> 보이는 청년 하나가 접대를 하는 것이었다. 나는 그가 양반인 것을 알고
> 갔는데, 역시 상투를 짜고 통천관(通天冠)을 쓴 모습이었다. 공손히 절

---

4 『최선생문집도원기서』, 신유년조.
5 『해월선생문집』, 신유년조. 이에 비해 관변문서에는 1866년에 입도하였다고 하였다. 그러나 「서헌순장계」에 의하면 적어도 1864년 이전에 동학에 입도하였음을 알 수 있다.

을 하자 그이도 맞절을 공존히 하고는 "도령은 어디서 오셨소?"하며 입을 열었다. 나는 당황하여 어쩔줄 모르고 나의 본색을 말하였다.[6]

김구와 동학교인 오응선의 첫 만남이었다. 비록 방계 조상이지만 역적의 후손으로 멸문지화에 이르러 본래의 신분을 숨길 수밖에 없었고, 이로 인해 상놈 행세를 하여 차별받아왔던 지냈던 김구로서는 뜻하지 않는 공대에 적지 않은 충격을 받았다. 당시 동학은 양반과 상놈, 나아가 천민까지도 동학에 입도하면 그날부터 서로 맞절을 하였는가 하면 또 서로 공대를 하여 신분의 높고 낮음에 상관없이 '평등'을 그대로 실천을 하였다. 당황해 하는 김구에게 오응선은 "동학 도인이기 때문이 선생님의 교훈을 받들어 빈부귀천(貧富貴賤)에 차별대우가 없습니다"하고 동학의 실천적 삶의 모습을 그대로 보여주었다.

김구는 오응선으로부터 동학에 대한 궁금증과 취지를 듣고 동학에 입도할 마음이 "불같이 일어났다"고 할 정도로 동학에 심취하였다. 김구가 동학에 대해 가장 인상 깊게 인식하였던 것은 '시천주'와 '신분차별의 철폐'였다. 즉 김구는 "하느님을 몸에 모시고 하늘을 공경하며 도를 행한다"는 것과 "상놈된 원한이 골수에 사무친 처지에 동학에 입도만 하면 차별대우를 철폐한다"[7]는 말이 가장 가슴에 와 닿았던 것이다.

이는 비록 백범 김구의 동학 인식과 입교하게 된 배경이었지만,[8] 해월 최시형도 크게 다르지 않았었을 것이다. 해월 최시형 역시 화전

---

6 백범학술원 총서② 『백범 김구(金九) 자서전 백범일지(白凡逸志)』, 나남출판, 2002, 41쪽.

7 『백범 김구(金九) 자서전 백범일지(白凡逸志)』, 42쪽.

8 백범 김구의 동학과 동학농민혁명에 대해서는 성주현, 「백범 김구와 동학」, 『백범과 민족운동연구』 11, 백범학술원, 2015을 참조할 것.

민으로, 최하층의 삶을 살아왔다는 점은 제도적 사회적 차별로부터 벗어나는 삶을 지향하였다고 할 수 있다.

동학에 입도한 해월 최시형은 스승 최제우가 가르침에 따르고자 최선을 다하였다. 스승이 가르쳐 준대로 자나 깨나 '시천주 조화정 영세불망 만사지'의 주문을 입에서 떼지를 않았다. 한 달에 서너 번씩 용담을 찾아가 직접 스승의 가르침을 받았다.

늦가을 어느 날 해월 최시형은 여느 때와 마찬가지로 용담을 찾았다. 여러 도인들이 도담을 나누면서 천어(天語)에 대한 이야기를 하는 것을 들었다. 해월 최시형은 '나만 게을러서 천어를 듣지 못하였다'고 생각하고, 한편으로는 부끄러운 마음마저 들었다. 검곡으로 돌아온 해월 최시형은 새로운 각오를 다지고 수련에 거듭하였다. 당시 해월 최시형의 모습을 훗날 권동진은 다음과 같이 기록한 바 있다.

> 교우들이 교에 수련함을 각각 말하되 무궁무궁한 조화를 임의로 하고 한울님 말씀을 매양 듣는다 하거늘 해월신사- 그 도담을 듣고 스스로 생각하되 "다른 사람은 모두다 수도를 지성으로 하여 한울님 말씀을 들었다 하나, 나는 그러치 못하니 반드시 정성이 부족함이라"하시고 (중략) 해월신사- 금동골 본집으로 돌아와서 깊은 밤 찬바람에 문앞 대 수술 아래에 깊은 못가에 가서 얼음을 깨고 목욕을 하실 새 골절을 찌르는 듯한이 혹독히 찬 것을 견디고 이 물이 더웁도록 목욕을 감으리라 결심하시고, 매야에 두어 시간씩 목욕을 하고 머리를 감았다.[9]

이처럼 해월 최시형은 천어를 듣기 위해 정성을 다하였다. 먼저 멍

---

9 권병덕, 「해월신사와 이적」, 『천도교회월보』 270, 1934.6, 14쪽.

석으로 문을 가리고 수련을 하였지만 천어를 듣지 못하였다. 다음에는 단식을 하며 열심히 수련을 하였지만 몸만 쇠약해지고 역시 천어를 듣지 못하였다.

실망을 거듭하던 해월 최시형은 1862년 새해를 맞아 비록 엄동이라도 매일 목욕재계를 하기로 마음을 새롭게 다졌다. 검곡 집 아래 물이 흐르는 계곡을 막아 목욕을 하면서 맹수련을 하였다. 그러던 어느 날 공중에서 "건강에 해로운 것은 찬물에 갑자기 들어가 앉는 것이니라"하는 소리를 들었다. 깜짝 놀란 이후 해월 최시형은 냉수욕을 그만두고 두었다.[10]

이해 3월 수운 최제우가 남원 은적암에서 경주로 돌아와 서면 박대여의 집에 머물고 있을 때, 해월 최시형은 그곳으로 찾아갔다. 수운 최제우는 해월 최시형이 수련 중 경험하였던 일을 듣고 그의 정성을 칭찬하였다. 수운 최제우는 내가 남원 은적암에서 「수덕문」을 짓고 읽는 소리가 들린 것이라고 하였다. 해월 최시형은 자신의 경험에서 비로소 천어를 들었다고 판단하였다. 이를 계기로 스승 최제우로부터 포교에 나서도 좋다는 명교를 받았다.

이후 해월 최시형은 경주의 북쪽 일대로 포교를 시작하였다. 해월 최시형은 영해를 비롯하여 영덕, 흥해 등 동해안 일대에 적극적으로 포교를 하였다. 이로 인해 해월 최시형은 '검악포덕'이라는 별칭을 얻었다.

---

10 『천도교서』, 포덕 2년조. "하루는 沐浴할 차로 얼음물에 들어거니 어디서 말소리가 들리되 陽身所害 右寒泉之急座라 완연히 들리거늘 神師 그제야 한울님 명교를 받으시고 얼음물에 목욕함을 그치었다."

신사-대신사께서 '포덕에 종사하라'는 명교를 들으시고 집으로 돌아와 출가 전도하고자 하나 양자(粮資)가 없음을 걱정하더니, 우인 김이서 (金伊瑞)라 하는 사람이 120포의 조(租)를 보내었거늘, 이에 집을 떠나 영해, 영덕, 상주, 흥해, 예천, 청도 등지를 순회하여 많은 도인을 얻으니, '검악포덕(劍岳布德)'의 설이 인구에 회자하고 도명(道名)이 널리 세상에 퍼졌었다.[11]

해월 최시형의 포교로 경주의 북쪽과 북동쪽의 흥해, 연일, 영해, 영덕 등 동해안 일대는 동학에 입도하는 사람들이 급격히 늘어났다. 이외에도 상주, 예천, 청도 등지에서도 동학의 교세가 크게 신장된 것이다. 이는 수운 최제우로부터 "포덕에 종사하라"는 명교를 받은 해월 최시형이 자신의 생활터전인 흥해를 중심으로 경상도 일대에 적극적인 포교를 하였기 때문이었다.

이때 해월 최시형의 포교로 영해·상주·흥해 등지에서 전문여(全文汝)·오명철(吳明哲)·박춘서(朴春瑞)·김경화(金敬和) 등 뒷날 동학의 주요 지도자로 활동하는 인물들이 입교하였다.[12] 특히 연일·영덕·흥해 일대는 해월 최시형이 제지소 용인으로 일하던 시절, 종이를 배달하던 지역이었다. 그 무렵에 이 지역을 자주 드나들며 많은 사람들과 사귄 것이, 이 지역에서 많은 사람들을 포덕할 수 있었던 기반이 되었다.

동학의 교세가 날로 커지자 관의 탄압도 노골화되었다. 경주감영은 수운 최제우가 구금되는 사건이 발생하였다. 제자들이 몰려가 항의하여 수운 최제우는 곧 풀려 나왔다.[13] 그렇지만 계속되는 관의 지목에

---

11 이돈화, 『천도교창건사』(제2편), 4쪽.
12 『해월선생문집』.
13 동학교단 측의 기록에는 7백여 명의 동학교인들이 감영에 몰려가 항의를 하였

대처하고, 늘어나는 동학 교세를 좀 더 효율적으로 관리하기 위하여 수운 최제우는 경주 지역을 떠나 다른 지역으로 그 거처를 옮기고자 하였다.

이러한 수운 최제우의 뜻을 파악한 해월 최시형은 자신의 집으로 거처를 옮겨가기를 권유하였다. 그러나 수운 최제우는 집이 좁다는 이유를 들어 사양하였다.

수운 최제우는 11월 9일 흥해 매곡동(梅谷洞)에 있는 손봉조(孫鳳祚)의 집으로 거처를 옮겼다.[14] 수운 최제우는 이곳에서 주요한 제자들과 며칠 동안 논의하고 토의한 끝에 12월 그믐에 각 처의 접주(接主)를 정하였다. 지역과 접주는 다음과 같다.

경주부서: 백사길, 강원보   경주본부: 이내겸
영덕: 오명철   영해: 박하선
대구와 청도, 경기도: 김주서   청하: 이민순
연일: 김이서   안동: 이무중
단양: 민사엽   영양: 황재민
영천: 김선달(이름 미상)   신령: 하치욱
고성: 성한서   울산: 서군효
장기: 최중희[15]

해월 최시형은 수운 최제우가 최초로 접을 조직하고 접주를 임명

다고 기록하고 있다. 이에 비해 일부 기록에는 수운 최제우의 이적만 기록한 것도 있다.
14 『최선생문집도원기서』, 임술년조.
15 『최선생문집도원기서』, 임술년조.

할 때 포함되지 않았다. 그렇지만 수운 최제우가 접주제를 실시하기 위하여 장소를 물색하는 일을 해월 최시형과 의논하였다는 점은 그를 신임하고 있었음을 보여주고 있다.[16]

이외에도 해월 최시형에게 다른 제자와는 달리 특별히 포교를 할 수 있는 명교를 부여하였다는 것은 해월 최시형을 비록 접주로 임명하지는 않았지만, 결국 모든 접을 관장하는 동학의 책임자로 삼아 도통(道統)을 해월 최시형에게 전해 주려고 하였던 것으로 아니었을까. 이를 통해 해월 최시형의 리더십을 추정해 볼 수 있다.

---

16 이돈화, 『천도교창건사』(제2편), 4쪽. 다음과 같이 기록하고 있다. "이해 11월에 신사, 대신사께 품(稟)하여 각지에 포덕 접주를 정하시고"

4.
도통 전수와 동학의 최고책임자

1) 동학의 도통과 해월 최시형

수운 최제우는 해월 최시형이 북도중주인으로서 일을 잘 처리하는 등 지도력을 충분히 발휘하자 동학의 장래를 맡기기로 하였다. 수운 최제우는 1863년 8월 14일 해월 최시형에게 동학의 후계자로 선정되었다. 종교마다 차이는 있지만, 이른바 도통을 전하는 방식은 다양하다. 수운 최제우와 해월 최시형의 도통 전수는 단 둘이 하였다는 점에서 독특하다고 할 수 있다.

이를 '단전밀부(單傳密符)'라고 한다. 사전적 의미는 '개별적으로 전교하고 이를 비밀에 부친다'는 뜻이다. 이는 '스승으로부터 제자에게 내밀히 전해 주고받는 밀부(密符)'라는 뜻이다. 단전밀부는 동학시기 동학을 포교하는 방법의 하나이기도 하다. 비밀스럽게 포교를 해야하였기 때문에 전교를 비밀에 부친 것이다. 단전밀부라는 방법을 택하게 된 것은 정부의 탄압을 피하기 위한 방편이었다. 이로 인해 수운 최제우 사후 교단 내부에 갈등이 없지 않았다.

동학의 도통을 물려받은 최고책임자의 호칭은 시기와 기록에 따라 다양하게 불렸다. 해월 최시형 당시에는 '대도주'(大道主) 또는 '도주'(道主) 혹은 '주인'(主人)이라고 불렸다. 이는 기록에 따른 호칭 때문이었다.

해월 최시형이 동학의 최고책임자가 되는 것은 두 차례의 상황이 있었다. 첫째는 북도중주인이고, 두번째는 이른바 도통전수이다. 수운 최제우가 해월 최시형에게 동학의 도통을 전해준 일자와 명칭은 동학 시기의 기록과 천도교단 내의 기록에 따라 차이를 보이고 있다. 이는 공개적으로 도통을 전수하지 않았기 때문에 즉 단전밀부였기 때문에 기록자에 따라 다르게 나타난 것이다.

동학교단 최초의 기록이라 할 수 있는 『대선생주문집』에는 '주인', '북도중주인'으로 정하였다고 하였으며, 이를 기반으로 기록한 『최선생문집도원기서(道源記書)』에는 1863년 7월 23일 수운 최제우가 해월 최시형을 '북도중주인(北道中主人)'으로 삼았다고 하였다.[1] 『천도교서』에는 '북접대도주(北接大道主)'를 명하였다고 하고 있으며,[2] 『천도교창건사』에는 '북접주인'[3]과 '북접대도주'[4]라고 각각 기록하고 있다.

이외에도 북접주인 또는 북접대도주로 정해진 날짜도 기록마다 차이가 있다. 『대선생주문집』은 7월 23일로 한 것을 그대로 기록하였지만, 7월 중에 정해진 것으로 추정할 수 있는 기록도 없지 않다. 『본교역사』와 『천도교회사초고』 등이다. 『본교역사』의 기록을 보면 다음과 같은 기록이 있다.

대신사가 최경상을 북접주인(北接主人)으로 삼고 한참 동안 탄식하매 대략 성난 기색이 있더니 조금 뒤에 다시 기운을 내어 스스로 말했다. "공을 이룰 만한 사람은 가거라"라고 하였다. 또 최경상을 돌아보면서

---

1 『최선생문집도원기서』, 계해년조.
2 『천도교서』(제2편), 포덕4년조.
3 이돈화, 『천주교창건사』(제1편), 45쪽.
4 이돈화, 『천도교창건사』(제2편), 5쪽.

분부하였다.[5]

위의 기록은 『본교역사』 중 1863년 6월과 8월 사이에 나오는 것으로 보아, 7월의 기록임을 알 수 있다. 『천도교회사초고』에는 다음과 같이 기록하고 있다.

이때 대신사, 최경상(최시형)에게 해월당의 도호를 내려주시고 북접주인을 특정하시고[6]

『천도교회사초고』 기록 역시 『본교역사』와 마찬가지로 6월조와 8월조 사이에 나오고 있다.

이로 볼 때 『본교역사』, 『천도교회사초고』의 기록은 『최선생문집도원기서』, 『천도교서』, 『천도교창건사』, 『시천교역사』 등과 함께 7월 23일 또는 7월 중에 북접대도주 또는 북접주인에 임명한 것을 알려주는 기록이다.

이와 같이 해월 최시형은 7월 23일에 북접주인에 정해졌다. 그리고 도통전수는 8월 14일에 이루어졌다. 8월 14일 도통전수와 관련된 기록은 『천도교창건사』에 나온다.[7] 『천도교서』에도 8월 14일에 해월 최시형에게 도통을 전수해 주었다고 기록하고 있다.[8]

그런데 초기 기록인 『최선생문집도원기서』에는 도통전수에 대한 구체적인 기록은 없다. 다만 도통을 전수한 듯한 느낌만 기록하고 있

---

5 『본교역사』, 포덕4년조.
6 『천도교회사초고』, 포덕4년조.
7 이돈화, 『천도교창건사』(제1편), 45쪽.
8 『시천교역사』, 계해년조.

다. 그리고 8월 14일 다음 날인 15일 새벽에 '수심정기(守心正氣)' 넉 자와 영부, 그리고 '수명(受命)' 두 자를 써서 주었으며, 이어서 "용담의 물이 흘러 네 바다의 근원이 되고, 검악에 사람이 있으니 한 조각 마음이네.(龍澤水流四海源 劍岳人在一片心)"라는 강결(降訣)의 시를 써 주었다는 기록만 있다.[9]

그럼에도 『최선생문집도원기서』의 기록을 자세히 살펴보면, 해월 최시형이 7월 23일이 아닌, 8월 14일에 정식으로 도통을 이은 것으로 추정되는 내용을 확인할 수 있다. 7월 23일의 기록을 살펴보면 다음과 같다.

> 마침 경상이 오자 오랫동안 상담하고 나서 특별히 북도중주인으로 정하였다. 선생은 탄식하며 노여운 기색을 보이는 듯하다가 다시 기색을 가라앉히고 부드러운 음성으로 이르기를
> "진실로 성공한 자는 가는 것이다. 이 운수를 생각하니 필시 그대 때문에 생겨났다. 이제부터 도의 일을 신중하게 처리하여 나의 가르침을 어김이 없도록 하라."고 하였다.
> 경상은 "어찌하여 이런 훈계를 하십니까?" 하자, 선생은 "이는 곧 운이니라. 난들 운이야 어찌하랴. 그대는 마땅히 명심하고 잊지 말아야 한다." 경상은 다시 말하기를 "선생의 교훈 말씀이 저에게 과분하다"고 하였다. 선생은 웃으면서 "일인즉 그리되었다. 걱정하지도 말고 의심하지도 말라"고 하였다.[10]

7월 23일 수운 최제우는 해월 최시형에게 '북도중주인'으로 임명하였다. 그리고 이 기록에 의하면 해월 최시형을 '경상(慶翔)'이라는 이름

---

9 『최선생문집도원기서』, 계해년조.
10 『최선생문집도원기서』, 계해년조.

으로 기록하였다.

그러나 8월 14일 이후에는 '경상'이라는 이름 대신 '주인(主人)'이라고 기록하였다. 이는 동학 또는 도(道)의 주인이라는 뜻에서 이렇듯 기록한 것으로 판단된다.

이와 관련하여 현존하는『동경대전』중 가장 오래된 계미중춘판『동경대전』과 계미중하판『동경대전』의「의식」부분에 이와 관련된 기록이 보이고 있다. 즉 "선생 포덕 초에 소고기, 양고기, 돼지고기 등을 썼으나, 계해년 8월에 이르러 선생께서 나를 돌아보며 도를 전해주던 날, '이 도는 유불선 삼교를 겸하여 나온 가르침이기 때문에 고기 종류는 쓰지 않는다."라고 기록되어 있다.

이와 같은 기록으로 보아, 해월 최시형의 7월 23일에 북도중주인, 북접주인 등으로 임명을 받았지만, 수운 최제우로부터 공식적으로 동학을 전수받은 날은 '8월 14일'임을 알 수 있다.

2) 동학의 최고책임자

그날 이후 수운 최제우는 경주 용담을 찾아오는 모든 동학의 교인들에게, "용담에 오기 전에 먼저 검곡(劍谷)을 거쳐서 오라."는 명을 내린다.[12] 즉 동학의 모든 공식적인 절차는 이제 새로이 법통을 이은 검곡의 주인, 바로 해월 최시형에게 있음을 강조한 말씀이었다.

후천 오만년을 열어갈 대임(大任)을 맡게 된 해월 최시형은, 그 이후 스승인 수운 최제우의 참형이라는 아픔을 감내해야 했으며, 집요한 관

---

11 『동경대전』(계미중춘판).
12 『천도교회사초고』(제2편), 포덕 4년조.

의 추적 아래 태백과 소백의 험난한 산속을 40년 가까운 긴 세월 동안 숨어 다니는 가운데서도 동학 교단을 전국적인 규모의 교세로 키워 나 갔다.

19세기 중후반, 기존 질서가 하염없이 붕괴하는 가운데 서양이라 는 이질적인 세력이 물밀 듯이 밀려오는 이중의 고통 속에 암담했던 시대를, '다시 개벽'이라는 거대한 꿈을 끌어안은 채, 천민도 양반도 없는, 배고픔도 헐벗음도 없는, 생명이 온전한 생명으로서 존중되는 그러한 세상을 향하여, 해월 최시형 그는 묵묵히 걸어 나갔다. 태백의 준령, 그 거대함보다도 더 큰 고난을 짊어지고, 그렇게, 그렇게 후천 이라는 전혀 새로운 차원의 삶을 향해 걸어 나갔던 것이다.

수운 최제우는 본격적인 포덕을 전개한 지 만 3년도 되지 않아 조 선 조정의 선전관 정운구에 체포되어 대구 감영에 구금되었다. 수운 최제우 체포 당시(1863. 12) 몸을 피했던 해월 최시형은 위험을 무릅쓰고 대구 성중으로 들어가 여러 경로를 통해 수운 최제우를 면회할 방법을 주선하였다. 결국 옥리(獄吏)인 곽덕원(郭德元)을 만나 그의 하인으로 위 장하여 감옥으로 들어가 수운 최제우를 만날 수 있었다.[13]

수운 최제우는 위험을 무릅쓰고 찾아온 해월 최시형에게 시 한 수 를 전해 준다. 오늘날 「유시(遺時)」라는 이름으로 전하는 이 시는 많은 의미를 담고 있다.

> 등불 환히 비추는 물 위, 아무런 혐의의 틈이 없구나.(燈明水上無嫌隙)
> 기둥은 마른 것 같으나 아직 그 힘이 남아 있도다.(柱似枯形力有餘)[14]

---

13 『최선생문집도원기서』, 갑자년조.
14 『동경대전』, 「영소」.

첫 구절 '등명수상무혐극(燈明水上無嫌隙)'은 수운 최제우 자신의 결백함을 노래한 것이다. 등잔의 불빛이 물 위로 비추게 되면, 밝은 불빛 아래서 그 물은 아무 틈이 없음을 분명하게 확인할 수 있다. 이렇듯 물이 아무 틈이 없듯이 수운 최제우 자신은 틈도 또 힘도 없는 삶을 살아왔다는 것이 강조되어 있다. 특히 여기서 '틈'은 '혐의의 틈', 곧 '혐극(嫌隙)'이다. 즉 혹세무민(惑世誣民)의 혐의로 잡혀서 취조를 받고 있지만, 그 혐의는 결코 사실이 아님을 밝히고 있다.

이 첫 구절은 이중(二重)의 의미가 담겨져 있다. 즉 수운 최제우의 삶이 아무런 혐극(嫌隙)이 없듯이, 동학은 물 위에 환히 빛나는 불빛과도 같이 세상의 모든 곳을 밝혀주는, 참된 진리라는 의미를 담고 있다.[15] 따라서 이 구절은 수운 최제우의 삶은 곧 동학을 이 세상에 펴고 실천하는 삶이었음을 의미하기도 한다.

수운 최제우가 선천(先天)의 잘못된 인식과 제도에 의하여 죽임을 당했지만 자신이 펼친 무극대도가 지금은 죽은 나무와 같이 보일 수 있으나(柱似枯形), 한울님의 뜻과 도가 세상에 전해지는 한, 그 나무는 죽은 것이 아니라는 의미가 두 번째 구절인 '주사고형력유여(柱似枯形力有餘)'에 담겨 있다. '힘이 남아 있으므로(力有餘)', 뒷날 겨울나무가 봄을 맞으면 잎을 틔우고 꽃을 피우듯이, 이 세상에 한울님의 도가 펼쳐지게 될 것이라는 의미가 들어 있는 것이다.

또한 수운 최제우는 해월 최시형에게 「유시」와는 별도로 '고비원주(高飛遠走)'라고 쓰인 쪽지를 전해 주고, 대구를 벗어나는 즉시 멀리 도망하라고 당부하였다.[16] 이는 수운 자신이 죽게 되어도, 동학을 이은

---

15 윤석산, 『동학 교조 수운 최제우』, 모시는사람들, 2004, 296~297쪽.
16 『최선생문집도원기서』, 갑자년조.

해월 최시형은 살아남아 이를 세상에 펴라는 뜻을 담고 있다. 따라서 이 「유시」에서 '역유여(力有餘)', 곧 '남아있는 힘'은 바로 해월 최시형을 지칭하며, 동시에 해월 최시형이 세상을 향해 펼쳐 나갈 동학의 가르침을 지칭한다고 할 수 있다.[17]

수운 최제우를 마지막으로 만나 극적인 가르침을 받은 해월 최시형은 대구를 빠져나와 안동과 영덕 등지로 피신하였다가 후일 동학의 차도주가 되는 강수의 거처인 직천(直川)으로 갔다. 직천은 영덕에 속한 작은 마을이었다. 수운 최제우의 순도 소식에 강수는 애통해 마지않았다. 슬픔 속에서도 강수는 해월 최시형에게 동학의 장래를 위해 신중을 기하여 몸을 잘 보전할 것을 당부하였다.

강수의 집에서 하루를 머문 해월 최시형은 영해를 거쳐 평해(平海)로 가서 황주일(黃周一)을 만났다. 동학이 창명된 경주는 그 지목이 어느 곳보다도 심할 것이고, 또 수운 최제우가 참형을 당한 대구 일대 역시 동학에 대한 검색이 강화되었기 때문이었다. 그러므로 해월 최시형은 이들 지역에서 멀리 떨어진 경주의 동북쪽으로 피신하였다. 해월 최시형이 피신한 곳은 대부분 동학교인의 지원이 가능한 곳이었다. 평해 역시 초기에 해월 최시형이 동학을 포교한 곳으로 동학 교세가 상당한 곳이었다.

---

17 윤석산, 「이야기 동경대전」, 『신인간』 2009.7, 신인간사.

5.
도피와 은신으로 연명한 해월 최시형

1) 도피와 은신의 시작

해월 최시형은 1864년 평해에서 여름과 가을을 보냈다. 이곳에서 해월 최시형은 여느 일꾼들과 마찬가지로 하루도 쉬지 않고 나막신을 만들어 파는 것을 업으로 삼았다. 타고난 근면함을 발휘하며 낮이면 동네 사람들과 간간이 어울리기도 하고, 나막신을 만들거나 짚신도 삼고 멍석도 짜서 생계를 꾸렸다.[1] 그럼에도 밤이면 고요히 앉아 수련하는 은신생활을 이어갔다.

한 동안 평해에서 지낸 해월 최시형은 울진의 작은 해안 마을인 죽변(竹邊)[2]을 거쳐 경북 영양 일월산 아래 윗대치라는 산간마을로 이거하였다. 해월 최시형이 평해에서 윗대치로 거처를 옮기는 여정에 대해 동학교단에서는 기록마다 약간의 차이를 보이고 있다.

『천도교서』에 의하면 해월 최시형은 1865년 1월 평해에서 울진 죽변으로 가족과 수운 최제우 부인 박씨사모를 대동하고 갔다. 이후 해월 최시형은 1866년 2월 죽변에서 예천 산수리로 이거하였으며, 박씨

---

1 『최선생문집도원기서』, 갑자년조.
2 동학교단의 기록에는 '竹屛'으로 되어 있다. 그러나 울진에는 '죽병'이라는 지명은 없으며, 죽변의 사투리식의 기록으로 보인다.

사모는 상주 동관음으로 이거하였다고 기록하고 있다. 이어 1868년 3월에는 해월 최시형이 다시 영양 일월산 용화동 윗대치(上竹峴)로 이거하였다.『본교역사』와『시천교역사』역시 죽변 → 수산리 → 영양 용화동 윗대치로 기록하고 있다. 또한『해월선생문집』도 역시 이와 같은 과정을 거쳐 용화동 윗대치로 간 것으로 되어 있다.

이에 비해『천도교회사초고』에는 1865년에 해월 최시형이 먼저 영양 용화동 윗대치로 옮겨 갔고, 그해 7월 상주 동관음에 머물고 있던 박씨사모가 해월 최시형이 윗대치에 있다는 말을 듣고 찾아왔으며, 이후 다시 해월 최시형이 박씨사모를 모시고 죽변으로 갔다고 되어 있다. 즉 윗대치로 다시 왔다가[3] 1867년 2월 예천(醴泉) 수산리로 이주하였고, 1868년 3월 다시 윗대치로 옮겨 갔다고 되어 있다.

그런데『천도교창건사』는 좀 더 복잡하게 기록하고 있다. 1865년 1월 죽변으로 옮기고, 6월에 영양 용화동 윗대치로 갔다고 하였다. 이어 1867년 봄에 죽변에서 수산리로 옮겨 갔다. 문제는 용화동 윗대치에서 다시 죽변으로 옮겨 간 기록은 없고, 용화동 윗대치에 있던 해월 최시형이 죽변에서 수산리로 이거했다고만 되어 있다. 이후 1869년 용화동 윗대치에 있는 것으로 기록이 되어 있는데, 언제 수산리에서 용화동 윗대치로 옮겨갔는지 확인할 수가 없다.

동학교단 최초의 기록인『최선생문집도원기서』에는 이 시기 해월 최시형의 은신 과정을 간략하게 기록하고 있다. 해월 최시형이 죽변으로 이거한 기록이 없고, 평해에서 1년 정도 살다가 용화동 윗대치로

---

3 죽변에서 용화동으로 다시 돌아왔다는 기록은 분명하지 않다. 그렇지만『천도교회사초고』에 의하면 "神師이 다시 蔚珍郡 竹屛里로 移接하시고 大神師宅도 또한 同居하시다. 神師 山中에 隱居하야 兩家生活을"라고 하였는데, 이는 해월 최시형이 죽변에서 다시 용화동으로 이거하였음을 보여주고 있다.

이거한 것으로 기록되어 있다.

앞서 언급한 동학교단의 기록들을 정리해보면 다음과 같다. 첫째는 해월 최시형의 활동 근거지는 동해안이었다는 점이다. 해월 최시형은 수운 최제우로부터 포교를 하라는 말을 듣고, 자신의 활동 근거지였던 흥해를 거점으로 포교활동을 하였다. 그리고 활동무대를 점차 울진으로 확장해나갔다. 이때 새롭고 포교 거점이 평해와 죽변이었다. 평해와 죽변은 울진에 속한 자그마한 어항이었다. 농촌과 같이 사람의 왕래가 많지 않았으며, 자연재해로 위험이 많은 곳이라는 점에서 해월 최시형이 동학을 포교하는데 보다 용이하였던 것이다. 이는 해월 최시형이 수운 최제우 사후 그의 박씨사모 등 가족을 대동하고 울진 죽변으로 은신할 수 있었던 기반이 된 것이다. 이처럼 울진 일대는 초기 동학교단의 주요 포교지였다.

둘째는 해월 최시형이 스승 수운 최제우의 가족의 생계를 책임졌다는 점이다. 수운 최제우 사후 동학에 대한 탄압이 가중되는 상황에서 동학교인의 삶은 피폐해질 수밖에 없었다. 동학교인들 조차도 서로 왕래가 끊어진 상황에서 해월 최시형은 수운 최제우의 가족 즉 사가(師家)의 생계를 전적으로 떠맡은 것이다. 수운 최제우 사후 뿔뿔이 흩어져 생사조차도 확인할 수 없는 사가를 모신다는 것이 해월 최시형에게는 적지 않은 부담이었다. 그럼에도 해월 최시형은 모든 위험을 안고 사가를 모셨던 것이다. 이렇듯 해월 최시형의 사가에 대한 모심은 사가의 마지막 순간까지 지속되었다. 이는 해월 최시형의 모심에 대한 또 하나의 철저한 실천 사례라고 할 수 있다.

셋째는 해월 최시형의 활동 근거지가 해안에서 산간지역으로 옮겨졌다는 점이다. 해월 최시형의 초기 활동 근거지는 자신의 삶의 공간을 기반으로 하였지만, 수운 최제우 사후에는 기본적 삶의 공간이 무너진 것이다. 보다 안전한 삶의 공간을 새로 구축해야 하는 절박한 현실에서 트인 공간보다는 은신과 도피가 용이한 산간지역을 선택한 것이다. 해월 최시형이 산간지역을 선택한 것은 그가 일찍이 검곡에서 화전민 생활을 하였다는 점도 영향을 받았다고 할 수 있다. 인적이 없다 시피한 산중은 그에게 새로운 희망을 만들어 가는 공간이었던 것이다 이후 해월 최시형의 활동 근거지는 대부분 안전한 은신처를 제공해주는 산중이었다는 점도 그 연장선상에서 이해할 수 있다.

2) 영양 일월산 윗대치와 동학의 재건

해월 최시형이 영양 용화동 윗대치로 거점을 옮긴 것은 동학 교단을 재건할 계획도 없지 않았다. 용화동 윗대치는 수운 최제우 당시부터 동학의 교세가 형성되었던 동학촌이었기 때문이다. 대구 감영에서 서헌순이 수운 최제우를 문초할 때 '영양 일월산에 결막(結幕)을 짓고 모여서 모의를 했다'는 사실에 주목하고, 이를 집중적으로 추궁하였다. 동학교인들이 결막을 짓고 사람들을 모으고 천제를 지냈다는 것은 다름 아닌 역모나 민란을 꾸민다고 본 것이다.

서헌순은 수운 최제우를 역모나 민란의 주모자로 몰아가기 위하여 영양 일월산에 있던 동학교인의 결막에 드나들었는지를 집중 추궁한 것이다. 즉 수운 최제우가 당시 영양 일월산을 중심으로 유행되었던 '소와지설(騷訛之設)', 곧 세상을 소란스럽게 하는 와전을 꾸몄던 일당들과 어떻게 연계되어 있는가를 추궁했다. 그렇지만 수운 최제우가 이곳 영양까지 온 적이 없었기 때문에 역모를 위한 추궁은 뜻대로 이루어지

지는 않았다.[4]

영양 일월산 윗대치 일대는 산중 작은 고을이었지만 이른바 '동학천'이었다. 수운 최제우가 대구 감영에 구금이 되었을 때, 영양의 접에서 안동(安東)의 접과 합하여 5백 금을 염출하여 후원 비용으로 사용하였다.[5] 영양접은 황재민이 접주였으며 윗대치가 접의 중심지였다. 영양 일월산 일대는 수운 최제우 당시부터 동학 교인들이 집결해 살던 곳이다.

해월 최시형이 인적이 드문 산간마을 윗대치를 은거지로 택한 것은 지형 조건 때문으로 생각된다. 용화동 윗대치는 일월산 동쪽 깊은 골짜기에 자리하고 있으며, 봉화 쪽으로 넘어가는 길목이어서 만일의 사태가 벌어지면 피신하기가 비교적 쉬운 지형이다. 또한 이곳 용화동을 비롯한 영양 일대의 마을들은 타지에서 들어온 사람들로 형성된 채기도 하다.[6] 예로부터 같은 동성의 집성촌(集姓村)은 그 유풍이 강하고, 또 이에 의한 강한 배타성 등으로 타 지역 사람이 섞여 살기에는 어려움이 많다. 해월 최시형과 같이 관의 지명수배를 받아 쫓기는 사람일수록 그 어려움은 컸을 것이다. 그러므로 외지인들이 촌락을 이루어 사는 영양 용화동은 해월 최시형이 숨어 지내기 적합한 곳 중의 하나이기도 했다.

최근 해월 최시형이 은거한 곳으로 추정되는 곳이 확인된 바 있다. 그동안 해월 최시형은 은거한 곳은 인적이 드문 곳이어서 현장을 확인한다는 것은 쉽지 않았다. 영양군은 "일월면 용화리와 벌매리 뒷산 정

---

4 『일성록』, 「서헌순장계」.
5 『최선생문집도원기서』, 계해년조.
6 『양양군답사보고서』, 한양대학교 국제문화대 한국언어학과, 1993.

상 부근에서 동학교도들이 집단으로 거주했던 곳으로 추정되는 터를 발견했다"고 밝혔다. 이곳은 일월산 정상 부근인 해발 1천m 지점에 자리 잡은 이 은거지 터는 숨어 지내기에 적합한 지형적 조건을 갖추고 있다. 이외에도 사람이 직접 심은 것으로 보이는 수령 150년 가량의 살구나무를 비롯해, 곳곳에 돌로 쌓은 축대 등의 흔적이 고스란히 발견되었다. 다만 해월 최시형의 은거지가 대부분 산의 7, 8부 능선이었다는 점에서 조금 의심스러운 부분이 남아 있다.

해월 최시형이 1865년에서부터 1868년까지 3년여 동안을 용화동 윗대치를 중심으로 죽변, 수산리 등 태백산맥 끝자락 일대에 은신한 것은 안전하게 은거하면서 동학을 다시 재건할 장소를 찾기 위해서였다. 무엇보다도 이들 지역은 동학교인들이 상당한 조직을 갖추었던 곳이었기에 가능하였다. 이에 해월 최시형은 태백산맥이 이어지는 경북 영양군 일월산에 자리한 작은 산간마을 용화동 윗대치 일대를 동학을 다시 일으킬 최적의 장소로 정했던 것이다. 이를 계기로 수운 최제우 사후 위기의 상황에서 동학 재건의 토대를 마련한 것으로 평가할 수 있다.

새로운 근거지로 정한 용화동 윗대치에서 해월 최시형은 생사를 알지 못했던 스승의 부인과 그 가족을 다시 만났고, 사방으로 흩어졌던 옛 동지들이 다시 모여들기 시작하였다. 관의 탄압으로 목숨이 경각에 달려 있는 상황에서도 해월 최시형은 "등불이 밝아 물 위로는 아무런 혐의의 틈이 없고, 기둥이 마른 것 같으나 힘이 남아 있다"는 스승의 유지를 받들어 동학교단을 다시 일으키고자 하였다. '고비원주(高飛遠走)'하며 안전한 지역을 물색하여 정착하였고, 동학 교단의 재건을 위한 준비를 서서히 해나갔다.

해월 최시형이 1865년부터 1868년까지 정착한 용화동 윗대치는 영양군에 있는 작은 산간마을이며

동학촌으로 불렸다. 영양은 본래 영양현(英陽縣)이었지만, 대부분 산간 지역으로 인구도 적고 또 지역도 좁아 당시는 영해부(寧海府)에 속해 있던 행정구역이었다.

영양에서도 용화동(龍化洞)은 태백산맥의 한 자락에 자리 잡은 1,218미터의 일월산 뒤쪽 계곡인 죽현(竹峴, 대치)이라는 깊은 골짜기에 위치한 산간마을이다. 영양 읍내에서도 50리 이상 떨어진 일월산의 중턱에 자리하고 있으며, 마을로 들어가는 입구에서 끝나는 곳까지 거리는 30리나 된다. 용화동은 용화, 대치, 윗대치 등의 자연 마을로 구성되어 있는데, 이들을 총칭하여 '용화동'이라고 부른다. 해월 최시형이 은신한 곳은 용화동의 끝마을 윗대치였다. 윗대치는 말 그대로 해발 1200여 미터의 고산지에 있으며, 소를 활용할 수 없는 산비탈이라 사람이 농구를 끌 정도였다. 이처럼 깊은 산과 계곡으로 둘러싸인 윗대치는 은신처로 천혜의 요건을 갖추었다.

해월 최시형이 용화동 윗대치에 은신하면서 동학의 재건을 도모하자, 각지에 숨죽이며 지냈던 동학교인들이 점차 모여들기 시작하였다. 당시 윗대치로 해월 최시형을 찾아와 같이 지내게 된 인물은 전성문(全聖文), 전덕원(全德元), 정치겸(鄭致兼), 전윤오(全潤吾), 김성진(金成眞), 백현원(白玄元), 박황언(朴皇彦), 김계악(金啓岳), 황재민(黃在民), 권성옥(權成玉), 김성길(金成吉) 등이다.[7] 또한 해월 최시형은 용화동 일대의 주민 30여 호에 동학을 포교하여, 이곳 윗대치 일대는 명실상부하게 해월 최시형

---

7 『최선생문집도원기서』, 병인년조.

에 의한 새로운 동학 시대를 여는 역사적인 장소로서 자리매김하였다.

그 무렵에 해월 최시형이 윗대치에 자리 잡고, 동학을 펴고 있다는 소문을 듣고 상주 동관음(東觀音, 東觀岩)에서 숨어 지내던 수운 최제우의 유족들이 찾아왔다. 해월 최시형은 사모(師母)이신 박씨 부인과 그 자녀들에게 살던 집을 내주고 자신은 아랫마을로 거처를 옮겼다. 이때부터 박씨 부인과 그 아들들이 사는 집을 큰집, 즉 대가(大家)라고 불렀다.[8] 스승의 부인이 거처하는 집이므로 높여 부른 것이다.

박씨 부인과 자제 즉 사가를 모시게 되었고, 동학교인들이 모이자, 해월 최시형은 수운 최제우의 생신일인 10월 28일, 기일인 3월 10일 그리고 수운 최제우가 동학을 창명한 4월 5일 등 중요한 날에 제사를 주관하였다. 제의를 한다는 것은 돌아간 분을 추모하고, 나아가 그 분의 유지를 받든다는 정신이 깃든 중요한 의식이다. 해월 최시형이 스승의 제사를 지낸다는 것은 각지로 흩어진 동학교인들을 다시 모으고, 나아가 붕괴된 교단을 일으키는 중요한 방법의 하나이기도 했다.

이와 같은 해월 최시형의 판단은 동학을 재건하는데 매우 적절하게 작용하였다. 승통일과 기일에 모여든 동학도들을 중심으로 해월 최시형은 정기적인 계(稧)를 조직하였다. 수운 최제우의 순도일(3월 10일)과 생신일(10월 28일), 봄과 가을 두 차례씩 정기적인 계 모임을 갖기로 결정하였다. 계 모임을 위해 운영 기금으로 4전씩 염출하는 계안(稧案)도 마련하였다.[9] 해월 최시형은 계를 통한 새로운 신앙결사를 도모하였다. 이와 더불어 해월 최시형은 계를 통하여 사가뿐만 아니라 생활이 곤궁한 교인들을 도와주기도 하였다. 이를 동학의 유무상자(有無相資)라

---

8 『최선생문집도원기서』, 병인년조.
9 『최선생문집도원기서』, 정묘년조.

고 한다. 계는 한국 사회에 보편적으로 존재하였던 협동단체의 일종으로 결취(結聚) 또는 계합이라 하였는데, 여러 사람이 같은 목적 아래 모인 집단으로 보고 있다. 계가 언제 발생했는가는 분명하지 않으나 생활공동체로서의 계는 고대 원시 공동체 사회 이래 존속해왔다. 우리나라 사람들은 무슨 일이 있으면 어떤 조직을 만들어 이를 성취하고자 하며, 특별한 일이 없더라도 어떤 동류적 기반에 근거해 무리 짓기를 즐겼다. 이것은 삶의 문화는 계의 전통에서 유래한 것으로, 계는 그만큼 삶의 일부이기도 하였다. 즉 계는 공동가치의 실현, 공동사업의 수행, 집단결속, 친목 유지, 사회보장적인 다양한 성격을 가진 전통사회의 생활공동체였다. 그런 점에서 해월 최시형이 계를 조직하였다는 것은 동일한 목적을 위한 즉 동학을 신앙공동체로 의미를 부여하고자 전략이었다고 할 수 있다.

이 무렵 해월 최시형은 상주 접주 황문규 등 상주접(尙州接)의 교인들로부터 적극적인 후원을 받았다. 용화동 윗대치를 중심으로 동학교인들이 모여들고, 또 경상도 북부 산간지역으로 그 교세가 확산되면서 각지에 숨어 있던 동학 교인들이 점차 윗대치로 모여들었다. 윗대치를 중심으로 동학의 바람이 서서히 일어나기 시작한 것이다.

그러던 1869년 3월 어느 날, 강원도 양양(陽襄)에서 최희경(崔喜慶)[10]과 김경서(金慶瑞)라는 사람이 해월 최시형을 찾아왔다. 양양은 동학의 교세가 아직 미치지 못하고 있던 지역이었다. 이곳에서 이들은 공생(孔生, 이름 미상)이라는 사람으로부터 가르침을 받았다고 했다. 주문을 가르치고, 다소 신비한 일들을 보이기는 하였지만, 그래도 왠지 석연치가

---

10 『천도교서』에는 '崔惠根'이라고 표기되어 있다.(『천도교서』(제2편), 포덕 10년조)

않아 소문을 듣고 해월 최시형을 찾아 윗대치까지 왔다고 하였다. 해월 최시형은 두 사람에게 동학의 바른 주문 등을 전해주었다. 또한 해월 최시형은 이들로부터 양양 지역에도 동학의 가르침을 받고자 하는 사람들이 많이 있다는 말을 듣고 박춘서(朴春瑞)를 대동하고 양양 지역을 순방하여 30여 호를 포덕하였다.[11] 이처럼 윗대치 시절의 해월 최시형은 안정된 근거를 바탕으로 경상도를 넘어 강원도 일원에까지 동학의 교세를 넓혀 갔다.

이처럼 해월 최시형이 경북 산간지역과 동해안을 따라 동학 교세를 확장해나가고 있었지만, 일부에서는 사가를 두고 동학의 정통성을 내세우고자 하는 움직임이 있었다. 양양에는 공생이라는 동학교인이 있었다. 공생은 수운 최제우의 장남 세정(世貞)에게 거처를 옮길 것을 권유하였다. 즉 "지금 양양의 도인들이 선생님의 집안을 모시고 영월(寧越)로 옮기기를 원하고 있습니다. 그곳으로 옮기면 출입하고 서로 만나기도 좋고, 생계 역시 이곳보다 좋아질 것이니, 영월로 옮기심이 어떻습니까?"라고 하였다. 세정이는 이 말을 듣고 가족을 이끌고 영월 소밀원(小密院, 小美院)으로 이거하였다.[12]

그런데 영월 소밀원 근처에는 장기서(張奇瑞)가 살고 있었다. 장기서는 수운 최제우가 대구 장대에서 참형을 당할 당시 유배형을 받아 이곳으로 유배를 온 이경화(李慶化)로부터 동학의 가르침을 받은 사람이었다.[13] 공생은 수운 최제우의 유족들을 바로 이경화가 지도했던 장기서가 살고 있는 영월 소밀원으로 데리고 간 것이다.

---

11 『최선생문집도원기서』, 기사년조.
12 『최선생문집도원기서』, 경오년조.
13 『최선생문집도원기서』, 경오년조.

공생과 장기서 등은 수운 최제우 순도 이후 해월 최시형을 따르지 않고 별도로 활동했던 사람들이었다. 그들은 나름대로 자신들이 동학의 정통임을 내세우기 위하여 수운 최제우의 유족들을 자기 세력 안으로 끌어들인 것이다.

이와같은 상황은 윗대치를 중심으로 해월 최시형이 동학 교단을 재건하고 그 활동 범위를 넓혀 가자 숨어 있던 교인들이 이곳으로 찾아오는 경우도 있었지만, 반면에 해월 최시형과는 다른 동학의 조직이 독자적으로 활동을 전개하기도 했던 것으로 생각된다. 그러면서 서로가 정통성을 확보하고자 노력한 것으로 풀이된다. 이로 보아, 이 무렵까지만 해도 해월 최시형의 지도 체제에 동의하지 않은 동학의 다른 조직 역시 존재하고 있었음을 알 수 있다.

3) 적서차별 철폐의 강론

영양의 깊은 산간마을 윗대치에 자리 잡은 해월 최시형은 수운 최제우의 기일(忌日)과 생신일, 도통기념일 등에 제례를 주관하면서 명실상부한 동학의 적통자의 길을 가기 시작하였다. 또 계를 조직하고 경전(經典)을 필사하며, 특별 수련을 시행하고 순회 설법을 하는 등 다양한 방법으로 교단을 재건해 나갔다.

해월 최시형은 1865년 10월 28일, 수운 최제우 순도 후 처음으로 맞이하는 선생의 탄신일을 맞아 검곡(劍谷)에서 탄신향례를 모시기로 했다. 검곡은 해월 최시형이 화전민 생활을 하면서 동학에 입교한 중요한 곳이었다. 소식을 들은 많은 도인들이 모여들었다. 향례를 마친 후 해월 최시형은 강론을 폈다. 강론의 요지는 '모든 세상 사람이 평등하다'는 만민평등의 법설이었다.

> 사람은 곧 하늘이라. 그러므로 사람은 평등하여 차별이 없나니, 사람이
> 인위적으로 귀하고 천한 것을 구분함은 이는 한울에 어기는 것이, 우리
> 도인은 일체 귀천의 차별을 철폐하여 스승님의 뜻을 따름으로써 기본
> 이 되기를 바라노라.[14]

세상 사람은 모두 한울님을 모시고 있으므로 사람(人)이 이에(乃) 한울님(天)이며, 따라서 '인위적으로 신분을 귀하고 천하게 나누는 것은 천리(天理)에 위배된다'는 것이 검곡 강론의 요지이다. 즉 귀천타파를 통해 만민이 평등하다는 것을 주장한 것이었다. 이는 해월 최시형의 첫 법설이기도 하였다.

다음 해인 1866년 3월 10일 수운 최제우 순도일에는 윗대치의 수운 최제우 가족이 거처하는 대가에서 제례를 치렀다. 이때 황문규, 한진오, 전문여 등이 참석하였는데, 이들에게 적서(嫡庶)의 차별을 타파해야 한다는 설법을 폈다.[15] 해월 최시형이 귀천(貴賤)·적서(嫡庶)의 차별을 타파하자고 강조한 설법은 근대적 평등의 의미라는 점에서 의의가 크다.

해월 최시형이 윗대치에 은거하며 동학 교단 재건을 준비하던 1866년은 병인양요(丙寅洋擾)가 일어난 해이다. 프랑스의 극동 함대 사

---

14 『천도교서』(제2편), 포덕 6년조.
"人은 乃天이라. 故로 人은 平等하야 差別이 없나니, 人이 人爲로써 貴賤을 分함은 是이 天에 違함이니 吾 道人은 一切 貴賤의 差別을 撤廢하야 先師의 志를 副함으로써 爲主하기를 望하노라."
15 『최선생문집도원기서』, 병인년조. 『천도교서』(제2편) 포덕 7년조에 의하면 "지금으로부터 우리 도인은 적서의 차별을 하지 말고 대동 평등을 올바르게 실천하라"고 하였다.

령관은 북경 주재 프랑스 공사와의 합의하여, 조선 조정이 천주교를 박해하고 프랑스 선교사 9명을 체포·처형한 것을 내세워 조선을 공격하였다. 8월 10일에는 군함 두 척으로 한강에 군함이 들어올 수 있는 가를 측정하기 위하여 마포 서강(西江)까지 들어와 측량하였다. 이후 9월 6일 강화도 갑곶진(甲串鎭)에 상륙·공격을 감행하여 막대한 피해를 입혔다. 이어 10월 26일에는 한강을 거슬러 올라와 문수산성(文殊山城)을 공격하여 큰 피해를 입혔다. 이러한 프랑스군의 침입에 조정에서는 양헌수(梁憲洙)를 천총(千摠)으로 발령하여 강화도에 진을 치고 있는 프랑스군을 공략하였다. 양헌수는 11월 7일 강화도 정족산성(鼎足山城)을 탈환하고 이후 프랑스군을 퇴치하였다.

병인양요 이후 조정에서는 서학에 대한 탄압을 강화하였다. 서학에 대한 탄압이 강화되면서 상대적으로 동학에 대한 관심이나 탄압이 수그러들게 되었다. 그렇지만 각처의 동학교인들은 양요로 인하여 나라가 뒤숭숭해지니, 어떻게 대처를 해야 할지 알 수도 없고 하여, 해월 최시형을 찾아 윗대치로 오는 사람들의 수가 더욱 많아졌다.

해월 최시형의 거처나 수운 최제우 유족의 거처를 알지 못하는 동학교인은 해월 최시형을 어떻게 하면 다시 만날 수 있는지 사방으로 수소문했다.[16] 강수(姜洙)도 그중 한 사람이다.

강수는 영덕(盈德) 사람으로 훈장을 업으로 삼고있었다. 일찍이 수운 최제우에게 도를 닦는 절차를 묻기도 하였고, 「좌잠(座箴)[17]」에 관한

---

16 『천도교서』(제2편), 포덕 7년조. "8月에 軍艦이 江華에 入하니 全國이 騷亂하는지라. 道人이 그 方便을 問코자 하여 神師의 所를 往訪한데, 神師 何處에 在하심을 終始 不知하였다."

17 「座箴」은 수운 최제우가 제자들에게 올바르게 수도하는 방법을 제시하기 위해 한시로 지은 것이다.

가르침을 수운 최제우로부터 직접 듣기도 하였다.[18] 또한 수운 최제우가 「흥비가(興比歌)」에 관하여 논하며 면강(面講)을 할 때 좌중에서 홀로 면대(面對)하여 묻고 답하기도 하였다.[19] 이러한 강수도 수운 최제우 유족과 해월 최시형의 거처를 알고자 백방으로 수소문하였다.

1866년 3월 10일 수운 최제우 순도일을 맞아 제자들이 용담으로 올 것으로 생각하고, 경주 가정리 지동(芝洞)의 수운 최제우 장조카인 최세조(崔世祚)의 집을 찾아갔다. 저녁부터 새벽까지 기다려도 아무도 오지를 않자 낙담을 하여 최세조에게 작별을 고하고 되돌아갔다. 그러던 중 해월 최시형이 영덕 지역으로 심부름을 보낸 전성문(全聖文)을 만나 해월 최시형과 사가(師家) 행방을 물었다. 전성문이 처음에는 의심하여 대답하지 않다가, 강수가 너무 슬퍼하는 모습을 보고 윗대치 거처를 알려주었다. 강수는 뛸 듯이 기뻐하며, 해월 최시형이 직접 포덕한 박춘서(朴春瑞)와 함께 해월 최시형을 찾아갔다.

각지에서 하나 둘 모여든 동학교인과 함께 일월산 윗대치는 동학을 다시 일으키고자 하는 새로운 중심 지역으로 떠오르게 되었다. 찾아오는 사람들을 맞이하여 계를 조직하고, 또 계안을 작성하여 각지의 동학교인에게 돌리기도 했고, 또한 해월 최시형이 직접 나서서 조직을 결속시키는 순회 포덕 활동도 재개하였다. 또한 생활이 어려운 교인끼리 서로 도우며 지냈다.

1867년 10월 중순경 해월 최시형은 흥해 지역을 순회하였다. 이곳은 수운 최제우 당시 처음 개접(開接)했던 곳으로 동학교세가 여전히 남아 있었다. 또한 흥해는 해월 최시형의 처가 동네이기도 하고, 오랫동

---

18 『최선생문집도원기서』, 계해년조.
19 『최선생문집도원기서』, 계해년조.

안 직접 포덕을 했던 지역이기도 했다. 이곳에 이르러 해월 최시형은 다음과 같은 설법을 남겼다.

내 핏덩어리만이 아니 어니, 어찌 시비하는 마음이 없으리오마는 만일 혈기를 내면 도를 상하므로 내 이를 하지 아니하노라. 나도 오장이 있거니 어찌 탐욕하는 마음이 없으리오마는 내 이를 하지 않는 것은 한울님을 봉양하는 까닭이니라.

나는 비록 부인, 어린이의 말이라도 또한 가히 배울 것이 있으면 배우며, 스승으로 할 것은 스승으로 하노니, 이는 착한 말은 일체 한울님 말이니라. 그런데 지금에 제군을 보건데 스스로 잘난 체하는 사람이 많으니 탄식할 일이로다. 여러분이 또한 몸이 있거니 어찌 이러한 마음이 없으리오. 나는 이를 위하지 않는 것은 천주를 양하지 못할까 두려워함이로다.[20]

---

20 『천도교서』(제2편), 포덕 8년조.

6.
이필제와 영해교조신원운동

1) 영해의 동학 포교와 사회적 동향

윗대치에서 교단 재건을 시작한 지 5년이 지난 1870년 10월, 영해
지역의 교인 이인언(李仁彦)이 이필제(李弼濟)[1]의 심부름으로 해월 최시형
을 찾아왔다. 이인언이 말하기를, 이필제는 계해년(1863년)에 수운 최제
우로부터 입도(入道)하였는데, 그 직후에 지리산에 들어가 최근까지 6,
7년간 두문불출하였기 때문에 갑자년(1864년) 수운 최제우 조난(遭難) 사
실을 알지 못했다. 뒷날 산에서 나와 이 소식을 듣고는 제자 된 연분
으로 분함을 이기지 못하겠기에 '교조신원(敎祖伸冤)'의 뜻을 전하고자
자기를 보냈다고 하였다.[2]

이를 계기로 동학교단은 최초로 교조신원운동을 전개하였다. 그럼
에도 영해교조신원운동에 대해서는 논란이 많기 때문에 보다 구체적
으로 살펴볼 필요가 있다.

논란의 핵심은 무엇보다도 이필제가 '동학교인이었느냐'하는 것이
다.『천도교창건사』에 의하면, "수운 최제우가 득도 이전에 천하를 주

---

1 『최선생문집도원기서』, 경오년조에 의하면, '성(姓)은 정(鄭)'이라고 하였다.
2 이돈화,『천도교창건사』(제2편), 11쪽.

유(周遊)할 때에 문경 새재에서 큰 도적떼를 만났는데, 그때 이들 도적의 무리가 수운 최제우의 말과 인격에 감복하여 추종을 맹세하였다고 한다. 훗날 그 우두머리가 경주로 와서 수운 최제우를 뵙고 입도하였는데, 이가 바로 이필제이다."[3]라고 되어 있다. 『동학사』에는 "일찍 도에 들어 포덕에 종사하다가"[4]라고 하여 동학교인으로 인정하고 있다.

이에 대해 이필제가 동학교인이 아니었다는 주장도 없지 않다. 이필제는 1859년 이홍(李泓)이라는 이름으로 변란을 기도하다가 밀고 등으로 관에 체포되었고, 같은 해 5월에 사기죄로 몰려 영주로 정배를 가서 1년을 살다[5] 공주로 돌아왔다. 이후 관의 지목을 받아 도피의 생활을 하면서도 1861년, 1866년, 1869년 등 각지로 돌아다니며 계속 작변을 기도한 인물이다.[6] 특히 이필제는 무과를 한 사람으로, 수운 최제우가 주유팔로(周遊八路)할 당시 이필제가 문경 새재에서 도적의 우두머리 노릇을 했다는 내용은 시기적으로 타당하지 않기 때문이다.

또한 이인언에 의하면, 이필제는 '계해년(1863)에 입도하고, 지리산에 들어가 두문불출했다.'[7]고 하였는데, 이는 이필제의 행적으로 보아 일치하지 않는다. 이필제가 6, 7년간을 두문불출을 했다고 하였지만, 이필제는 1866년과 1869년에 진천과 공주 등지에서 작변을 기도하였다는 점에서 이필제의 말은 그대로 수용하기에는 한계가 있다. 이로 볼 때 이필제가 동학에 입도했다는 말은 동학조직을 이용하여 변란을

---

3 이돈화, 『천도교창건사』(제2편), 11~12쪽.
4 오지영, 『동학사』, 영창서관, 1940, 47쪽.
5 『右捕廳謄錄』.
6 이필제가 주도한 작변과 변란에 대해서는 윤대원, 「이필제난의 연구」, 『한국사론』 16, 서울대학교 국사학과, 1987을 참조할 것.
7 『최선생문집도원기서』, 신미년조.

기도하기 위해 주장한 것이라고 보는 것이 타당하다고 본다.

이필제는 조선사회의 혼란한 틈을 이용하여 불만 세력을 규합하여 여러 번 변란을 기도하였다. 그렇지만 사전에 밀고를 당하거나 전략의 부재로 번번이 실패하였다. 특히 1870년 2월 진주변란을 기도하다가 사전에 알려져 관의 추적을 받았다. 관의 추적을 피하기 위해 이필제는 1870년 7월 동학교인들이 많은 영해지역으로 피신하였다. 이필제가 영해로 온 것은 5, 6년 전부터 영해지역의 동학교인들과 접촉하였기 때문이었다.[8] 그렇다면 영해지역의 동학은 언제부터 형성되었는가 하는 점이다.

영해지역에서 처음으로 동학에 입도한 인물은 박하선으로 알려졌다. 그는 수운 최제우가 첫 포교를 한 신유년 즉 1861년 후반기로 추정된다. 영해는 동학이 창도한 경주에서 동북쪽으로 경주-연일-흥해-청하-영덕으로 이어지는 곳으로 동학의 포교되는 길목과 매우 밀접한 관계를 가지고 있다.

동학의 첫 포교지는 경주였다. 이후 경주를 주변으로 동학은 크게 확산되었는데, 주로 경주의 동북쪽이 여기에 해당된다. 이는 1862년 11월 접주를 임명한 지역을 보더라고 확인되고 있다. 동학의 포교가 가장 활발하였던 지역은 흥해, 연일, 장기, 청하, 영덕, 영해, 평해, 영양 그리고 울산 등지였다. 이들 지역은 주로 동해안을 끼고 형성되었는데, 이로 볼 때 초기 동학의 포교는 주로 경주 동북지역이었다고 할 수 있다.

---

8 이필제가 영해지역에서 동학교인들과 교류한 것은 1866년경이다. 『나암수록』에는 다음과 같이 기록하고 있다. "丙寅年卽往寧海地, 聞李秀用文名, 與之結交, 旋卽分張, 昨年十一月, 又往秀用家, 則金洛均亦爲來到, 而秀用卽東學餘黨也".

동학이 포교되는 과정에서 지역적 특성을 가지고 있는 곳이 바로 영해지역이었다. 동학이 창도되고 포교되는 조선후기는 양란 이후 사회변동이 적지 않았다. 조선후기 사회변동은 중앙뿐만 아니라 지방에서도 적지 않은 변화를 가져왔는데, 향촌 세력의 분열이었다. 특히 영해는 장기간에 걸쳐 향촌 세력의 갈등이 이어졌고, 동학이 포교되는데도 적지 않은 영향을 미쳤다.

영해의 대표적인 향반은 5대성이라 불리는 영양남씨, 대흥백씨, 안동권씨, 재령이씨, 무안박씨이다. 이들 향반들은 다른 지역에서 16세기를 전후하여 입향하였지만 조선후기 들어 재지사족으로 기반을 구축하였다. 이들 집안은 1700년을 전후하여 적지 않은 중앙관료들을 배출할 정도로 전성기를 이루었다. 뿐만 아니라 이들은 안동 등지의 유림세력과 혼인 또는 학맥을 연결하면서 '소안동'이라는 자부심을 가지기도 하였다.[9]

그러나 17세기 말부터 이들이 지배하였던 향교, 서원, 향약, 동약 등 향촌지배기구가 제대로 운영하는데 적지 않은 한계에 다다르게 되었다. 또한 그동안 중앙으로 배출하였던 관료들도 당쟁에 의해 점차 소외되었을 뿐만 아니라 중앙 진출도 봉쇄되었다. 이처럼 중앙권력과의 단절, 향촌지배기구의 영향력 약화로 인해 기존의 향촌세력은 새로운 향촌 세력의 도전을 받을 수밖에 없었다. 『영덕군지』에 의하면 오래전부터 향촌세력의 갈등이 존재하고 있었다. 이와 관련하여 다음과 같이 밝힌 바 있다.

---

9 장영민, 『동학의 정치사상운동』, 경인출판사, 2004, 118~119쪽.

1744년 10월 26일에 영덕현의 신안서원을 둘러싼 사족간의 갈등이 있었는데, 그 대략적인 내막은 영덕현에 사는 신세적(申世績)외에 9인이 야밤에 신안서원(新安書院)의 담장을 넘어 들어가서 주부자(朱夫子)와 문정공 송시열의 진상(眞像)을 훔쳐 불태운 사건이 있었다는 상소에 따라 영조 임금이 영남어사 한광조(韓光肇)를 파견하여 진상을 조사하도록 하는데서 부터 사건이 시작되었다. 어사 한광조는 다년간의 조사 후에 1747년 6월 15일에 영조 임금을 친히 배알하면서 이 사건을 보고하는데, 보고에 의하면 이 사건은 영덕현 내에서 대대로 내려오는 고가(故家)와 대족(大族)인 남인 계열과 새로이 신향이라 하는 서인 계열의 신안서원간의 알력이라고 결론 짓고, 그 책임을 신안서원에 있다고 하였다. 신안서원 측에서 서원에 봉안되어 있던 상기(上記) 두 진상(眞像)이 빗물 등에 의하여 훼손되자 이의 문책을 두려워한 신안서원측이 꾸민 자작극이었다는 것이다. 따라서 이러한 변괴를 일으킨 남용하(南龍河)를 섬으로 귀양 보내고, 나머지 연루자는 각처에 유배를 보내는 것으로 사건을 마무리 지었다고 하였다. 물론 이 과정에서 정소(呈訴) 당한 사람들은 영덕현에서 많은 고초를 당하였다고 하였다. 이때가 1747년 8월 4일로 이 사건으로 지역 향촌내의 갈등은 더욱 더 깊어졌다고 하겠다.[10]

1744년에 있었던 향촌세력의 갈등은 결국 1840년 제임(祭任)과 향임(鄕任)을 둘러싼 '향전(鄕戰)'으로 발화되었다. 기존의 향촌세력은 '구향', 새로운 향촌세력을 '신향'이라 불렀고, 이 향전을 '경자향변', '영해향변', 혹은 '영해향전'이라 한다.[11]

영해향전의 주역들은 서얼들이 중심이 된 신향이었다. 향전의 배경은 조선후기 서얼의 신분상승운동과 밀접한 관련을 가지고 있다. 조

10 영덕군지편찬위원회,『영덕군지(상)』, 영덕군, 2002, 185~186쪽.
11 1840년 영해향전에 대해서는 장영민, 「1840년 영해향전과 그 배경에 관한 소고」,『충남사학』 2, 충남대학교 사학과, 1987을 참조.

선 후기에 들어오면서 영조 48년인 1772년의 통청윤음, 정조 1년인 1777년 3월의 정유절목, 순조 23년인 1823년 서얼 출신들이 중앙 요로의 벼슬길이 열리는 등 제한적이나마 서얼계층의 신분상승이 가능하였다.

하지만 서얼들의 신분상승은 지방의 뿌리 깊은 사회적 관습의 벽을 넘기에는 한계가 많았다. 시대의 변화에 따라 영해의 신향들은 구향들에게 누차 자신들도 사족으로 인정해 줄 것을 요구하였다. 당시 신향들이 요구사항은 향교와 향청의 임원직에 대한 참여였다. 이러한 향교와 향청의 임원직에 대한 요구는 단순한 지위상승의 요구에만 그치는 것이 아니라 당시 향내의 수조권을 이들 향청의 임원들이 갖고 있었기 때문에 경제적인 면에까지 요구의 수준이 미칠 수 있었다. 신향의 이러한 요구에 구향들이 반발한 것은 당연히 반발하였다. 이러한 갈등은 결국 향전으로 나타난 것이다.

신향과 구향과의 갈등은 잠복하여 있다가 본격적으로 드러나기 시작한 것은 1839년 8월 최명헌이 영해부사로 부임하면서부터이다. 최명헌이 부임하자 신향들은 적극적으로 접근하여 자신에게 유리하도록 국면으로 이끌었다. 이에 반발한 구향들도 적극적인 공세를 펼치게 되었다. 마침내 신구향의 갈등은 향중 전체로 번져 나갔다. 당시의 구향은 남인 계열이었으며, 신향은 노론 계열이었다. 부사 최명헌은 노론 집권기에 별장이 되어 승지에 오른 인물이었다. 따라서 자연스레 신향의 편에 서게 되었고, 당시 집권세력인 노론 역시 서얼허통에 적극적이었다. 이를 계기로 영해에서는 신향이 자신들이 인계서원[12]을 중심

---

12 인계서원은 주자와 송시열을 봉향하는 서원으로 당시 신향 세력의 거점이었다.

으로 세력을 확장해나갔다.

이러한 와중에 1840년 8월 영해향교의 추계석전에 향교의 교임을 기존의 관례를 물리치고 신향 세력의 거점인 인계서원의 유생 중에서 일부를 선임하도록 했다. 구향이 중심이 된 향교에서는 부사의 이와 같은 조치가 이전에도 없는 무례한 것으로 전혀 이치에 맞지 않는 일로 간주하여 반발하기 시작하였다. 구향은 구향대로, 부사는 부사대로 신향으로 각각 추계석존을 추진함에 따라 갈등은 더욱 더 확대되어 갔다.

마침내 부사가 신향인 권치기를 수별감에 임명하자 구향인 좌수 주형렬과 별감 정상희가 이러한 것은 온당치 못하다고 하며 크게 반발하였다. 그러나 좌수 주형렬은 결국 체임되고 신향인 박기빈이 좌수로 차임하게 되어 신향은 일시에 위세를 떨치게 되었다. 이렇게 되자 구향들은 안동 호계서원을 비롯하여 의성, 군위, 영양 등지의 서원에 알리는 한편 감영에까지 전말을 보고했다.

이에 분격한 최명현은 구향의 지도자격인 7명을 잡아들여 관문에서 소란을 피운다는 죄목으로 다스렸다. 구향들은 다시 고변장을 감영에 보냈고, 감영에서는 잡힌 사람들을 영덕으로 압송했다. 영덕현령 이장우는 이 사건을 재차 조사하였지만 서얼들의 신분상승의 실현과 경제적인 주도권을 확보하기 위한 측면은 제외하고 단순히 신구향 간의 쟁임(爭任) 사건으로만 규정하여 감영에 보고하는 한편 남효익, 박기빈, 권도익, 권치기를 데려다 조사하였다. 이에 따라 감사는 향전을 '쟁임지사(爭任之事)'로 규정하고, 신구향 모두를 처벌하도록 지시하였다.

향전에 관련된 인물들은 각지로 유배형을 받았으나, 뒤이어 나온 국가 대사면령으로 모두 풀려나 고향으로 돌아왔다. 그러나 향전으로 영해부사 최명현은 영덕현령에 의해 봉고 파직되어 관아에서 쫓겨나게 되었으며, 신향과 구향간의 감정의 골은 더욱 깊어지게 되었다.

그 후에도 신향들은 자신들의 지위 확보를 위하여 부단히 노력하였지만 대원군의 서원철폐령에 따라 인계서원이 훼철되자 그들의 근거지를 상실하게 되어 점차 그들의 세력은 줄어들게 되었다.

이러한 향전을 치른 신향들은 동학이 영해까지 포교되자, 이들은 종래의 신분적인 제약을 동학의 신분차별 철폐 등 평등사상을 수용함에 따라 동학에 입도하였다. 이를 통해 사회변혁까지도 지향하게 되었다.

영해지역 교인들은 수운 최제우가 관에 의해 피검되었을 때 함께 검거되기도 하였다. 『최선생문집도원기서』에 의하면 수운 최제우가 피검될 때 적지 않은 교인들이 잡혔다. 그러나 이들은 대부분 정배를 가거나 방면되었으나 영해지역 교인들은 옥중에서 죽음을 맞았다. 이름을 알 수 없는 박모씨와 박명여가 그들이었다.[13] 영해접주로 임명된 박하선도 수운 최제우가 관에 검거될 때 같이 있었던 것으로 보이나 잡혀가지 않았던 것으로 보인다.[14] 이외에도 영해지역 동학교인들은 수운 최제우가 대구감영에서 옥중생활을 하는 동안 영덕의 동학교인들과 함께 6백여 금액을 염출하여 뒷바라지 할 수 있도록 지원하였다.[15]

영해지역은 일찍 동학이 포교되었을 뿐만 아니라 초기 동학교단사에서 매우 중요한 위치를 차지하였다고 할 수 있다. 영해지역 동학의 중심인물은 영해접주로 임명된 박하선이었다. 박하선에 대해서는 잘

---

13 『최선생문집도원기서』, 갑자년조.
14 『최선생문집도원기서』, 갑자년조.
15 『최선생문집도원기서』, 갑자년조.

알려져 있지 않아 구체적으로 확인할 수 없지만, 동학교단 내 몇 가지 자료를 통해 살펴보면 다음과 같다.

2) 영해접주 박하선과 해월 최시형

영해접주 박하선은 함양박씨의 문중으로 신향[16]에 속하였다. 당시 동학의 포교가 친인척을 중심으로 이루어졌는데, 박하선 역시 친인척 관계를 통해 동학을 포교하였다. 중심지역은 신향의 거점지인 창수면 인천리 일대였다. 이곳은 영해읍에서 북서쪽으로 40여 리 정도 떨어진 한적한 산골마을이었다. 인천리 일대는 함양박씨들의 집성촌으로 동학을 포교하는 데는 유리한 조건을 가지고 있었다.[17] 인천리 뿐만 아니라 인근지역에도 함양박씨 문중이 많이 살고 있어 동학 교세는 접이 생길 정도 크게 성장하였다.

교단의 기록 중 『대선생주문집』[18]에는 박하선과 관련된 내용이 적지

---

16 영해지역의 향촌세력은 기존의 향촌세력인 구향과 서얼차대업의 해제로 신분을 상승한 서얼 출신의 신향으로 구분되었다. 이러한 현상은 조선후기에 형성되었고 두 세력 간 적지 않은 갈등이 있었다.

17 이는 신분상승을 꾀하는 신향들에게 동학은 새로운 메시지였다. 더욱이 재가녀의 출신인 수운 최제우가 동학을 창도하였다는 것도 영해의 신향들에게는 적지 않은 영향을 미쳤을 것으로 판단된다. 동학의 평등사상은 그동안 신분적으로 차별을 받아왔던 신향들에게는 동학을 수용하는데 보다 적극적이었을 것이다. 이에 대해서는 다음 장에서 다루고자 한다.

18 『대선생문집』은 『수운문집』의 다른 이름이다. 수운 최제우에 대한 최초의 기록으로 추정된다. 필자 역시 확인할 수 없으나 영해접주 박하선으로 추정된다. 표영삼에 따르면 수운 최제우 처형 이후 가정리에 있는 수운 최제우의 조카 최세조의 말을 참고로 집필했다고 보고 있다. 이는 수운 최제우 체포 당시 최제우의 측근 인물들이 거의 같이 체포되어 유배되었기 때문이다. 특히 수운 최제우의 문하에 출입이 잦았던 제자는 5,6명에 정도 되었는데, 문장력은 박하선이 가장 뛰어났다. 그리고 『수운문집』에 나오는 인물 중 박하선의 이름이 언제나 최경상보다 먼저 나올 뿐만 아니라 여러 번 나오고 있으며, 일부에서는 박하선을 중심으로 서술되어 있기 때문이다.

않은데 다음과 같다.

이해 3월 신령 사람 하치욱이 박하선에게 묻기를 "혹시 선생이 있는 곳을 아는가"하니 대답하기를 "어제 밤에 꿈을 꾸었는데 박대여와 더불어 선생을 같이 보았다. 지금 가서 배알코자한다"고 했다. 두 사람은 같이 가다가 길에서 우연히 최경상(최시형; 필자주)을 만나 동행하여 뜻밖에 선생을 찾아뵙게 됐다. 선생께서 "그대들은 혹시 소식을 듣고 왔는가" 물었다. 대답하기를 "저희들이 어찌 알았겠습니까. 스스로 오고 싶은 마음이 있어 왔습니다" 했다. 선생은 웃으면서 "군은 참말로 그래 왔는가, 나는 박하선이 올 줄을 알았다"고 말씀했다.[19]

그믐날이 되어 선생께서 친히 각처의 접주를 정하였다. (중략) 영해는 박하선으로 정해주었으며[20]

8월 13일 흥비가를 지어놓고 전해 줄 곳이 없었는데, 박하선과 최경상 등 6~7인이 때마침 찾아왔다.[21]

영해 사람 박하선이 선생의 말씀을 듣고 글을 지어 선생님을 찾아가 뵈었다.[22]

상행이 자인현 서쪽 뒤의 연못이 있는 주점에 이르자 날이 이미 저물었다. 하룻밤 머물러가자 청하니 주인(최시형; 필자주)은 "어디로부터 오시는가" 물었다. 박하선이 "대구에서 온다" 하니 주인은 사실을 알아차

---

19 표영삼, 「용강본 대선생사적」(하), 『신인간』 495, 1991.6, 25쪽.
20 표영삼, 앞의 글, 29쪽.
21 표영삼, 앞의 글, 31쪽.
22 표영삼, 앞의 글, 34쪽.

리고 시신을 방에 들이라 하고 일체 모든 손님을 금했다.[23]

위의 인용문에서 보듯이, 박하선은 수운 최제우를 늘 곁에서 모셨을 뿐만 아니라 문장력이 인품도 뛰어나 접주로 임명되었다. 특히 대구 관덕정에서 수운 최제우가 처형을 당하자 시신을 모시고 경주 용담까지 함께 하였다. 뿐만 아니라 때에 따라서는 해월 최시형보다 앞서 거론되는 것을 보아 해월 최시형과 함께 적지 않은 영향을 미쳤던 지도자였다고 판단된다. 이러한 박하선의 지도력과 활동은 영해지역에 동학을 포교하는데 가장 큰 역할을 담당하였다고 할 수 있다.

그렇다면 영해접주 박하선은 어떠한 위치에 있었을까 하는 점이다. 이에 대해서는 구체적으로 할 수 없지만 다음의 기록으로 보아 상당히 상위급 지도자에 속하지 않았을까 추정된다.

> 8월 13일에 경상이 생각지도 않았는데 찾아왔다. 선생께서 기뻐하며 물어 말하기를
>
> "추석이 멀지 않았는데, 그대는 어찌 이리 급하게 왔는가?"
>
> 경상이 대답하기를
>
> "선생님께서 홀로 추석을 보내시게 되어 모시고 같이 지낼 생각으로 이렇듯 오게 되었습니다."
>
> 선생께서 더욱 기쁜 얼굴빛이 되었다. 14일 삼경에 좌우를 물러나게 하고, 선생께서 오랫동안 묵념을 하더니, 경상을 불러 말하기를
>
> "그대는 무릎을 걷어 올리고 바르게 앉아라."
>
> 했다. 경상이 그 말에 따라 앉으니, 선생께서 일컬어 말하기를
>
> "그대는 손과 다리를 임의로 움직여 보아라."

---

23 표영삼, 앞의 글, 37쪽.

경상이 마침내 대답하지 못하고 정인 있는 것 같기도 하고 없는 것 같기

도 하며, 몸이 움직여지지 않았다. 선생께서 이를 보고 웃으며

"그대는 어찌하여 이와 같이 되었는가?"

하니, 그 말을 듣고서야 다시 움직이게 되었다. 선생께서 말하기를

"그대의 몸과 수족이 전에는 어찌하여 움직이지 않고, 지금은 다시 움

직이게 되었으니 무엇 때문에 그런가?"

경상이 대답하여 말하기를

"그 단초를 알지 못하겠습니다."

했다. 선생께서

"이는 바로 조화의 큰 모습이다. 무엇을 근심하겠는가? 후세의 어지러

움이여, 삼가고 삼갈 지어다."[24]

이는 7월 23일 북접주인으로 임명[25]된 바 있는 해월 최시형이 수운 최제우로부터 도를 받는 장면이다.

그런데 『최선생문집도원기서』에는 박하선이 8월 13일에 참여하기 않은 것으로 되어있지만, 『대선생사적』에는 박하선도 그 자리에 함께 있었다.[26] 즉 8월 13일 박하선은 해월 최시형과 함께 수운 최제우가 있는 용담을 찾았다. 다만 도를 전하는 자리에는 없었지만[27] 박하선이 해월 최시형의 가까운 측근이었음을 알 수 있다. 앞서 언급하였듯이 해월 최시형이 포덕을 하고자 하였으나 경제적으로 어렵자 박하선 등 영

---

24 『최선생문집도원기서』, 계해년조.

25 이돈화, 『천도교창건사』(제1편), 45쪽.

26 『수운행록』, 계해년조.

27 이에 대해서는 몇 가지 의문점이 든다. 종통을 전하는 자리는 공식적인 자리이고 공개적인 것이어야 하는데 『최선생문집도원기서』에는 수운 최제우와 해월 최시형만 있다. 이는 『최선생문집도원기서』가 해월 최시형을 중심으로 기록되었음을 알 수 있다. 이러한 점은 동학교단 내에 해월 최시형의 측근이었던 박하선과 강수와의 역학관계에서 비롯되었지 않았나 생각된다.

해지역 동학교인들이 적지 않은 비용을 염출하여 제공한 바 있다. 이로 볼 때 박하선은 동학교단의 2인자인 해월 최시형의 가장 지근거리에서 보좌하는 위치에 있었음을 알 수 있다.

3) 해월 최시형과 이필제

해월 최시형은 처음에는 이필제의 제의에 응낙하지 않았다.[28] 가장 근본적인 이유는 이필제라는 인물을 믿을 수 없었기 때문이다. 또 다른 이유는 이제 겨우 정부의 탄압과 추적을 벗어나 윗대치를 중심으로 교단이 점차 안정되는 상황에서 아직 정부를 상대로 교조신원운동을 하기에는 시기상조라고 생각했기 때문이었다. 이에 해월 최시형은 직접 이필제를 만난 자리에서 교조신원운동을 가을로 미루면 어떠냐는 의견을 내기도 하였다.[29]

해월 최시형이 교조신원운동에 호응을 하지 않자 이필제는 마음이 다급해졌다. 이인언에 이어 박군서(朴君瑞), 박사헌(朴士憲), 권일원(權一元) 등을 차례로 보내 해월 최시형에게 신원운동을 요청하였다. 즉 1870년 10월에서부터 1871년 2월까지 네 사람을 다섯 차례나 번갈아 보내면서 해월 최시형에게 스승의 신원을 제의하였다. 이필제의 집요한 요구에 마침내 해월 최시형은 이필제를 만났다.[30]

해월 최시형을 만난 이필제는 자신은 천명을 받은 사람이며, 단군(檀君)의 영(靈)이 유방(劉邦)으로 태어났고, 또 유방의 영이 주원장(朱元章)으로 태어났으며, 지금 단군의 영이 다시 세상에 태어났으니 바로 자

---

28 『최선생문집도원기서』, 신미년조.
29 『최선생문집도원기서』, 신미년조.
30 이돈화, 『천도교창건사』(제2편), 12쪽.

신이라고 소개한 후, 수운 최제우 신원의 필요성을 피력하였다. 뿐만 아니라 뭇 백성의 재앙을 구하고, 중국을 창업하겠다는[31] 의지도 드러 냈다. 이는 당시 조선의 북벌론과 연관을 맺고 있다.

이필제는 병자호란 이후 대두되었던 북벌론에 깊이 매료되어 있었 다. 이필제가 이러한 생각을 갖게 된 것은 26세가 되던 1850년 풍기 의 외가에 갔을 때 우연히 만난 허선(許善)의 영향이었다. 허선과의 만 남은 풍기에 살던 이필제의 외삼촌인 안재억의 소개를 통해서였다.[32] 허선은 이필제를 세 번씩이나 찾아와 서양을 누르고 북쪽 흉노를 막을 사람은 오직 그대뿐이니 나라를 위해 큰일을 하라는 당부의 말을 했다 고 한다.[33] 그때부터 이필제는 스스로 나라를 위해 큰일을 해야 한다고 결심하였다. 그런 점에서 본다면 이필제의 본의는 수운 최제우의 신원 보다는 변란을 일으켜 조정을 전복하고, 그 여세를 몰아 북벌을 도모 하여 중원을 정벌하는 데에 있었다.[34] 그 방편으로 이필제는 동학 조직 의 활용하고자 한 것으로 볼 수 있다.

앞에서 언급한 바 있듯이, 이필제는 1859년 작변을 도모한 이후 20여 년 동안 지속적으로 변란을 주도했다. 이필제는 양반의 후예로 그 본명이 이근수(李根洙)이다. 한때 무과에 급제한 한량으로 자처하였 다. 젊었을 때에는 불미스러운 일로 인하여 경상도 영주로 유배된 일 도 있다. 이필제는 적소(謫所)에서 해배(解配)된 이후부터 변란의 계획을 세웠다.[35] 그동안 이필제는 이홍(李泓), 창석(滄石), 주성칠(朱成七), 주지문

---

31 『최선생문집도원기서』, 신미년조.
32 연갑수, 「이필제 연구」, 『동학학보』 6, 동학학회, 195쪽.
33 『우포청등록』, 「이필제공초」, 우포청등록에는 허생관(許生瓘)으로 되어 있다.
34 연갑수, 「이필제 연구」, 193~194쪽.
35 연갑수, 「이필제 연구」, 186~187쪽.

(朱趾文), 진명숙(秦明肅), 이일회(李一會), 이제발(李濟潑) 등 여러 이름으로 변성명하였으며, 성(姓)도 민가, 서가 등으로 바꾸었다.[36] 특히 이름을 이필제(李弼濟)로 바꾸고는, 그 중의 '필(弼)'을 파자(破字)하여 『정감록』에 나오는 '궁궁(弓弓)'이 곧 자신이며, 자신이 출생한 해가 을유년(乙酉年)임을 들어, 다시 '을을(乙乙)'이 곧 자기 자신이라고 사람들을 현혹하였다.[37] 당시 사람들이 한창 유행하던 도참서 『정감록』에 나오는 '궁궁을을(弓弓乙乙)'이 가장 안전한 피난처라고 믿던 당시의 세태를 십분 활용하여 사람을 모으고 난을 꾸몄다.

이처럼 이필제는 당시 민간에 유포되어 있는 도참설을 이용하여 민중들을 규합하고 변란을 꾀하여 역성혁명(易姓革命)을 이루고자 했던 것이다. 해월 최시형을 만났을 때, '단군(檀君)의 영이 다시 화하여 내가 태어난 것'이라는 한 것도 이러한 연유에서 비롯되었다.

영해로 들어온 후 이필제는 자신을 동학교인이라고 하였으며[38] 동학교인에게 신뢰감을 주었다. 특히 아버지의 죽음 때문에 관에 원한이 깊은 박사헌과 뜻을 같이 하였으며, 일월산 형제봉 아래 병풍바위(屛巖)가 있는 산간마을의 박사헌의 집을 교조신원운동의 근거지로 삼았다. 박사헌의 지원을 받은 이필제는 영해 관내 동학교인 100여 명을 모았다. 그러나 100여 명으로 교조신원운동을 일으키기에는 한계를 느끼고, 해월 최시형과 연계하고자 만남을 주선하였던 것이다.

이필제를 만난 해월 최시형은 다른 교인들은 어떻게 생각하는가를 알아보기 위하여 평해 전동규(全東奎)를 비롯한 여러 교인들을 만난다.

---

36 윤대원, 「이필제난의 연구」, 146~147쪽.
37 『우포청등록』, 「박회진공초」.
38 『교남공적』에 의하면 이필제는 '동학교인'이라고 하였다.

그런데 이들은 모두 교조신원운동에 참여할 뜻을 보였다. 이어서 강수는 박춘서를 만나 의견을 들었다. 또 청하(淸河)에 있는 이경여(李敬汝) 부자와 아우, 조카들을 만나기도 했다. 이들도 한결같이 적극 참여하겠다는 뜻을 보였다.[39] 특히 이경여는 수운 최제우 참형 당시 영양에서 결막을 짓고 사람들을 모아 모의하다가 체포되어 귀향을 간 교인이었다. 각지 동학교인들의 의견을 구한 해월 최시형은 이들의 의견을 무시할 수 없는 상황에 직면하였다.

영해를 비롯하여 여러 지역을 순회하면서 의견을 듣고 윗대치로 돌아온 해월 최시형은 윗대치의 지도급 인사인 이군협(李群協), 정치겸(鄭致兼) 등과도 상의하였다. 이들 역시 모두 교조신원운동에 찬성하였다. 대다수의 교인들이 교조신원운동에 찬성하자, 해월 최시형은 하는 수 없어 교인들의 참여를 허락할 수밖에 없었다.

해월 최시형이 참여를 결정하고 출정에 앞선 제례를 올린다고 알리자 영해 형제봉 병풍바위에 모인 동학교인은 500여 명에 이르렀다.[40] 수운 최제우가 대구 장대에서 참형을 당한 3월 10일, 영해부 공격에 앞서 군제를 편성하고 천제를 지냈다. 천제를 마친 동학교인들은 저녁 6시경 출동 명령과 함께 20여리의 영해부를 향하여 달려 나갔다. 이때 해월 최시형은 이 대열에 직접 참여하지는 않고 곧바로 영양 윗대치로 돌아갔다.

이필제를 선두로 한 동학교인들은 영해부를 공격하여 불을 지르고 성을 점령하고 체포한 영해부사 이정을 처단하였다. 다음날 이필제는

---

39 『최선생문집도원기서』, 신미년조.
40 당시 참가한 인원은 기록마다 차이를 보이고 있다. 『교남공적』은 2백여 명, 『신미아변시일기』에는 5-6백명, 『최선생문집도원기서』는 5백 명으로 각각 밝히고 있다.

읍민들을 달래기 위하여 공전(公錢)과 술을 나누어주고, 부사가 저지른 탐학(貪虐)을 공개리에 성토하였다.

4) 교조신원과 영해부 습격

이필제 등은 백성들의 협조를 기대하고 있었지만 백성들은 도망을 가거나 몸을 숨겨 조금도 협조를 받을 수가 없었다. 더구나 진용을 갖춘 관군이 공격해 온다는 소문이 나돌자, 동학교인조차 읍성을 빠져나가 각기 흩어져 달아나기에 바빴다. 어쩔 수 없이 이필제 역시 영해부에서 빠져나와, 영양으로 이어지는 높은 수창고개를 넘어 해월 최시형이 있는 영양 윗대치로 향하였다. 이때 같이 동행한 동학교인은 30여명 정도였다.[41] 병란적 성격을 지닌 교조신원운동은 이필제 등 지도부의 도망과 피신 등 와해로 실패하고 말았다.

『최선생문집도원기서』에 의하면, 신원운동에 참여한 동학 조직을 다음과 같이 기록하고 있다.

> 장계 문초에 원죄인 전동규의 이름이 있고, 그 나머지 억울하게 죽은 사람들이 나타나는데, 동규의 당내 서너 명, 울진 남기상·김모, 영해의 박사헌 형제·권일원 부자·박양언·박지동·권덕일·김생, 영덕의 임만조·구일선·강문·김기호, 청하의 이국필 형제·안생, 흥해의 백생·박황언, 연일의 천생·박생, 경주 북산중의 이사인·김만춘·정치선·김생의 숙질·김경화의 백형, 영양의 장성진·김용운 형제·최준이 등이었다.
>
> 도망하여 살아난 사람은 영해의 박군서·이인언인데, 이들은 배도한 사람들로 이필제의 모사자들이다. 이외에 전윤오 숙질·김경화·전덕원·

---

[41] 『교남공적』.

김계익·김양언·임근조·임덕조·박춘서·유성원·전성문·김용여·박영목·정치겸·김성길·서군효, 상주 사람 김경화·김형로·김오실·김순칙·이군강·임익서·권성옥·황재민·김대복·김치국·김윤백·백현원·김성진·신성화·배감천 형제, 영덕 사람 김생·구계원, 대구 사람 김성백·강기·정용서, 흥해 사람 김경철·손흥준, 안동 사람 김영순 등이다.[42]

이에 따르면, 신원운동에 참가한 동학 조직은 영해를 비롯하여 경주, 울진, 흥해, 영덕, 영양, 연일, 상주, 대구, 안동, 청하, 울산 등 12개 지역의 동학교인들이었다. 이들 지역은 수운 최제우가 접을 조직하고 접주가 임명된 14개 접 중에서 장기와 고성, 단양, 신령, 영천을 제외한 9개 지역에 해당한다. 이외에도 울진, 흥해, 상주 등 3개 지역의 동학교인이 참여하였다. 또한 『교남공적』을 통해 동학 조직이 참여한 지역을 살펴보면 이들 지역 외에도 평해, 밀양, 진보, 안동, 영산, 칠원 등 4개 지역의 동학교인도 참여하였다. 이로 볼 때 1871년 영해에서 전개된 교조신원운동에는 일부지역을 제외한 대부분의 동학 조직이 참여하였음을 알 수 있다.

또한 교조신원운동으로 동학교인이 1백여 명 체포되었는데, 이들 중 효수 32명, 물고 12명, 유배 6명, 그리고 경중처리 10명 등 모두 60명이 처벌되었다. 그리고 나머지는 풀려났다. 처벌받은 사람 중 영해 출신이 34명으로 절반 이상을 차지할 정도로 교조신원운동은 영해 지역 동학교인들이 중심이 되었다.

그렇다면 영해에서 전개된 교조신원운동에 참여한 동학교인의 인

---

42 『최선생문집도원기서』, 신미년조.

식은 어떠하였을까 하는 점이다. 『교남공적』에 따르면 대부분의 동학
교인들은 참여 사실을 부정하거나 회피하는 경우가 적지 않았다. 그럼
에도 불구하고 영해 출신 권석중은 교조신원운동에 참가한 당위성을
당당하게 밝히고 있다.

> 내가 이름을 바꾸고 처음 체포되었을 때 우리가 바라는 새로운 세상이
> 온다는 것은 머금고 있는 자취를 깨뜨리고 나온다는 것이다. (중략) 처
> 음에 진술한 것과 같이 진술하는 것은 후천개벽은 모든 인간이 곧 한울
> 과 같이 존엄과 가치가 똑 같고 행복하게 살 권리가 있는 것이 우주만물
> 의 이치인데, 이것이 동학인들이 바라는 후천개벽이다. 후천개벽이 곧
> 올 것을 갈망한 것을 도록에 기록하였다.[43]

> 잠시라도 우리 동학교인이 바라는 후천개벽으로 우주만물의 이치에 따
> 라 인간의 존엄과 차별 없는 평등으로 행복을 누리며 살게 되는 것에 도
> 달하게 될 뿐이다.[44]

권석중은 신문 과정에서 동학이 추구하는 세상 즉 평등한 사회를
구현시키기 위해 교조신원운동에 참여하였던 것이다. 이는 결국 수운
최제우의 신원이 이루어졌을 때 가능한 것이다. 수운 최제우의 신원은
곧 동학을 자유롭게 신앙할 수 있는 그런 사회를 염원한 것으로 볼 수
있다. 하지만 권석중의 신문 내용만으로 참여자의 인식을 전체를 대변
할 수는 없다. 그렇다 하더라도 교조신원운동에 참여한 일반교인들은
'스승님의 설원'이라는 목적으로 참여하였다고 할 수 있다.

---

43 김기현 편저, 『최초의 동학혁명』, 황금알, 2005, 88~89쪽.
44 김기현 편저, 『최초의 동학혁명』, 90쪽.

그러나 영해에서 붙잡힌 권영화(權永和)의 자백을 통해 동학교인들이 영양 일월산 용화동 윗대치로 들어간 것을 알고,[45] 영양현감이 크게 군사를 동원하여 윗대치를 공격하였다. 동학 교인들은 계속되는 공격을 피해 사방으로 달아나기 바빴다.[46] 해월 최시형과 이필제 등은 간신히 봉화로 피신을 하였다가, 낮에는 숨고 밤에는 걸어서 수운 최제우의 유족들이 살고 있는 영양 소밀원으로 찾아 들어간다. 간신히 밥 한 그릇을 얻어 먹고는, 다시 단양 가산리(佳山里)로 정기현을 찾아갔다. 이곳에서 강수와 전성문은 영춘(永春)의 김용권(金用權)의 집에, 이필제는 김창화의 집에, 해월 최시형은 정석연의 집에 몸을 숨겼다.

해월 최시형은 이곳에서 가족을 불러 살림을 꾸리고 남의 집 고용살이를 하며 근근이 지내게 되었다. 두어 달이 지난 5월 어느 날 강수가 찾아와 이내 곧 관군이 체포를 하러 들이닥칠 것이니 도망을 해야 한다고 알리는 바람에 가족도 건사하지 못한 채 영월 피골, 즉 직동(稷洞) 정진일(鄭進一) 집으로 피신하였다. 뒤이어 닥친 관군들에게 손씨 부인을 비롯한 가족들은 체포되었다.

이로부터 3개월이 지난 8월 2일 문경 초곡(草谷)에서 이필제와 정기현이 다시 변란을 일으켰다가, 현장에서 체포되었다. 관에서 잔당을 체포하기 위하여 요소요소마다 초막을 치고 검문을 강화하고 추격망을 넓혀 가므로, 해월 최시형과 강수는 다시 길을 떠나 소밀원의 수운 최제우의 유족들을 찾아갔다. 그러나 이곳에도 있을 수가 없어 길에서 우연히 만난 영양의 접주 황재민과 함께 태백산, 사람들의 왕래가 없는 깊은 산골짜기를 찾아들었다.

---

45 『신미영해부적변문축』.
46 『최선생문집도원기서』, 신미년조.

이필제의 주도와 해월 최시형의 승락으로 일어난 영해교조신원운동에서 동학교인 100여 명이 체포되었고, 이로 인하여 고향을 등진 사람도 200여 명에 달했다. 극심한 취조 중에 죽은 사람만 12명이고, 효수된 사람이 32명, 그 외의 인원은 정배를 보내거나 관할 관청으로 보내졌다.

1871년에 이필제 주도로 전개된 변란 성격에 관하여, 일부 연구자들은 '변란(變亂)'으로 보고, 또 일부에서는 '영해교조신원운동'으로 본다. 이필제가 동학 교인들을 모아들일 때나 또 해월 최시형에게 접근할 때나 모두 수운 최제우 시원을 표방했기 때문이다. 특히 이필제는 거사 날짜를 수운 최제우 조난일인 3월 10일로 정했다. 그런가 하면, 수운 최제우 스스로 도를 '동학(東學)'이라고 이름을 했다는 사실을 들어,[47] 동쪽 지역인 영해에서 거사해야 한다고 주장하였으며[48] 수운 최제우 신원에 뜻이 있음을 강조하였다. 이처럼 동학교인을 끌어들일 때는 수운 최제우 신원을 내걸었지만 실제에 있어서는 전혀 다르게 진행이 되었다.

이로 인해 이필제에 관한 평가는 극단적인 두 흐름이 있다. 비범한 사람으로 뛰어난 언변과 학식을 지닌 호걸이라고 이야기가 되는가 하면,[49] 준비성도 없고 또 교활한 사람으로 이야기되기도 한다.[50]

이필제 추종자들은 그를 『정감록』 등 참서(讖書)에 나오는 '진인(眞人)'이라고 증언하였다. 요즘 말로 하면 '카리스마'가 있었던 것으로 추정

---

47 『동경대전』, 「논학문」.
48 『최선생문집도원기서』, 신미년조.
49 영해교조신원운동에 참여한 대부분의 동학교인들이 그렇게 인식하였다.
50 『우포청등록』, 「안종덕공초」.

할 수 있다. 이처럼 특유의 모습과 사고방식, 이필제가 표방한 북벌 의지 등은 당시의 난세에서 피난처를 찾는 대중들을 규합시키는 큰 힘 이 되었다.[51] 이와 같은 점에서 본다면, 영해에서의 교조신원운동은 동 학교인과 동학 조직이 여러 면에서 주체가 되고 또 주력이 되었지만, 교조신원운동(敎祖伸寃運動)이라기보다는 조선조 후기에 지속적으로 일 어났던 '민란'의 하나로 보는 평가가 없지 않다.

해월 최시형이 결국 이필제의 제의를 수락하고 교조신원운동에 참 여함으로써, 겨우 신앙공동체 마을을 이루어 어렵게 동학의 맥을 되살 려 가던 영양 일월산의 윗대치는 풍비박산이 되고 말았다. 수운 최제 우 참형 이후 궤멸의 위기에 빠졌던 교단을 일으키고, 영양 윗대치를 중심으로 이제 영덕, 울진, 평해, 영해, 경주 등지로 그 교세를 서서히 키워 나가던 동학 교단은 영해교조신원운동으로 동학의 새로운 기반 은 또 다시 와해되는 사건이 되고 말았다. 해월 최시형은 다시 지명수 배자로 태백산 깊은 산속으로 숨어들어야 하는 처지가 되고 말았다.

1871년 영해의 변란, 교조신원운동 이후 동학 조직은 거의 와해 지 경에 이르렀다. 해월 최시형은 영양 윗대치에서 강원도 영월의 태백산 중으로 피신하였다. 해월 최시형은 이곳에서 "마시지 않고 먹지도 못 한 지가 열흘이요, 소금 한 움큼도 다 떨어지고 장 몇 술도 비어 버렸 다. 바람은 소슬히 불어 옷깃을 흔들고 아무것도 입지 못해 헐벗은 몸 으로 장차 무엇을 할 것인가?"라고 할 정도로 굶주림과 비참한 생활을 하였다. 결국 해월 최시형은 강수와 함께 절벽으로 올라가 "두 사람 중 누가 먼저 하고 누가 두레 할고. 끌어안고 떨어져 죽는 것이 좋겠

---

51 연갑수, 「이필제 연구」, 190~197쪽 참조할 것.

구나"라고 할 정도로 극한 상황에 이르렀다.[52]

이와 같이 죽음을 생각할 정도로 한계에 이른 해월 최시형은 이듬해 1872년에는 1월 5일 지난 허물을 참회하는 고천제(告天祭)를 지내기도 하였다.[53] 뿐만 아니라 교조신원운동으로 대부분의 동학 조직의 지도자급 교인들은 대부분 효수를 당하거나 정배를 당하였다. 또한 교조신원운동으로 관의 탄압과 지목은 더욱 심해졌고, 이로 인해 동학 조직은 사실상 절멸상태가 되었다.

영해지역 역시 교조신원운동으로 동학 조직은 와해되었고, 이후 동학교단에서 크게 주목을 받지 못하는 지역이 되었다. 그렇지만 영해는 초기 동학교단에서 처음으로 교조신원운동과 사회운동을 전개되었다는 점에서 중요한 의미를 내포하고 있다.

---

52 『최선생문집도원기서』, 신미년조.
53 『최선생문집도원기서』, 임신년조.

7.
태백산의 지하포교와 동학의 재건

1) 태백산 중으로 피신

1871년 영해교조신원운동은 해월 최시형뿐만 아니라 동학교단에도 치명상을 주었다. 해월 최시형은 이필제가 제의한 영해교조신원운동을 수락하고 신앙의 자유를 획득하기 위한 운동을 전개하였지만 그 결과는 참담하였다. 스승 수운 최제우 참형 이후 위기에 빠졌던 동학 교단을 일으키고, 영양 윗대치를 중심으로 영덕, 울진, 평해, 영해, 경주 등지로 그 교세를 어느 정도 회복하였지만 영해교조신원운동으로 교단은 다시 와해되었다. 해월 최시형은 또 다시 쫓기는 신세가 되었다. 해월 최시형은 그동안 동학의 주요 지기기반이었던 경상도 일대를 등지고 강원도 심산유곡의 태백산으로 숨어들었다. 피신과 고난이 해월 최시형을 기다리고 있었지만 강원도는 동학의 새로운 싹을 틔우는 곳으로 다가왔다.

영해교조신원운동으로 동학 주문 소리와 함께 시천주의 강론이 펼쳐지던 동학본부 윗대치는 한동안 '비도(匪徒)들의 은거지'가 되었다. 윗대치에서는 영양현감이 이끄는 관군들에 의하여 숨어 있던 동학교인 13명이 죽었고, 20여 명이 체포되었다.[1] 그러나 해월 최시형을 비롯한 동학 지도부는 관의 추적을 피하여 윗대치를 빠져나갔다. 관에서는 이들을 체포하기 위해 군졸을 보내 수색과 추적을 강화하였다.[2] 인근 고을 포졸들이 어느 마을 어느 골짜기 할 것 없이 퍼져서 이르지 않는 곳이 없게 되었다.[3] 한편 영해교조신원운동을 주도한 이필제는 이해 8월 다시 문경에서 정기현과 함께 거사를 일으키려다가 잡혀 서울 군기시(현 서울신문사 및 서울시청 일대) 앞에서 최후를 마쳤다.

영해교조신원운동 이후 해월 최시형은 강수, 황재민 등과 함께 강원도 태백산 깊은 산속으로 몸을 숨겼다. 때는 9월로 아침저녁으로는 차가운 서리가 내리고, 밤이면 제법 차가운 바람이 살 속을 파고드는 계절이었다. 해월 최시형 일행은 배가 고프면 열매를 따거나 나물을 캐먹고, 목마르면 샘을 마시며 산속 깊은 곳, 바위틈에 의지하여 초막을 엮고 서로 의지하였다. 이곳에서 이들은 제대로 먹지도 입지도 못한 채 14일 동안 지냈다. 당시의 참담한 모습을 『최선생문집도원기서』에는 다음과 같이 기록하였다.

무릎이나마 간신히 펼 수 있는 바위를 찾아 이파리를 쓸어내고 자리를 만들고, 풀을 엮어 초막을 지었다. (중략) 범 우는 소리 들릴 즈음에, 일어나 앉으니 공경하는 생각을 권함이 있는 것과 같고, 마시지 못하고 먹지도 못한지가 열흘이요, 소금 한 움큼도 다 떨어지고, 장(醬) 몇 술도 비어 버렸다. 바람은 소슬히 불어 옷깃을 흔들고, 아무것도 입지 못해

---

1 『신미영해부변문축』.
2 『신미영해부변문축』.
3 『최선생문집도원기서』, 신미년조.

헐벗은 몸으로 장차 어떻게 할 것인가?[4]

해월 최시형은 태백산 깊은 산간에서 지내는 동안 바위에서 떨어져 죽을 생각까지 하였다.[5] 그때마다 차도주인 강수가 말렸다. 이는 당시 해월 최시형의 심정을 가장 잘 드러낸 것으로 보인다. 추위와 굶주림은 그래도 참아낼 수 있지만, 해월 최시형이 정작 견딜 수 없었던 것은 잡혀 가거나 죽은 교인들에 대한 생각, 그리고 스승의 유훈을 제대로 지키지 못한 자책 때문이었다. 이와 같은 자책이 해월 최시형으로 하여금 죽을 생각으로까지 몰아간 것이다.

삶과 죽음의 기로를 넘나들던 해월 최시형은 결국 강수와 함께 태백산 줄기 아래의 작은 마을, 영월 직동(稷洞)에 있는 박용걸(朴龍傑)의 집을 찾아들었다. 같이 지내던 황재민은 더 이상 견디지 못하고 영남으로 떠났다.

태백산으로 들어가기 전에 해월 최시형 일행이 이곳 직동의 정진일의 집[6]과 박용걸의 집에 잠시 머물렀다.[7] 이는 해월 최시형이 관군의 추적을 피해 박용걸의 집에 숨어 있다가, 관의 추적이 직동까지 미치자 인근의 산속으로 은신하였던 것이다. 이후 추적이 진정된 틈을 타서 박용걸이 다시 해월 최시형 일행을 집으로 안내한 것이라고 할 수 있다.

---

4 『최선생문집도원기서』, 신미년조.
5 『최선생문집도원기서』, 신미년조. "(중략) 천고의 가을에 생각을 기대어 이를 곳이 없으니, 손을 들어 절벽에 올라 돌아보고 서로 일컬어 말하기를 '두 사람 중 누가 먼저 하고 누가 뒤를 할꼬. 끌어안고 떨어져 죽는 것이 좋겠구나' 하니 (하략)"
6 『최선생문집도원기서』, 신미년조.
7 『최선생문집도원기서』, 신미년조.

이와 같은 상황은 해월 최시형을 영월 직동으로 안내한 정진일에 의해서 확인되고 있다. 정진일은 이필제와 함께 문경에서 변란을 일으킨 양양 사람 정기현(鄭其鉉)의 일족이었다.[8] 이로 보아 해월 최시형이 영월 직동으로 숨어들어오게 된 것은 정기현의 알선으로 추정된다. 뿐만 아니라 박용걸과 정진일 역시 이미 알고 지냈던 사이로 보인다. 동학교단의 기록에는 해월 최시형과 박용걸의 만남을 다소 신비한 것으로 묘사하였지만, 영월 직동에는 이미 동학의 조직이 있었음을 보여주고 있다. 이를 계기로 영월 직동은 동학 재건의 중심 지역으로 새롭게 자리매김하게 되었다.

그렇지만 동학교단 기록에 의하면 박용걸이 어떤 인물인지 자세히는 알 수 없다. 『천도교서(天道敎書)』나 『천도교창건사』 등의 기록에 의하면, 박용걸이 우연히 깊은 산간에서 해월 최시형 일행을 만난 것으로 되어 있다. 박용걸은 전날 밤 현몽(現夢)이 있어 나무를 하러 왔다가 우연히 해월 최시형의 일행을 만났는데, 해월 최시형은 박용걸에게 도움을 청하였고, 며칠 후 산을 내려가 박용걸의 집에서 유숙하게 되었다고 기록되고 있다.[9] 이는 해월 최시형과 박용걸의 만남을 '박용걸의 꿈(現夢)'에 의한 것이라고 우연을 가장하여 신비롭게 기록한 것이다.

2) 적조암 특별기도와 제도 정비

해월 최시형은 직동 박용걸의 집에서 1871년 겨울을 보냈다. 안전하게 거처할 자리를 마련해 준 박용걸과는 의형제를 맺고, 또 해월 최

---

8 『최선생문집도원기서』, 신미년조.
9 『천도교서』(제2편), 포덕 12년조; 이돈화, 『천도교창건사』(제2편), 15쪽.

시형 일행에게 옷을 만들어 준 순흥의 박용걸 형을 입도시키기도 했다.[10] 또한 이곳 출신으로 박용걸의 친구인 지달준(池達俊)이 영월 관아에 향리로 근무를 하며 적극적으로 보호하였기 때문[11]에 안전하게 겨울을 보낼 수 있었다.

해월 최시형은 한 겨울을 보내면서 교단 재건의 새로운 의욕을 회복하여 계획을 세웠다. 새로운 계획이란 다름 아닌 신앙 수행을 강화하는 것이었다. 해월 최시형은 이필제와 같은 사람의 위계에 넘어간 것도 결국 그 신앙의 심지가 굳건하지 못했기 때문이요, 궁극적으로 후천개벽의 새 세상을 열어 가기 위해서는 무엇보다도 자신을 비롯한 세상 사람들이 올바른 수행을 통하여 잃어버린 본성을 회복해야 함을 더욱 깊이 자각했던 것이다.

이를 계기로 해월 최시형은 이후 태백산 적조암(寂照菴)을 비롯하여 단양, 정선, 익산 사자암(獅子菴), 공주 가섭사(迦葉寺) 등지에서 여덟 차례나 49일 기도를 주도하였다. 특히 공주 가섭사의 49일 기도는 해월 최시형과 함께 수도한 제자 즉 손병희 등은 뒷날 동학교단을 이끌어 가는 중요 지도자로 성장하였다. 즉 해월 최시형의 49일 기도는 무너진 동학 재건의 토대가 되었으며, 동학의 제도를 정비하는 중요한 바탕으로 삼았던 것이다.

해월 최시형은 직동에서 지내는 동안 많은 일화를 남기고 있다. 그중에서도 해월 최시형의 노동관을 볼 수 있는 것이 새끼꼬기였다. 해월 최시형은 잠시도 쉬지 않고 새끼를 꼰다거나 짚신을 삼고 또 땔나무를 해 오는가 하면, 쉬는 시간에는 조용히 앉아 종교적 수련에 매진

---

10 『최선생문집도원기서』, 신미년조.
11 『최선생문집도원기서』, 신미년조.

하였다. 이와 같은 면에서 본다면, 영월 직동 박용걸의 집은 해월 최시형의 은거지이며, 당시 동학 교인들의 유일한 연락처이자, 특별기도와 법설을 행하는 비밀 포교지(布敎地)였다.

12월에 이르러 각지에서 교인들이 해월 최시형을 찾아 직동으로 왔다.[12] 이때 모인 사람들은 주로 정선 지역 교인들이었지만, 경주와 검곡, 윗대치과 영해 등지에서도 찾아왔다. 해월 최시형은 박용걸의 집으로 자신을 찾아온 사람들에게 법설을 펼친다. 이때 해월 최시형은 다음과 같은 법설을 남겼다.

하나. 성인의 덕화(德化)는 봄바람에 크게 응하는 원기(元氣)가 초목과 모든 생물에 널려있음과 같아 만물이 이런 만들어 기르는 중에 나서 자라느니라. 어짐에는 대인의 어짐이 있으며 소인의 어짐이 있으니 먼저 자기의 기를 바르게 하여 남의 기를 되게 함은 어진 사람의 마음이며 성인의 덕이니라. 고로 덕으로써 사람을 되게 하는 자는 하늘을 따르는 자요 힘으로 사람을 따르게 하는 자는 이치에 거슬린 자니라.

둘. 대체로 사람을 대하고 물건을 접하는 것은 잘못된 것은 숨기고 잘된 것은 드러내는 것을 으뜸으로 삼되 남이 사납게 성내면서 나를 대하거든 나는 어짐과 용서로써 남을 대하고 그가 간교한 속임수로 내 말을 덮어 가리거든 나는 진실로써 그를 대할지라. 그가 기세와 이익으로서 나를 욕하거든 나는 지극한 바름과 공정한 뜻으로서 그를 순하게 받아들인 즉 비록 천하라도 자연히 되어 돌아오느니라. 만 가지 일이 말하기는 쉽되 행하기 어렵나니. 이 경계(地頭)에 서야 가히 도의 힘을 볼진저. 그 혹 도의 힘이 채워지지 못하여 급작스럽게 어려운 참아야 할 일을 당하면 주문 2, 3회를 생각하라.

---

12 『천도교회사초고』(제2편), 포덕 12년조. "十二月에 各地 頭目이 稷谷里에 來하여 神師를 拜謁한대".

셋, 무릇 어떤 일에 갑자기 대처하기에 이르러 우(愚), 묵(默), 눌(訥) 세 자로써 본보기를 삼을 지니 만일 경솔히 말을 뱉고 일을 행하면 반드시 사람답지 못한 사람의 헐뜯음에 빠질지니라. 요순의 세에 백성은 모두 요순이 되니라 하니 백성이 어찌 다 요순이 되리오마는 그 훈육하는 덕 화에 의하여 바람 앞의 풀과 같음으로서니라. 고로 사람답지 못한 사람 이라도 바로 이를 사람답지 못한 사람으로 대하지 아니하고 먼저 나의 마음을 바르게 하여 봄 바람의 온화한 기운과 같은 기운과 모양으로 그 를 대접하면 나무와 돌이 아닌 자 어찌 이에 바뀌지 아니하랴. 성인은 말하지 아니하여도 그 되어 가는 풀과 나무에 미치고 군자는 성내지 아 니하여도 그 위엄은 도끼(斧鉞)보다 낫나니. 이런 고로 군자는 집에서 나가지 않고도 그 가르침이 나라에 이루어짐은 어찌 다른 이유가 있으 랴? 한 사람이 착하면 천하가 착하여짐으로써니 이와 같은 이후라야 가 히 덕을 천하에 펼칠진저.

넷, 기(氣)로서 기를 새김질하고 기로서 기를 다스리고 하늘로서 하늘 을 새김질하며 하늘로서 하늘을 받들며 마음으로 마음을 다스리며 선 으로 선을 되게 하는 것은 이것이 우리 도의 크게 되는 것이니. 사람이 오거든 사람이 왔다 말하지 말고 하늘이 오신다 말하라.

다섯, 실질은 기운이며 쓰임은 마음이니 고로 일에 처하여 능히 마음의 자취를 보나니 하늘의 쓰이는 일은 재앙과 풍년의 곡식 쌓임 사이에서 봄과 같이 사람의 마음 씀은 인의예지(仁義禮智)의 사이에서 보이나니. 이는 하늘에 있어서는 원형이정(元亨利貞)이 되고 사람에 있어서는 인 의예지가 된지라. 고로 말하기를 만물은 나의 동포이며 백성은 나의 동 덕(同德)이니 천지신명은 만물과 더불어 같이 따라 옮겨가는지라. 고로 말하기를 지극한 정성이면 하늘을 감동시킨다 하고 마음이 합쳐져야 느낌을 받아 움직인다 한다. 고로 말하기를 깨끗한 명(命)이 스스로에 게 있으면 그 앎이 신과 같다 하며 고로 말하기를 남이 알지 못함을 근

심하지 말고 배움이 이르지 못함을 두려워할 것이라 하나니라.[13]

해월 최시형은 '우(愚), 묵(黙), 눌(訥)'의 수행 자세를 역설하였다. 우(愚)는 곧 우직(愚直)으로, 반대 개념은 교사(巧詐)이다. 또 묵(黙)의 반대 개념은 교언(巧言)이다. 눌(訥)의 반대 개념은 현언(衒言)이다. '교활한 거짓(巧詐)'으로 상대를 속이고, 또 '꾸민 말(巧言)'로써 사람의 마음을 사려 하고, 스스로 자만하며 또 '현란한 말(衒言)'로 상대를 어지럽히는 것은 궁극적으로 상대를 속이는 행위요, 한울님을 속이는 일이 된다. 우·묵·눌을 지키지 못하는 데서 인생의 낭패가 생겨난다는 것으로 수행에서 경계해야 할 것을 말한 것이다. 이는 수운 최제우의 천사문답에서 언급되었던 권모술수와도 관련이 있다고 할 수 있다. 교인들의 신앙생활에서 무엇보다 중요한 것은 우·묵·눌임을 강조한 것이다.

나아가 해월 최시형은 '사람이 오거든 사람이 왔다고 하지 말고 한울님이 오신다 말하라.'라고 하여, 내가 대하는 사람은 궁극적으로 한울님을 모신 존재이기 때문에 한울님 대하듯이 해야 한다는, 사인여천(事人如天)의 설법을 하고 있다. 진정으로 한울님 모셨음을 깨달은 사람은 '타인의 아픔을 자신의 아픔으로 느끼고 받아들이며, 타인의 기쁨이 자신의 기쁨이 되는 경지'에 이르게 되고, 나아가 사람을 대하는데 교사(巧詐)와 교언(巧言)과 현언(衒言)이 있을 수 없게 된다. 따라서 한울님같이 사람을 섬긴다는 사인여천의 경지가 자연스럽게 이룩될 수 있다는 것이다.

해월 최시형은 박용걸의 집에서 1872년 새해를 맞으면서 지난날의

---

13 『천도교서』(제2편), 포덕 12년조.

허물을 뉘우치는 축문(祝文)을 지어 하늘에 고하는 고천식(告天式)을 행하였다.[14] 축문은 수운 최제우 당시에 천제(天祭)를 지낼 때에 사용하였던 「축문(祝文)」이 있었다. 일반적으로 축문은 '복과 안녕을 비는 글'이지만, 동학의 「축문」은 자신이 지닌 허물을 참회하고 비는 글이었다. 이러한 모습은 동학을 창도한 수운 최제우 시절에도 있었던 일이었다. 수운 최제우의 「축문」은 다음과 같다.

> 조선에 태어나 살면서 욕되이 인륜에 처하여 천지의 덮고 실어주는 은혜를 느끼며 일월이 비추어 주는 덕을 입었으나, 아직 참에 돌아가는 길을 깨닫지 못하고 잃음이 많더니, 이제 이 성세에 도를 선생께 깨달아 이전의 허물을 참회하고 일체의 선에 따르기를 원하여 길이 모셔 잊지 아니하고 도를 마음공부에 두어 거의 수련하는 데 이르렀습니다. 이제 좋은 날에 도장을 깨끗이 하고, 삼가 청작과 서수로써 받들어 청하오니 흠향하옵소서.[15]

이는 한울님의 은혜를 받고 살아가면서도 그 은혜를 깨닫지 못하며 살아온 이전의 허물을 깨닫고 깊이 참회하며 일체의 선을 따르고 한울님을 길이 모셔 잊지 않겠다고 서원을 하는 것이다.

해월 최시형이 직동에서 행한 고천식에서 읽은 '축문'도 바로 수운 최제우의 '축문'과 같은 형식이었을 것으로 추정된다. 영해교조신원운동으로 수많은 교인들이 희생되고 스승의 가르침을 올바르게 처신하지 못한 것에 대한 깊이 뉘우침(悔過) 즉 그 허물을 한울님께 고하는 의식을 행한 것으로 추정된다.

---

14 『최선생문집도원기서』, 임신년조.
15 『동경대전』, 「축문」.

해월 최시형은 영월 직동에서 어느 정도 안정이 되자 정선 소밀원에 있는 수운 최제우 유족들을 찾아갔다. 유족들이 살고 있는 집에는 쌀도 한 톨 없었고, 박씨 사모는 병환으로 누워 있는 형편이었다. 해월 최시형이 순흥(順興)으로 사람을 보내 급히 쌀을 조달하여 위기를 넘길 수 있었다. 순흥에는 박용걸의 형이 있었기 때문이기도 하였다.

어느 정도 안정을 취하던 중 양양(襄陽)에서 수운 최제우의 맏아들인 세정(世貞)이가 관에 체포가 되었다는 소식이 전해졌다. 세정이가 체포된 것도 걱정이지만 또 머지않아 소밀원에까지 화가 미칠 것이 큰 걱정이 되었다. 해월 최시형은 스승의 유족들을 박용걸의 집으로 옮기기로 하였다. 이때 정선의 유인상을 비롯하여 안시묵(安時默), 홍석범(洪錫範), 김경순(金敬淳) 등이 적극 도와주었다. 또 이 시기에 이르러 정선에서는 새로운 사람들이 동학에 입도하면서 교세도 점점 확장되어 갔다.[16]

1872년 3월에 이르러 수운 최제우 유족은 홍석범의 집으로 거처를 옮겨갔다. 3월 10일은 수운 최제우 기일이므로 해월 최시형, 유인상 등이 참례하여 제사를 지냈다. 이때 해월 초시형은 강수로 하여금 참회의 뜻이 담긴 발명장(發明章)을 짓게 하고 고축(告祝)을 하였다. 이후 정선의 동학교인들의 후원으로 영춘 장현곡(獐峴谷)에 집을 마련하여 수운 최제우 유족을 다시 옮겨 가게 하였다. 이때에는 박용걸이 정성을 다하여 많은 도움을 주었다.

3월 23일에 해월 최시형은 강원도 인제군 남면(南面) 무의매리(舞依梅里)로 김병내(金秉鼐)를 찾아간다. 김병내는 세청의 처당숙이다. 해월 최

---

16 『최선생문집도원기서』, 임신년조.

시형이 인제까지 찾아간 이유는 세정이 인제 귀둔리에서 체포되어 양양 옥에 갇힌 이후 세청의 처가 가족까지 그 영향이 미칠 것이 걱정이 되어 알려주기 위해서였다. 해월 최시형이 인제에 도착했을 때에는 마침 김병내 일족도 양양 감옥 소식을 듣고 몸을 피하여 산간 지역으로 옮겨 가고자 할 때였다. 해월 최시형은 김병내, 김연순, 김연국과 그 가족을 인솔하여 홍천(洪川) 속사둔(束沙屯), 치곡점(雉谷店), 원주 태장(台場), 신림점(新林店) 등지에서 하루씩을 지내고, 횡패점(橫唄店)까지 안내하고 정선 무은담 유인상의 집으로 돌아왔다.[17] 해월 최시형은 인제 지역 방문 때 김병내의 조카인 김연국을 입도시켰다.[18] 김연국은 훗날 동학의 지도자로 중요한 역할을 이끌어 갔다.

1872년 4월 5일 수운 최제우의 득도일을 맞아 박용걸의 집에서 기념 향례를 지냈다. 이후 해월 최시형과 강수는 머물 곳이 없어 정선의 유인상의 집에 거처하면서 집안 조용한 곳을 택해 전성문 등과 함께 49일의 특별기도를 봉행하기도 했다.[19] 5월 12일, 양양옥에 갇혀 있어 세정이가 장형으로 죽었다는 전갈이 전해졌다. 9월에는 다시 관의 지목이 강화되었다. 해월 최시형은 수운 최제우 유족을 정선으로 모셔오기로 하고 무은담 유인상의 집으로 이거케 하였다. 이후 정선 교도들의 도움을 얻어 정선 동면(東面)의 일명 '싸내'라 불리는 미천(米川)으로 옮겨 안주하게 되었다.

이처럼 영월과 정선 일대가 다시 동학을 일으키는 비밀 포교지로 자리하게 되었다. 정선 무은담에 사는 유인상(劉寅常)은 해월 최시형이

---

17 『해월선생문집』.;『천도교서』(제2편), 포덕 13년조.
18 『시천교역사』(하), 계유년조.
19 『천도교서』(제2편), 포덕 13년조.

영해교조신원운동으로 영월 직동에 은신중에 만난 사람으로 1871년 동학에 입도하였다.[20] 해월 최시형은 영월 직동으로 숨어 들어온 후 정선의 교인들은 지속적으로 왕래하였다. 이때 이곳 직동을 방문한 유인상을 해월 최시형이 직접 포덕하였고, 이후 유인상이 정선 지역에서 많은 사람들을 포교한 사실이 인정되어 접주(接主)로 임명하였다.[21]

해월 최시형은 직동에 머물면서 각지의 주요 지도자들에게 동학을 강도하는 한편, 유인상과 김해성 등을 통해 수소문을 하여, 정선에서 태백으로 넘어가는 험준한 산자락의 정암사(淨岩寺)에 딸린 적조암(寂照庵)이라는 암자를 알게 되었다.

해월 최시형은 적조암을 49일 특별기도 장소로 정하고, 강수와 김해성, 전성문 등을 보내 사정 등을 알아보게 하였다. 강수가 적조암을 찾아갔을 때는 노승이 혼자 암자를 지키고 있었다. 전후 사정을 이야기하자 노승은 선뜻 머물기를 허락하였다.[22]

해월 최시형은 강수, 유인상, 전성문, 김해성 등과 적조암에 갔다. 1872년 10월 15일의 일이다. 다섯 사람이 둘러 앉아 정성으로 하루 3만 독씩 동학의 주문을 읽으며 일과를 보냈다.[23] 하루 3만 독씩 주문을 읽었다면, 잠자는 시간을 제외하고는 거의 주문에만 전념하였다는 이야기가 된다. 훗날 해월 최시형의 수제자 손병희도 하루 주문 3만 독을 하였다.[24] 49일의 수련을 끝마치고 그 후 며칠간은 영부(靈符)를 그

---

20 『최선생문집도원기서』, 「후서(유시헌)」.
21 『최선생문집도원기서』, 갑술년조.
22 『최선생문집도원기서』, 임신년조.
23 『천도교서』(제2편), 포덕 13년조.
24 이돈화, 『천도교창건사』(제3편), 4쪽.

렸다.[25]

　해월 최시형은 강수·유인상·전성문·김택진 등은 함백산 깊은 산속에서 주문을 주야로 외우며, 또 영부도 그리며 49일을 보냈다. 해월 최시형은 일찍이 "사사로운 욕심을 끊고 사사로운 물건을 버리고 사사로운 영화를 잊은 뒤에라야, 기운이 모이고 신이 모이어 환하게 깨달음이 있으리니, 길을 가면 발끝이 평탄한 곳을 가리키고 집에 있으면 신이 조용한 데 엉기고 자리에 앉으면 숨결이 고르고 편안하며, 누우면 신이 그윽한 곳에 들어, 하루 종일 어리석은 듯하며 기운이 평정하고 심신이 청명해진다."[26]고 수련 삼매의 경지를 말한 바 있다. '사사로운 욕심을 끊고, 사사로운 물건과 영화를 버림으로써' 비로소 도달할 수 있는 세계, '기운이 모이고 신이 모이어 깨닫게 되는' 그 본원적 밝음의 세계를 향하여 자신의 마음을 닦고 연마하며, 해월 최시형은 이곳 눈 덮인 함백산 적조암에서 49일의 수련에 정진하였다.

　적조암 49일 기도는 해월 최시형이 새로이 동학 교단을 정비하는 결정적인 계기가 되었다. 적조암 49일 기도 이후, 해월 최시형은 이 49일 기도를 동학 교단의 주요 수행법으로 정하였다. 단양·정선·등지와 익산의 사자암, 공주의 가섭사 등지에서 훗날 동학의 주요 지도자가 된 손병희, 박인호, 서인주(徐仁周), 손천민(孫天民), 이원팔(李元八) 등을 지도하며 49일 기도를 하였다. 무너진 교단을 일으키는 길은 다름 아닌 기도 즉 신앙을 통한 '신앙 결사'에 있음을 해월 최시형은 깊이 자각하고 실행에 옮겨 가고 있었다.

　적조암에서의 기도를 마치고, 해월 최시형은 한편의 강시(降詩)를

---

25 『최선생문집도원기서』, 임신년조.
26 『천도교경전』, 「해월신사법설」 '독공'.

지었다. 음력 12월 5일, 온 천지가 하얀 눈으로 덮인 함백산 산중에서 49일의 기도를 마치고 문득 닫힌 문을 열고 세상을 내려다보니, 적조암 앞으로 보이는 거봉(巨峰)들인 백운산이며, 두위봉 등은 모두 흰 눈을 뒤집어 쓴 채 장관으로 눈앞에 펼쳐지고 있었다. 49일간의 기도를 마친 해월 최시형 스스로 마음에 새긴 새로운 결의의 그 벅참이, 마치 겨울산의 장관과도 같이 온 천지에 펼쳐지고 있음을 해월 최시형은 느꼈다. 강시는 다음과 같다.

> 태백산 중에 들어 49일의 기도를 드리니 (太白山中四十九)
> 한울님께서 여덟 마리 봉황을 주어 각기 주인을 정해주셨네 (受我鳳八
> 各主定)
> 천의봉 위에 핀 눈꽃은 하늘로 이어지고 (天宜峯上開花天)
> 오늘 비로소 마음을 닦아 오현금을 울리는구나 (今日琢磨五絃琴)
> 적멸궁에 들어 세상의 티끌 털어내니 (寂滅宮殿脫塵世)
> 뜻있게 마치었구나, 49일간의 기도를 (善終祈禱七七期)[27]

해월 최시형은 태백산 적조암에서 49일 기도를 마친 후 단양 송두둑으로 이거하였다. 해월 최시형이 송두둑으로 이거한 것은 적조암 주지 철수좌의 추천이 있었기 때문이었다. 송두둑은 영월 직동과 마찬가지로 심산유곡으로 사람의 손길이 닿지 않는 곳이었다. 관으로부터 쫓기는 상황에서 은신하기에는 최적의 조건이었다.

송두둑에 정착한 해월 최시형은 우상철폐의 법설을 하였다.[28] 그런데 이와 관련하여 다른 기록도 보이고 있다.

---

27 『천도교서』(제2편), 포덕 14년조.
28 이돈화, 『천도교창건사』(제2편), 24쪽.

을해년 8월에 정선 도인들이 성출하여 주인의 집에서 대의를 다지는 제례를 올렸다. (중략) 이전에 선생이 마련한 의례에 따라 쇠고기를 써서 음식을 마련하여 제상을 차렸다. 막 제사를 올리려는 참에 갑자기 주인이 쇠고기를 쓰지 말라는 강화지교가 있다고 하여, 곧 고기를 물리치고 제례를 모셨다.[29]

해월 최시형이 쇠고기를 쓰지 못하게 한 것은 경제적으로 어려운 교인들의 부담을 덜어주기 위한 배려였다. 당시 제례는 상당한 음식을 준비해야 하기 때문에 적지 않은 비용이 소요되었다. 우상철폐의 법설은 이후 모든 의식에서 '청수 일기'라는 의례로 정착하게 되었다.

송두둑에서 안정을 취한 해월 최시형은 각처를 순회하며 교도들을 지도하는 활동을 재개한다. 순회지는 영남 지역이었다. 영남은 수운 최제우가 동학을 창도하고 처음으로 포교한 곳일 뿐만 아니라 참형을 당한 곳이기도 하다. 또한 영해교조신원운동으로 큰 시련을 겪었던 지역이기도 하다. 그러므로 어느 곳보다도 지목의 혐의가 높은 곳이면서 교단의 발전을 도모하기 위해서는 꼭 순회를 해야 할 지역이었다.

1875년 9월 해월 최시형은 강수, 전성문 등과 함께 영남 지역 순방에 올랐다. 영남 땅에 이르러 처음 도착한 곳은 신영(新寧)이었다. 그곳에서 해월 최시형 일행은 하치욱(河致旭)을 만났다.[30] 하치욱은 수운 최제우가 1863년 1월 각처의 접주를 정할 때 신영 접주로 임명 받은 사람이다. 또한 『수운행록』에 의하면, 수운 최제우가 남원 은적암에서 돌아와 현서(縣西) 박대여의 집에 머물고 있을 때, 해월 최시형·박하선

---

29 『최선생문집도원기서』, 을해년조.
30 『천도교회초고』(지통), 포덕 16년조.

등과 함께 수운 최제우를 찾아갔던 인물 중 한 명이기도 하였다.[31] 하치욱은 수운 최제우 당시부터 상당히 중요한 위치를 점하고 있던 지도자였음을 알 수 있다. 그러나 수운 최제우가 참형 당한 이후 이렇다 할 활동을 못하고 있었다. 해월 최시형이 하치욱 접주를 찾아간 것은, 나름대로 영향력을 지녔던 지난날의 접주를 만나 영남 지역의 동학 조직을 다시 일으키고자 한 것으로 볼 수 있다.

뿐만 아니라 해월 최시형은 동학의 창명한 곳인 가정리로 가서 수운 최제우의 장조카인 최세조(崔世祚)를 만났다. 동학교단의 기록에는 '맹륜(孟倫)'으로 나오는데, 이는 최세조의 자(字)이다. 최세조는 수운 최제우 부인에 이어 두 번째로 동학에 입도하였다.[32] 그런가 하면, 수운 최제우가 조난을 당했을 때는 관에 잡혀갔다가 백방(白放)이 되었고, 참형을 당한 수운 최제우의 시신을 구미산 언덕 용담 서쪽 언덕에 안장한 주역 중의 한 사람이기도 하다.

해월 최시형은 최세조에 이어 집안 동생인 최경화(崔慶華)와 청하(淸河) 사람 이군강(李君綱)과 이준덕(李俊德)을 잇따라 만났다. 또한 강수는 그간 헤어졌던 아들과 5년 만에 재회하는 기쁨을 누리기도 하였다. 순회를 마친 해월 최시형은 다시 충청도 단양으로 돌아왔다. 이어 강수를 도차주(道次主)로 임명했다. 점차 안정이 되어 가는 교단 조직을 좀 더 강화하기 위하여 강수로 하여금 도차주의 임무를 수행토록 한 것이다.[33]

이처럼 교단이 점차 안정됨에 따라 해월 최시형은 1875년 10월 18일

---

31 『수운행록』.
32 『최선생문집도원기서』, 경신년조.
33 『천도교회사초고』(제2편), 포덕 16년조.

설법제(說法祭)를 열었다. 제례가 끝난 이후 해월 최시형이 "나에게 열두 개의 시(時) 자와 또 활(活) 자가 있다. 먼저 세 사람에게 시(時)와 활(活) 두 자는 한울님의 명교(命敎)가 있는 것이니 공경하여 받도록 하라."는 설법을 했다고 되어 있다.[34] 이와 관련하여『천도교회사초고』에서는 "이름과 자를 바꿀 뜻으로 강화(降話)의 가르침을 받고, 이내「용시용활(用時用活)」의 설법을 했다."고 되어 있다.[35] 용시용활의 설법은 다음과 같다.

> 대저 도는 때를 쓰고 활용(用時用活)하는데 있나니, 때와 짝하여 나아가지 못하면 이는 죽은 물건과 다름이 없으리라. 하물며 우리 도는 오만 년의 미래를 표준함에 있어, 앞서 때를 짓고 때를 쓰지 아니하면 안될 것은 돌아가신 스승님께서 그르친 바라. 그러므로 내 이 뜻을 후세만대에 보이기 위하여 특별히 내 이름을 고쳐 맹세코자 하노라.[36]

해월 최시형은 스스로 자신의 이름을 '용시용활'의 '시(時)' 자를 넣어 최시형(崔時亨)으로 바꾸고, 강수는 강시원(姜時元), 유인상은 유시헌(劉時憲)으로 그 이름을 바꾸었다.[37] 용시용활 법설 이후 교단의 주요 인물 중 신시영, 홍시래, 신시일, 최시경, 방시학 등이 보이는데 이 역시 이름을 바꾼 것으로 추정된다.

해월 최시형의 '용시용활' 설법은 내적으로는 현실의 삶 속에서 도를 실천하여 도의 생활화를 이루는 바탕이 되었고, 외적으로는 동학이

---

34 『최선생문집도원기서』, 을해년조.
35 『천도교회사초고』(제2편), 포덕 16년조.
36 『천도교서』(제2편), 포덕 16년조.
37 『천도교서』(제2편), 포덕 16년조.

단지 신앙단체에 머물지 않고 격동의 시대에 전면으로 나아가 앞장서서 이끌어가는 원동력이 되기도 하였다.

3) 해월 최시형의 개접

동학의 접은 1863년 1월 수운 최제우가 흥해 매곡동 손봉조의 집에서 처음 접주를 정하면서 시작되었다. 접은 속인제(屬人制) 조직으로 연원(淵源)이라고 하였다. 동학을 전한 사람과 이를 받은 사람을 연비(聯臂) 관계라 하는데, 이는 신앙생활의 결속을 강조하는 조직이다. 당시는 농경사회로서 이동이 빈번하지 않았기 때문에 지역 단위처럼 보일 뿐이다. 이 접은 수운 최제우가 참형을 당하고 난 이후, 교단 조직이 와해되면서 흩어지거나 지하로 깊이 잠복하고 말았다. 그러므로 해월 최시형은 그간 활동을 못하고 있던 접을 정비하고 개접하여 본격적으로 재가동하였다.

1878년 7월 25일 해월 최시형은 정선 유시헌의 집에서 개접을 위한 모임을 가졌다. 해월 최시형은 개접에 대해 다음과 같이 설명하였다.

> 우리 도의 개접(開接)이라는 것은 무엇을 말하는가? 선생님이 계실 때에 파접(罷接)의 이치가 있었고, 그런 까닭에 지금에 와서 개접을 하는 것이다. 이는 문사의 개접이 아니다. 천지의 이치는 음과 양이 서로 합하여 일월과 밤낮으로 나뉘게 되고, 또 열두 때가 있어, 이로써 원형이정(元亨利貞)의 수가 정해지는 것이다. 원은 봄이 되고, 형은 여름이 되고, 이는 가을이 되고, 정은 겨울이 된다. 네 계절이 성하고 쇠하여, 도수의 순환하는 것이 비로소 자(子)의 방(方)에서 하늘이 열리고(開), 축

(丑)에 이르러 땅이 열리니(闢), 이가 곧 천지의 떳떳한 이치가 되는 것
이다. 천지가 응하는 것으로 접하게 되고, 접하는 것으로 응하게 되어,
그 가운데에서 오행이 나오게 되는 것이오, 사람은 바로 삼제의 가운데
에서 화(化)하여 생겨 나오는 것이다. 그런 까닭에 개벽의 이치가 자와
축에서 나와 비롯되는 것이다. 선생님께서 하늘로부터 도를 받았기 때
문에 행하는 것도 하늘로부터 하였고, 닦는 것도 하늘로부터 하는 것이
다. 이러하기 때문에 하늘에서 개하고 하늘에서 접하게 되면, 하늘에서
운(運)을 받고 하늘에 접하는 것이니, 하늘에서 (命)을 받는다는 개접
(開接)의 이치를 이루는 것이다. 어찌 마땅하지 아니하겠는가.[38]

해월 최시형은 동학의 '개접'이 성리학의 유생들이 스승 최제우의
개접을 다시 잇는 것이며, 이는 문사 즉 성리학의 유생들이 개접하는
것과 그 의미가 다르다고 밝혔다. 본래 '접'이란 '글방의 학생들이나 과
거에 응시하려는 유생들의 동아리'를 뜻하는 말이다. 즉 유생들이 과
거 응시를 위하여 공부하는 모임을 말한다. 이와 같은 유생, 곧 문사
들의 접과 동학에서 행하는 개접은 그 근원부터 다르다고 해월 최시형
은 말한다.

해월 최시형은 '개접'의 의미를 우주를 여는 '개(開)'와 이 우주(천지)
와 응하여 '접(接)'하는 것으로 풀이한다. 또 그 근거로 수운 최제우가
창도한 동학은 하늘로부터 받은 도에 근거하고, 그러므로 행하는 것과
닦는 것 모두 하늘로부터 했기 때문이라고 설명한다. 즉 수운 최제우
는 "그 정성이 하늘에 이르러 천명(天命)을 계승하였고, 공경이 하늘에
이르러 조용히 천어(天語)를 들었고, 믿음이 하늘에 이르러 묵계(默契)가

---

38 『최선생문집도원기서』, 무인년조.

하늘과 합하였기"[39] 때문에 그 가르침과 그 행함과 그 닦음 역시 하늘에서부터 받은 것이라는 설명이다. 따라서 그 가르침을 공부하는 '개접'은 하늘은 새롭게 열고(開), 그 하늘의 가르침에 응하여 '접(接)'하는 모임이라는 말이다.

수운 최제우는 1862년 접주제를 확립한 이후 수시로 개접하여 가르침을 폈다. 그때 모인 사람은 대체로 4, 50명 정도였다.[40] 즉 당시 동학의 지도자들이 모여 수운 최제우에게 직접 도의 이치를 배우고 마음공부를 했다. 이 개접 활동을 해월 최시형이 이곳 정선 유시헌의 집에서 재개한다는 것은 곧 해월 최시형 중심의 가르침을 각 접에 공식적으로 펴겠다는 의미가 된다.

그동안 해월 최시형은 산간마을을 다니며 교도들을 모아 설법을 하였다. 그러나 개접을 선언함으로써 자신의 가르침을 동학 교단 내에서 공식화하고자 했던 것으로 판단된다. 다시 말해 해월 최시형은 이 '개접'을 통해 명실상부한 동학의 지도자, 동학 선생으로서의 면모를 분명히 교도들에게 보여주는 것이라고 할 수 있다.

해월 최시형이 다시 개접할 때 모인 사람들은 신시영, 유시헌, 방시학, 최시경, 신시일, 홍시래, 최익섭, 최기동, 홍석도, 안상묵, 김원중, 안교강, 전두원, 윤종현 등이다. 이들에게 해월 최시형은 다음과 같은 설법을 하였다.

> 여러분은 모실 시(侍)자의 뜻을 어떻게 해석하는가. 사람이 포태의 때에 이 때에 곧 모실 시(侍) 자의 뜻으로 해석하는 것이 옳으냐, 세상에

---

39 『천도교경전』, 「해월신사법설」 '성경신'.
40 『최선생문집도원기서』, 계해년조.

태어난 처음으로 모실 시(侍) 자의 뜻이 생기는 것일까. 또 대선생 포덕 강령의 날에 모실 시(侍)자의 뜻이 생겼을까. 여러분은 이 뜻을 연구하여 보라.[41]

해월 최시형이 최초로 개접 자리에서 제시한 '시(侍)'에 관한 물음은 동학을 이해하는 데에 매우 중요한 것이다. 동학 교의(教義)의 핵심을 이루는 '시천주(侍天主)'를 의미하기 때문이다.

'시천주'는 모든 사람이 그 내면에 주체적으로 한울님을 모시고 있으므로 평등하다는, 만민평등주의를 내포한다. 시천주의 만민평등사상은 당시로서는 커다란 파문이 아닐 수 없었다. 지존인 임금이나, 양반이나 천민, 누구나 모두 한울님 모신 존재로서 평등하며, 누구라도 동학의 수행을 통해 한울님 모심을 깨닫고 실천하면 곧 무궁한 존재로서 거듭날 수 있다고 말하고 있기 때문이다. 또한 시천주의 가르침은 모든 존재가 궁극적으로 안과 밖으로 한울님 본성과 기운을 동시에 지니므로, '내가 우주이며 동시에 우주가 나'임을 깨닫고, 나아가 온 인류가 우주공동체로서의 삶을 지향해야 한다는 당위성을 그 내면에 지니고 있다.

해월 최시형은 1878년 정선 유시헌의 집에서 당시 동학의 지도자들을 모아 놓고, 지난날 수운 최제우가 펼쳤던 개접의 자리를 마련하므로, 동학 책임자로서의 면모를 공고히 했다. 또한 동학사상의 핵심이 되는 '시천주(侍天主)'에 관하여 다각적인 면에서 문제를 제기하여, 교도들로 하여금 시천주의 진의를 다각적인 면에서 심도 있게 탐구하

---

41 『천도교서』(제2편), 포덕 19년조.

도록 함으로써 종교인으로서의 모습도 갖추어갔다.[42]

그러나 무엇보다도 중요한 것은 개접을 통해 동학교단을 재건하는 토대를 마련하였다는 점이다. 이는 동학이 본격적으로 사회운동 차원으로 발전할 수 있는, 반봉건 반제국의 기치로 전개한 1893년 교조신원운동과 1894년 동학농민혁명과 그 맥을 같이 한다고 할 수 있다.

---

42 윤석산, 『해월최시형의 삶과 사상』, 145쪽.

8.
동학의 사적(史籍)과 경전 간행

1) 동학의 사적 간행

영해교조신원운동 이후 동학의 활동무대가 경상도에서 강원도로 옮겨진 후 동학교단은 보다 안정되었다. 더욱이 그동안 진행되었던 각종 제례와 구성제, 인등제 등을 통해 교세를 확장하는 하편 결속력도 강화되었다. 이를 기반으로 해월 최시형은 무엇보다도 경전과 동학 사적을 간행하는 것이 급선무라고 판단하였다. 이에 따라 그동안 미루어 왔던 해월 최시형은 1879년 11월 10일 사적 간행을 위해 인등제를 지냈던 정선 방시학의 집에 수단소를 설치하였다. 그리고 역할 분담을 다음과 같이 나누었다.[1]

도포덕주: 최시형
도차주: 강시원
도접주: 유시헌
수정유사: 신시영
교정유사: 신시일

1 『최선생문집도원기서』, 기묘년조.

도소주인: 방시학

감유사: 최기동 안교일

서유사: 안교상

지유사: 김원중

접유사: 윤종현

수유사: 홍시래 최창식

책자유사: 신윤한 안교백

윤통유사: 홍석도 안교강

이처럼 역할 분담이 정해지자 강시원 등을 중심으로 사적 편찬 작업을 시작하였다. 편찬 작업은 2개월만인 이해 12월 말에 탈고하였다. 이 초고는 1880년 1월 정선 동면 전세인에 의해 정서되었고, 『최선생문집도원기서』라는 한 권의 책으로 정리되었다. 이 책은 동학을 창도한 수운 최제우의 가계, 득도와 포교, 탄압과 조직화, 체포와 순도 경위, 그리고 해월 최시형의 입도와 포교활동, 영해교조신원운동, 조직의 재건, 의례 정립, 동경대전 간행 경위 등 동학의 초기 역사를 기록하였다.

동학의 역사를 정리하게 된 배경과 심정을 차도주 강수는 다음과 같이 밝히고 있다.

세월은 흐르는 물과 같이 빨라서 기묘년 가을에 이르러 나와 주인(해월 최시형: 필자주)이 선생님(수운 최제우: 필자주)의 도원을 잇고자 하는 뜻이 있어 이에 선생님의 일과 자취를 수단한즉 두미가 착잡하고 전후가 문란하여 쓰되, 능히 붓을 범하지 못하여 혹 잘못할 단초가 있을까 두려웠습니다. 먼 것을 궁구하여 잇고자 하였으나 이치가 기연에 가깝지 않고 근원을 탐색하여 근본됨을 캐고자 하였으나 불연에 같이하지 못하였습니다. 또 그 끝을 살피지 못하였습니다. 도로써 이를 말하고자 하였으나 이치가 묘연하여 측량할 수 없고, 덕으로써 이를 논하고자 하였으나 실로 빛에 밝음이 있었습니다. (중략) 오늘 수찬하여 기록하는 것은 감히 칭찬을 듣고자 하는 것이 아니요, 시원의 박식천견이 또한 능히 본말시종의 근본을 가지런하게 못하였으니 더욱 이것이 그 마음을 불안하게 하는 것입니다. (하략)[2]

이에 의하면 동학의 역사를 정리하는 것에 대해 적지 않은 고민과 애로가 있었음을 알 수 있다.

이러한 고민과 애로로 인해 이를 '공개를 할 것이냐 말 것이냐'의 문제를 놓고 검토까지 하였다. 그 논란의 대상은 영해교조신원운동이었다. 영해교조신원운동은 오늘날에도 여전히 논란이 되고 있는 것처럼 당시에도 적지 않은 논란이 되었다. 이에 결국 『최선생문집도원기서』는 공개하는 것을 유보하였다.[3] 『최선생문집도원기서』가 처음으로 공개된 것은 1906년경이었다. 이후 1908년 시천교 측에서 필사하였고, 이를 바탕으로 동학의 정통을 주장하기 위해 1915년 『시천교종역사』를 출판하였다.[4]

---

2 『최선생문집도원기서』, 후서 1.
3 『시천교역사』(하), 기묘년조. 그 내용은 다음과 같다. "이미 탈고가 되어 간출해 기리 전하려 했으나 날인견봉하여 유시헌이 간수하도록 하였다." 또한 『천도교회사초고』에는 "脫稿됨에 급하여 捺封捺印하사 유시헌에게 任置하도록 密囑하사 활 此稿는 人眼에 輕快함이 不可라"라고 하였다.(『천도교회사초고』(제2편), 포덕 20년조)
4 표영삼, 『표영삼의 동학이야기』, 모시는사람들, 2018, 227쪽.

2) 동학의 경전 간행

동학의 역사를 정리한 해월 최시형은 경전 간행을 서둘렀다. 이는 교인이 늘어감에 따라 경전을 찾는 경우가 점차 많아졌기 때문이다. 그동안 해월 최시형이 경전 간행을 미룬 것은 무엇보다도 경비가 많이 들었기 때문이었다. 하지만 강원도를 중심으로 교세가 확장됨에 따라 가장 근본적인 문제인 경비를 조달할 여유가 마련되었던 것이다.

이에 해월 최시형은 1880년 4월 하순 중견지도자들과 협의하여 각 접에서 비용을 염출하기로 하였다. 이어 5월 9일 인제 남면 갑둔리 김현수의 집에 각판소를 설치하였다.[5] 이어 5월 11일부터 개간 즉 간행 작업을 시작하여 거의 한 달만인 6월 14일 마쳤다. 다음날 15일에는 『동경대전』 간행을 알리는 즉 간행 기념식을 가졌다.[6]

『동경대전』이 간행된 후 해월 최시형은 『동경대전』을 간행한 공적을 다음과 같이 기록하였다.

> 아아. 스승님의 문집을 간행하려 한 지도 오랜 세월이 되었다. 지금 경진년에 나와 강시원, 전시황 등 여러 사람들이 경전 간행을 하려고 발론을 하니, 각 접이 다행히 나의 뜻에 찬동하여 각소를 인제 갑둔리에 정하였다. 일을 마치는 것이 뜻과 간아 비로소 편을 이루니 이로써 스승님의 도와 덕을 밝히게 되었다. 이 어찌 기쁘고 기쁜 일이 아니겠는가? 각 접에서 정성스러운 정성과 비용으로 쓰 제물을 낸 사람은 특별히 별록에 그 공을 논하여 차례로 기록한다.[7]

---

5 『해월선생문집』, 경진년조.
6 『최선생문집도원기서』, 경진년조.
7 『최선생문집도원기서』, 경진년조.

『동경대전』을 간행하는 데는 적지 않은 비용이 들었는데, 인제 교인들이 130금, 정선 교인들이 35민, 상주의 윤하성이 40금, 청송 교인들이 6민을 각각 후원하였다. 그리고『동경대전』을 간행하는데 맡은 역할은 다음과 같다.

도　　청: 최시형
감　　역: 강시원 전시황
교　　정: 심시정 전시봉 유시헌
직　　일: 장도형 김문수 장병규 이진경
접유사: 김정호 신시영 황맹기 조시철
수유사: 한봉진 홍시래 신시일 김진해 이정봉
치　　판: 김관호
침　　자: 심원우 최석하
운　　량: 장흥길 김인상 김효흥 이천길
서유사: 전세인
공　　궤: 이귀록 강기영[8]

　『동경대전』을 간행하는데 총책임은 해월 최시형이었지만, 실무를 관리한 인물은 강시원 즉 강수와 전시황이었다.『동경대전』을 간행하는데 참여한 사람은 모두 30명이었으며, 이들 대부분은 강원도 출신으로 인제와 정선에서 활동하였던 인물들이었다. 그리고 첫 경전인 경진판『동경대전』은 1백 권을 간행하였다.

---

8 『최선생문집도원기서』, 경진년조.

『동경대전』의 간행 경위는 해월 최시형의 구송에 의해 이루어졌다
는 구송설과 필사되어 전래되어 오던 원본을 바탕으로 간행되었다는
원본설 두 가지 설이 있다. 그리고 구송설과 원본설을 종합하여 산재
되어 있는 기록과 원본, 또 구송되어 오던 것을 종합 정리하여 간행되
었다는 절충설이 있다.[9]

『동경대전』을 간행한 해월 최시형은 1881년 6월 단양 남면 천동 여
규덕의 집에서 가사체 경전인『용담유사』를 간행하였다.『용담유사』의
간행 비용도 김연호, 장춘보, 김치운, 이은보, 김현경, 장세원 등 인제
지역 교인들이 담당하였다.[10] 이후 동학의 경전인『동경대전』과『용담
유사』는 꾸준히 중간되었고, 동학 교세를 확장하는데 크게 기여하였
다. 그러나 무엇보다도 중요한 것은 그동안 비밀리에 포교하던 시기를
지나 사실상 공연히 드러내놓고 포교할 수 있을 만큼 동학이 조직화되
었음을 알려준다.[11]

한편 그동안 최초의 경전으로 불려진 1880년에 간행된 경진판『동
경대전』이 발견되지 않았다. 그러던 중 2010년 경진판으로 추정되는
『동경대전』이 발견되었다.[12] 이『동경대전』은 문집형식[13]으로 간행되었

---

9 박맹수,「『동경대전』에 대한 기초적 연구-연구성과를 중심으로」,『사료로 보는
동학과 동학농민혁명』, 모시는 사람들, 2009, 52쪽.

10 『시천교종역사』, 신사년조.

11 박맹수,「『동경대전』에 대한 기초적 연구-연구성과를 중심으로」,『사료로 보는
동학과 동학농민혁명』, 모시는 사람들, 2009, 56쪽.

12 이에 대해서는 윤석산,「새로 발견된 목판본〈동경대전〉에 관하여」,『동학학
보』20, 동학학회, 2010를 참조할 것.

13 경진판으로 추정되는『동경대전』은 기존의『동경대전』의 체제와 달리 卷之一
포덕문 동학론, 卷之二 수덕문 불연기연 탄도유심급, 卷之三 축문 주문 강시,
卷之四 좌잠 팔절 필법, 卷之五 화결 강결 제서, 卷之六 부시부, 卷之七 통문
등으로 되어 있다.

는데, 이에 대해서는 좀 더 검토가 필요하다고 판단된다.[14]

해월 최시형은 이후에도 『동경대전』을 간행하였는데, 이력을 살펴보면 다음 〈표〉와 같다.

〈표〉 동학교단 초기 『동경대전』 간행 이력

연도	지역	판명	비고
1880	강원 인제	경진판	김현수 家
1883	충남 목천	목천판/계미중춘판	김은경 家
1883	충남 목천	경주판/계미중하판	공주접 발론
1888	강원 인제	무자판	인제 교인

〈표〉에 의하면 해월 최시형은 충남 목천에서 목천판과 경주판 『동경대전』을 간행하였다. 이와 관련된 교단 기록은 다음과 같다.

포덕 24년(계미) 2월에 신사-동경대전 간행소를 충청도 목천군 구내리 김은경 가에 재설하시고 동경대전 천여 부를 간행하시다.[15]

계미년(1883년) 2월. 인간소를 충청도 목천군(木川郡) 구내리(區內里) 김은경(金殷卿)의 집에 다시 설치하고 또 『동경대전』 1,000여 부를 찍어서 각 포에 배포했다. 대신사[16]가 또 발문을 스스로 지어 끝에 첨부했다.[17]

포덕 24년 계미 2월에 신사-다시 간행소를 충청도 목천군 내리 김은경

---

14 『동경대전』 판본 연구에 대해서는 박맹수, 「『동경대전』에 대한 기초적 연구-연구성과를 중심으로」, 『사료로 보는 동학과 동학농민혁명』, 모시는 사람들, 2009를 참조할 것. 최근 도올 김용옥은 『동경대전(1·2)』(통나무, 2021)에서 2010년 발견된 『동경대전』을 1880년에 간행된 경진판 『동경대전』으로 확증하고 있다.

15 『천도교회사초고』(제2편), 포덕 24년조.

16 시천교에서는 해월 최시형을 대신사로 존칭한다.

17 『시천교종역사』 제2편 제8장 계미년조; 동학농민혁명 종합지식정보시스템 (http://www.e-donghak.or.kr/index.jsp).

가에 설하시고 동경대전 천여 부를 간행하사 각포에 반급하니[18]

위의 인용문은 목천판『동경대전』에 대한 기록이다. 목천판『동경대전』은 충남 목천군 구내리[19]의 동학교인 김은경의 집에 간행소를 설치하고, 1천여 부의『동경대전』을 간행한 것으로 기록하고 있다.[20] 목천판『동경대전』의 발문에는 목천에서 간행한 것을 밝히고 있는데, 다음과 같다.

> 아. 선생께서 포덕하실 때 성덕에 잘못됨이 있을까 염려하여 계해년에 친히 최시형에게 인쇄하라는 명교를 내렸다. 뜻은 있었으나 이루지 못한 채 이듬해로 넘어왔다. 갑자년에 불행을 당하자 도의 운세가 침체되고 쇠퇴하여 세월은 오래되어 18년이나 되려고 한다. 경진년에 이르러 그 명교를 극진히 생각하여 뜻을 같이 하는 이들과 다짐하고 출판의 공을 이루게 되었도다. 글에 빠진 것이 많음을 한탄하다가 목천 접중에서 찬연히 복간하여 비로소 무극대도의 경편을 드러나게 되었도다. 이 어찌 선생의 가르침을 흠모함이 아니리오. 감히 편말에 졸문을 남기도다.
>
> 계미년 중춘 도주 해월 최시형

---

18 이돈화, 『천도교창건사』(제2편), 31쪽.

19 동학교단 기록에는 목천군 구내리로 기록되어 있지만, 그동안 조사한 결과 동면 죽계리로 확인된 바 있으며, 최근 〈동경대전 계미중춘판 간행터〉라는 안내판을 설치한 바 있다. 이에 비해 동학 유적 답사를 조사한 바 있는 표영삼은 평기리 면실마을로 추정한 바 있다.(표영삼, 『표영삼의 동학이야기』, 모시는사람들, 2018, 240~241쪽)

20 한편 목천에서『동경대전』과 관련하여 김용희와 김성지가 출염하여 간행하였다는 기록도 있다. "김화성을 문초하니, 계미년에 목천 복구정 김용희, 김성지와 같이 보은에서 최시형에게 도를 받았다. 이후 복구정 대접주 김용희, 김성지와 동심결의하고 스스로 삼로라 하였으며 동서에 포를 설치하여 널리 포교하였다. 김용희와 같이 6천 냥을 모은 후 동경대전 1백 권을 간행하여 그중 30권은 최시형에게 주고 나머지 70권은 김용희와 반반씩 나누었다."(『순무선봉진등록』, 갑오 10월 27일)

이에 비해 경주판은 교단 기록에 보이지 않고 있다. 이는 경주판 『동경대전』은 앞서 간행된 경진판『동경대전』과 목천판『동경대전』처럼 교단적 차원에서보다는 명분상 경주판『동경대전』의 필요성에 따라 공주접 등 일부 접 차원에서 간행하였기 때문으로 보인다. 더욱이 목천판『동경대전』을 간행한 지 4개월만에 다시 간행한다는 것은 경제적으로도 많은 부담이 되었기 때문에 간행 수량도 소량이었을 것으로 추정된다. 경주판『동경대전』의 간행과 관련하여 표영삼은 다음과 같이 언급한 바 있다.

> 목천접에서 중간을 마치자 공주접에서 경주판을 출판하지 못한 것을 안타깝게 여겨 경주판 간행을 발론하게 됐다. 호서의 공주접과 영남접·동협접이 힘을 모아 1993년 6월에 경주판이라 이름한 동경대젖과 용담유사를 아울러 간행하게 됐다. 목각 활자로 조판했으며 체재도 전보다 크게 만들었다. 말미에 경주개간이라 했으나 출판한 곳은 목천이었다.[21]

위의 인용문에 의하면, 경주판『동경대전』은 경주에서 간행된 것이 아니라 충남 목천에서 간행되었다고 밝히고 있다. 1880년에 간행된 첫『동경대전』은 강원도 인제에서, 1883년 중간된『동경대전』은 충남 목천에서 간행되었지만, 동학이 창명된 경주에서는 아직 경전을 간행하지 못하였다는 점은 제자된 도리를 다하지 못한 자책감이 없지 않았던 것이다. 이는 동학이 창명된 경주에서 먼저 간행되었어야 한다는 아쉬움이기도 하였다.

관의 탄압과 영해교조신원운동 등 교단 내외적으로 상황이 여의치

---

21 표영삼, 「동학교문의 성립과정」, 『한국사상』 23, 한국사상연구회, 1996, 95쪽.

않아서 부득이 인제와 목천에서 경전을 간행하였지만, 짐처럼 느껴졌던 것이다. 이를 안타깝게 느낀 공주접에서 다시 『동경대전』을 간행할 것을 발론하였고, 이를 받아들인 해월 최시형은 목천에서 경주판 『동경대전』을 간행한 것이다. 이러한 심정을 해월 최시형은 발문에서 잘 밝혀놓고 있다.

아. 선생께서 포덕하실 때 성덕에 잘못됨이 있을까 염려하여 계해년에 친히 최시형에게 인쇄하라는 명교를 내렸다. 뜻은 있었으나 이루지 못한 채 이듬해로 넘어왔다. 갑자년에 불행을 당하자 도의 세운이 침체되고 쇠퇴하여 세월은 오래되어 20여 년이란 오랜 세월이 지났도다. 명교를 극진히 생각하여 뜻을 같이 하는 이들과 의견을 모으고 다짐했도다. 수년 전에 동협과 목천에서 간행했으나 실로 경주판각이라 이름한 것이 없었으니, 이는 도내의 흠이 될 것이다.

우리 경주는 본시 선생께서 도를 수도하고 포덕하신 곳이니, 불가불 경주판이란 이름으로 간행되어야 할 것이다. 호서의 공주접에서 발론하고 영남과 동협이 힘을 모아 무극대도의 경편을 강행하여 드러내게 되었도다.

삼가 두세 동지와 세상의 지목을 무릅쓰고 만사를 제쳐두고 협력하기를 서약하고 출판의 큰 공을 이루었도다. 이 어찌 선생의 가르침을 흠모함이 아니며 제자의 소원을 다함이 아니리오. 특히 세 분을 별도로 특별히 기록한다.

계미년 중춘 도주 해월 최시형 근지 도주 최시형 성우용 윤상오 이만기
접주 황재민 김선옥 전시봉
유사 안교선 윤상오
계미중하 경주 간행

발문에 의하면, 동협 즉 인제와 목천에서 『동경대전』을 간행하였지만, '경주판각'이 없다는 것은 교단의 흠이 될 수 있다고 보았다. 이에 따라 스승 최제우가 동학을 창명하고 포교한 경주의 지명이 들어간 『동경대전』을 간행하고자 하였다. 이는 의무감이기도 하였다.

이러한 상황을 인식한 윤상오의 공주접에서 먼저 『동경대전』을 간행할 것을 건의하였고, 영남과 강원 지역의 접에서 염출하여 간행 비용으로 사용하였다. 즉 목천의 성우용, 공주의 윤상오와 김선옥, 인제의 이만기, 영양의 황재민, 정선의 전시봉 등이 관할하는 접에서 적극 참여하였다.

9.
해월 최시형의 위생인식

1) 악질에 대처하라

동학이 창도될 당시인 1860년을 전후하여 조선사회는 콜레라가 만연하였다. 1859년~1860년 콜레라가 전국적으로 유행할 때 사망자 수는 40만에 달하는 것으로 알려지고 있다. 이 시기 콜레라뿐만 아니라 장티푸스, 이질, 두창, 성홍렬 등 질병으로 인해 일반사회는 생존의 문제가 야기될 정도였다.

종교가 그러하듯이 질병에는 두 가지로 구분하고 보고 있다. 하나는 몸의 질병이고, 다른 하나는 정신적 질병이다. 대부분 종교는 이들에 대한 치병을 중요하게 인식하고 있다. 동학도 예외가 아니듯이 수운 최제우는 이른바 '천사문답'에서 상제로부터 "영부를 받아 사람들을 질병을 건지고"[1]라는 말을 들었다. 그리고 이 영부에 대해서 "영부는 사람의 병을 건지고 사람의 죽은 혼을 구하여 산 혼으로 돌이키며 인간사회의 모든 죄악과 폐막을 다스리는 불사약"[2]이라고 하였다. 즉 영부는 몸과 정신적 질병을 치료하는 것으로 해석할 수 있다. 실제적

---

1 이돈화, 『천도교창건사』(제1편), 12쪽.
2 이돈화, 『천도교창건사』(제1편), 13쪽.

으로 수운 최제우는 영부를 만들어 먹은 바, "몸이 윤택하여 지고 얼굴이 환태(幻態) 되고 묵은 생각과 낡은 마음이 구름 같이 사라지고 새로운 정신이 새암 같이 솟았다"[3]라고 하였다. 이는 영부가 동학에서 몸과 마음을 치료하는 가장 중요한 요인이라고 할 수 있다.

이로써 볼 때 동학은 정신적 질병을 구제하는 할 뿐만 아니라 몸에 대한 질병의 치료 즉 '위생'도 중요하게 인식하였다. 이를 위해 수운 최제우는 "길 가면서 먹는 것"을 금하도록 하였다. 이외에도 '악육(惡肉)'[4]을 먹는 것도 금하였으며, '청결'을 강조하였다.[5] 이는 식생활을 통한 위생을 의미한다.[6] 이처럼 동학은 초기부터 청결을 포함한 위생에 대한 인식을 갖게끔 하였다. 이는 동학을 창도할 당시 콜레라, 장티푸스 등 전염병이 유행하였기 때문으로 풀이된다.

수운 최제우로부터 동학을 이어받은 해월 최시형은 위생에 대해 보다 구체적으로 실천하고자 하였다. 해월 최시형은 1886년 '악질'이 유행할 것이라 예상하고 교인들에게 이를 피할 수 있는 대책을 제시하였다. 그 내용은 다음과 같다.

---

3 앞의 주.
4 惡肉에 대한 해석은 다양하다. 필자의 경우 '상한 고기'로 하고 있지만, 동학에서는 '개고기'로 해석하고 있다. '악육'을 개고기로 특정하는 것은 불교의 영향을 받아서 해석한 것으로 판단된다.
5 이돈화, 『천도교창건사』(제2편), 13~14쪽.
6 수운 최제우는 치병을 한 기록이 있다. 이에 대해서는 의학적 해석보다는 종교학적 해석으로 보는 것이 타당하다고 판단된다. 그 일예는 다음과 같다.
"義城이라는 곳에 와서 金公瑞라 하는 사람의 집에서 하룻밤을 유숙할 세, 김공서 낮에 근심하는 기색이 보이거늘 대신사(천도교에서 수운 최제우를 높여 부르는 호칭) 그 연고를 물은 대, 공서 가로되 「나의 아들이 중병에 걸려 금방 죽게 되었소」 하고 대신사에게 혹 치료의 方이 있는가를 물으며 심히 애걸하거늘, 대신사 病人을 친히 보시고 두어 번 손으로 어루만지면서 광채있는 눈으로 들어다 보더니 병인의 몸에서 냉기가 감하고 혈맹이 순통하여 병이 쾌차한지라."(이돈화, 『천도교창건사』(제2편), 29~30쪽)

포덕 27년 병술 4월에 신사[7] 도제(徒弟)에게 일러 갈오되, 금년에 악질
이 대치하리라 하시고 교도에게 일층 기도에 힘쓰게 하시되, 특히 청결
을 주로 하리라 하니 그 요목인즉, 묵은 밥을 새 밥에 섞지 말라, 묵은
음식은 새로 끓여 먹으라. 춤을 아무 데나 뱉지 말라, 만일 길이어든 땅
에 묻고 가라, 대변을 본 뒤에 노변이거든 땅에 묻고 가라, 흘린 물을 아
무 데나 버리지 말라, 집안을 하루 두 번씩 청결히 닦으라.[8]

금년에 반드시 악질이 대치하리니, 특별히 치성하라. 집안을 청결히 하
고 음식을 청담케 하고 코침을 함부로 뱉지 말라.[9]

이 글에 의하면, 해월 최시형은 악질 즉 '콜레라'라는 전염병이 크
게 유행할 것을 미리 예단하였다. 이에 따라 교인들이 지켜야 할 '위생
규칙'을 정한 것이다. 즉 묵은 밥은 새 밥에 섞지 말 것, 묵은 음식은
끓여 먹을 것, 코나 침을 아무데나 뱉지 말 것, 대변을 본 뒤에는 땅에
묻을 것, 지저분한 물을 아무 데나 버리지 말 것 등 다섯 가지 위생규
칙을 1886년 유행한 콜레라 등 전염병을 예방하는 가장 기초적인 처
방이었던 것이다. 이는 근대적 위생의 도입 이후 「호열자 예방 규칙」[10]
이 마련된 1899년 5월보다 10여 년 앞선 것이라고 할 수 있다.

그 결과 동학교인들은 전염병에서 벗어날 수 있었다. 즉 "과연 괴
질이 대차하여 전염을 면한 자―백에 하나이 없으되, 오직 도가에는
소범(所犯)이 없었고 신사 소거촌(所居村) 40호에는 병 걸린 자 한 사람도
없음"이라고 하여, 동학교인들은 전염병에 걸린 사람이 한 명도 없었

7 '神師'는 천도교에서 해월 최시형을 존칭하여 부른 호칭이다.
8 이돈화, 『천도교창건사』(제2편), 38쪽.
9 오지영, 『동학사』, 영창서관, 1938, 65쪽.
10 『독립신문』 1899년 5월 13일. 9월 4일자에는 「호열자 예방 규칙」이 게재되었다.

던 것으로 기록하고 있다. 이처럼 동학을 하면 '괴질' 즉 콜레라 등 전염병에서 걸리지 않는다고 하는 소문이 널리 알려졌고, 이로 인해 "도에 드는 자 그 수를 헤아릴 수 없을"[11] 정도로 동학의 교세가 크게 신장할 수 있는 요인이 되었다.

2) 위생의 생활화 도모

해월 최시형의 위생인식은 음식 등 위생을 직접 담당하는 여성들에게도 지침으로 생활화하도록 하였다. 1889년에 또 다시 콜레라의 전염병이 유행하자,[12]21 해월 최시형은 「내수도문」을 지어 여성들의 위생 생활화를 도모하였다. 그 위생 규칙의 내용은 다음과 같다.

청결한 물을 길러 음식을 청결하게 하라.

---

11 천도교사편찬위원회 편, 『천도교백년약사』(상), 천도교중앙총부, 1981, 152쪽.
12 1889년 콜레라 유행과 관련하여 프랑스 민족학자 샤를 바라가 청도를 지나면서 다음과 같이 당시의 상황을 남긴 바 있다.
"우리는 꽤 높은 고개를 건너 해질 녘이 되어서야 총안이 조밀하게 뚫린 청도라는 도시의 성벽 앞에 당도하였다. 이중으로 요새화 된 문이 활짝 열려 있었는데, 놀랍게도 이만한 장소에서 흔히 보듯 위병이라든가, 상인이나 행인이 전혀 눈에 띄지 않았다. 도시 안으로 들어가 보았으나 쥐 죽은 듯 조용하기는 마찬가지였다. 거리에는 잡초가 여기저기 돋아나 있었고 행렬이 소리를 내며 지나가고 있음에도 불구하고 누구하나 구경 나오거나 심지어 꼬고 닫힌 집의 문직조차 열어보는 사람이 없었다. 한 마디로 그나마 졸고 있는 사람이 있는 '잠자는 숲속의 미녀'에 나오는 성채보다 도 했다. 사람이라곤 그림자도 보이지 않는 이곳이 혹 유령도시는 아닐까 생각했는데, 마침 개 한 두 마리가 어슬렁거리며 지나갔다. 뿐만 아니라 저녁 어스름 속 종이로 바른 몇 안 되는 창문에서 멀찌감치 희미한 불빛이 느껴지기도 했다. 우리는 도시로 들어갔던 반대편 문을 통해 밖으로 나온 다음에도 한동안 마치 그 안의 침묵에 전염이라도 된 듯 아무 말도 하지 않았다. 잠시 후 나는 마지막으로 고개를 돌려 그 이상한 도시를 힐끔 바라 보았는데, 순간 흡사 유령에 홀리기라도 한 듯 성문이 슬그머니 닫히는 것이었다. 그날 밤 묵은 마을에서 들은 예기로는 사실 그 유령도시가 최근에 콜레라의 피해를 입어 거의 폐허나 다름없게 방치되어 있다는 것이었다. 이 끔찍한 전염병은 온 나라를 꽤나 자주 괴롭히는 모양이다."

묵은 밥을 새 밥에 섞지 말라.

흘린 물을 함부로 버리지 말라.

痰이나 鼻汗을 아무데나 吐하지 말라. 만일 길이어든 반드시 묻으라.

금난 그릇이나 이 빠진 그릇에 먹지 말라.[13]

이 위생 규칙은 앞서 1886년의 위생지침을 보다 확대한 것으로, 콜레라 등 전염병을 벗어날 수 있는 사실상 유일한 일반적 대응이었다. 비록 먹던 밥을 별도로 관리하고 침이나 가래를 뱉지 않은 것, 깨진 그릇을 사용하지 말 것 등은 근대적 의학이 갖추어지지 않은 상황에서 콜레라를 예방할 수 있는 최선의 방안이었다. '청결'을 통해 전염병을 사전에 예방한 최선의 선택이었다고 할 수 있다.

이와 같은 동학의 위생의식은 1893년 3월 '척왜양창의운동'이라 일컬어지는 보은취회에서 그대로 보여주고 있다. 동학 교단은 1892년과 1893년 모두 세 차례의 교조신원운동 즉 종교의 자유획득운동을 전개한 바 있다.[14] 이어 1893년 3월 10일 충북 보은 장내리에서 '반외세'를 주창하며 수만 명이 모여 집회를 개최하였다. 당시 동학교인들은 행동에 대해 다음과 같이 기록한 바 있다.

도인은 일정한 대오를 정하여 막하에 있게 하되, 출입 심고(心告)를 하며 송주(誦呪) 논리를 하는데 만인의 행동이 일인과 같아 소허(小許)도

---

13 이돈화, 『천도교창건사』(제2편), 40~41쪽.

14 교조신원운동은 1892년 10월 공주에서, 이해 11월에는 삼례에서, 그리고 1893년 1월에는 서울 광화문에서 세 차례 전개되었다. 교조신원운동은 성리학 이데올로기에 의해 억울하게 죽은 수운 최제우의 죽음을 신원해 달라는 요구를 하였다. 이는 동학교단이 처음으로 사회화를 위한 종교운동이었다. 이를 통해 동학을 자유롭게 신앙할 수 있도록 공인해 줄 것을 강력하게 주장하였다.

문란함이 없고, 특히 청결을 위주하되 관례대로 대변이나 타액과 같은 배설물은 지하에 묻는 것이 원칙이며, 의관을 정제하고 행동을 엄숙히 하며, 상매(商賣)의 음식가(飮食價)는 일문이리(一文一里)도 틀림없이 자수(自手)로 계산하여 만일의 유루(遺漏)가 없게 되니, 보는 자 다 위의(威儀)와 덕풍(德風)을 칭송(稱誦)치 않는 자 없고 도를 비방하는 자도 「동학은 하지마는 행위는 다르다」는 말이 원근에 자자하였다.[15]

보은에 모인 동학교인이 수만 명이었지만 행동이 하나 같았으며, 무엇보다도 중요한 것은 대변이나 타액(침)과 같은 배설물을 땅에 묻는 것 등의 '청결과 위생'의 규범이 관례이며 원칙이었다는 점이다. 동학은 이단으로 배척하였지만, 교인들의 행위는 '바르다'고 평가를 받았다. 이는 앞서 언급한 청결과 위생뿐만 아니라 의관정제, 행동엄수, 상품매가 등을 통해 새로운 모습을 보여주었기 때문이었다.

해월 최시형은 일상생활에서의 위생을 교인들에게 강조하였으며, 이를 제례와도 연관을 지었다. 성리학 이데올로기의 당시 조선 사회에서는 무엇보다도 제례를 강조하였다. 제례는 일반적으로 조상에 대한 숭배이지만, 여기에는 제수를 마련해야 하는 경제적 요인 뒷받침되어야 했다. 조선 정부로부터 생명과 재산을 빼앗기는 등 탄압을 받는 동학교인의 입장에서는 제례는 경제적으로 부담이 될 수밖에 없었다. 더욱이 제수를 마련하는 식재료는 청결과 직간접적으로 크게 영향을 받았다. 그렇지 않아도 호열자 등 전염병이 유행하는 상황에서 해월 최시형은 동학의 제례도 "제(祭)라는 것은 정성과 청결을 주하는 것이니,

---

15 이돈화, 『천도교창건사』(제2편), 55쪽.

너희는 이 두 가지를 잊지 말라"¹⁶고 강조하였다.

> 묻기를 "제물을 차리는 것과 상복은 어떻게 하는 것이 옳습니까"
> 신사 대답하시기를 "만 가지를 차리어 버려 놓는 것이 정성이 되는 것
> 이 아니요, 다만 청수 한 그릇이라도 지극한 정성을 다하는 것이 옳으니
> 라. 제물을 차릴 때에 값이 비싸고 싼 것을 말하지 말고 물품이 많고 적
> 은 것을 말하지 말라.¹⁷

해월 최시형은 만 가지 차리는 음식, 값 비싼 제수보다도 정성이
담겨져 있는 청결한 물 한그릇을 보다 의미 있다고 판단하였다. 이에
따라 '정성'과 '청결'을 그대로 반영하여 동학의 제례를 '청수 한 그릇'
으로 하도록 하였다. '청수 한 그릇'은 위생과 제례를 결합한 동학의
새로운 제례법이라 할 수 있다.

해월 최시형이 강조한 동학의 청결과 위생은 당시로서는 기존의
관습에서 벗어나 새로운 생활규칙이었다. 이는 단순히 콜레라나 장티
푸스 등 전염병 내지 질병으로부터 치병하는 것을 뛰어 넘는 종교적
행위였다. 이로 인해 동학은 새로운 전기를 마련할 수 있었고, 교세를
확장해 나가는 데도 중요한 요인이 되었다.

---

16 이돈화, 『천도교창건사』(제2편), 76쪽.
17 「향아설위」, 『천도교경전』, 350쪽.

10.
신앙의 자유화를 위한 투쟁

1) 공주의 교조신원운동

앞서 살펴보았듯이, 동학교단은 영해교조신원운동으로 해체의 위기를 맞았지만 해월 최시형의 노력으로 동학은 재건되었다. 태백산 적조암 49일 기도와 이어지는 개접을 통해 동학교단은 기존의 활동무대였던 경상도를 벗어나 강원도를 중심으로 정착되었다. 이어 동학은 충청도와 전라도지역까지 그 활동무대를 확장해 나갔다. 이러한 과정에서 동학은 여전히 관의 탄압을 받아야만 했다.

성리학 통치이데올로기를 유지하고자 하였던 조선 정부는 서학과 동학을 이단시하고 탄압을 가하였다. 그렇지만 1886년 조선과 프랑스의 통상수호조약을 계기로 서학은 사실상 공인되었다. 그동안 조선정부로부터 이단이라는 명분 아래 함께 탄압을 받았던 서학이 이제는 신앙의 자유를 획득한 것이었다. 동학의 지도자들은 이러한 사실에 대해 불만을 지니고 있었다. 경상도에서 시작한 동학이 강원도, 충청도를 거쳐 호남지방에까지 조직을 확대해 나가자 동학교단 내에서도 신앙의 자유를 획득하기 위한 교조신원운동을 전개해 나갔다. 교조신원운동은 1871년 영해에서 처음으로 전개되었지만, 동학교단에서 본격적으로 전개한 것은 1892년의 교조신원운동이었다. 1871년의 교조신원운동으로 인해 교단은 심각한 위기를 맞았던 경험을 되풀이 하지 않기 위해 동학교단은 보다 조직적이며 지역적으로 전개하였는데, 바로 공주교조신원운동, 삼례교조신원운동, 광화문교조신원운동이었다.

공주교조신원운동은 1890년대 초에 전개된 최초의 교조신원운동이라는 점에서 주목되어 왔다. 또한 당시 동학교단을 이끌고 있던 최시형의 지도노선을 평가하는 데 있어서 중요한 집회로 인식되고 있다. 기존 연구는 서병학, 서인주 등이 최시형의 승인이 없이, 혹은 반대를 무릅쓰고 공주교조신원운동을 추진한 것으로 이해하여 왔다.[1]

이 같은 연구는 1871년 3월에 일어났던 영해교조신원운동 당시 이필제의 제의를 최시형이 적극 만류하고 가담하지 않았다는 주장과 맞물려 최시형을 더욱 '보수적인 인물'로 규정하는 바탕이 되기도 했다. 그러나 근래 들어 새롭게 발굴된 자료들은 최시형에 대한 그동안의 인식이 바로 잡아져야 한다는 근거를 제시하고 있다.

최근에 발굴된 자료들에 의하면 최시형은 영해교조신원운동에도 적극 참여했으며,[2] 1892년 7월에 서인주와 서병학에 의한 교조신원운동 전개 요청 이후 교조신원운동을 전개하기 위한 준비를 서두르고 있었던 것으로 확인된다. 즉, 최시형은 1892년 8월 21일 청주 송산 손천민의 집에 머물면서 충주에 거주하는 신사과에게 서한을 보내 40명의 '망경지사(望碩之士)'를 선발하여 그 명단을 가지고 9월 10일까지 직접

---

1 기존 연구들은 『해월선생문집』, 『본교역사』, 『시천교종역사』 등 동학교단사에 근거하여 최시형이 1892년 7월에 서인주와 서병학이 제의한 교조신원운동 전개 요청을 거절하였다고 한 결 같이 주장하고 있다.

2 관변 측 자료인 『교남공적』과 『신미영해부적변문축』, 교단 측 자료인 『최선생문집도원기서』와 『해월선생문집』 등은 최시형이 1871년 3월의 영해민란에 적극 가담하였음을 분명하게 밝혀 주고 있다.

청주 송산 손사문[3]의 집으로 찾아오도록 지시하였다.[4] 또한 1892년 8월 29일에는 호남좌우도 편의장 남계천에게도 비슷한 내용의 「윤조(輪照)」를 하달하였다. 남계천에게 보낸 「윤조」 역시 1백여 명을 선발하여 주소 성명이 적힌 명단을 9월 5일까지 보내도록 지시하고 있다. 이 같은 조치는 모두 공주교조신원운동이 열리기 직전에 이루어지고 있는 점에서 본격적인 교조신원운동의 전개를 위한 사전준비였다고 생각된다.

1892년 10월 서인주와 서병학은 재차 최시형을 찾아와 교조신원운동을 전개할 것을 요청하였다. 최시형 역시 수령과 이서 토호들의 침학에 시달리고 있던 교도들의 절박한 사정을 알고 있었기 때문에[5] 두 사람의 건의를 받아 들여 교조신원운동을 허락하는 입의통문(立義通文)을 하달하였다.

1892년 10월 17일 밤에 하달된 입의통문의 요지는 각 접주와 교도들에게 신원의 대의에 합력할 것을 촉구하는 내용이었다. 따라서 1892년 10월에 전개된 공주교조신원운동은 종래 알려진 것처럼 서인주, 서병학 2인이 최시형의 허락 없이 전개한 것이 아니라 최시형의 허락 아래 교단적 차원에서 추진되었다고 보는 것이 타당하다. 서인주

---

3 孫士文은 孫天民을 가리킨다. 士文은 손천민의 字이다.
4 「신사의 유묵」, 『천도교회월보』195, 1927.3.
5 당시 최시형이 교조신원운동을 허락하게 된 배경에 대하여 『천도교창건사』는 "이 해 十月에 徐仁周 徐丙鶴이 또한 固請하고 諸道人이 亦是 指目을 견디지 못하야 군게 伸寃함을 請한대 神師 이에 立義文을 지어 各地에 遍諭하시니(『동학사상자료집』2, 135쪽)"라 하였고, 『동학사』에서는 이 해 十月에 四方에 있는 道人들이 指目에 쫓기여 모여온 자 많아야 伸寃할 일을 請하는 자 많은 지라 先生은 이 여러 사람의 뜻을 쫓아 許諾을 하고 곧 입의문을 지어 효유하니(『동학사상자료집』2, 426쪽)"라 하여 관의 탄압과 지목에 시달리던 하층교도들의 요구와 이에 부응한 서인주 서병학 등의 요청을 받아들여 교조신원운동을 전개할 것을 허락하였다고 하였다.

와 서병학 등이 최시형의 허락을 얻어낸 까닭은 교단 최고책임자의 허락이 있어야 동학 조직의 동원이 가능하고 많은 교도들을 동원할 수 있었기 때문이었다.

'신원의 대의에 적극 참여하라'는 최시형의 입의통문이 각지의 접주들에 하달된 후 충청감사에게 최제우의 신원을 호소하기 위한 공주의송소가 설치되었다.[6] 이 내용에 의하면, 각 접주는 '성덕신의지사의 도유(誠德信義知事之道儒)'를 인솔하고 공주의송소로 와서 청주로부터의 명령을 기다려 처사를 하도록 지시하고 있다. 여기서 청주는 최시형이 은거하고 있던 청주 송산 손천민의 집을 말하는 것이다. 당시 손천민의 집에는 손천민, 서인주, 서병학 등 신원운동 지도부가 왕래하면서 최시형의 명을 받고 있었던 것으로 추측된다. 그러므로 공주교조신원운동에 참가한 각 접주 및 교도들은 최시형－손천민, 서인주, 서병학－공주의송소로 이어지는 명령계통을 따라 행동하고 있었던 것으로 생각된다.

'공주의송소'에 모인 각 지방 접주들과 교도 1천여 명은[7] 10월 20일경[8] 교조신원을 요구하는 의송단자(議送單子)를 작성하여 충청감영에 제출하였다. 이 의송단자는 10월 17일 밤에 발송한 입의통문에서 최시형이 주장했던 동학교조 최제우의 신원을 요구하는 동시에 서학의 만연 현상 및 왜국지상(倭國之商)의 부당한 행위를 비판하는 내용이 포함

---

6 '공주의송소'에 관한 내용은 규장각에 소장된 『동학서』, 동학 및 천도교 측 자료인 『본교역사』, 『시천교종역사』 등에는 없고, 전북 부안에 있는 천도교 호암수도원에 소장되어 있는 『해월문집』에만 실려 있다. 입의통문이 도착된 후 각 지방 접주들이 취해야 할 행동지침을 담고 있어 주목된다.

7 『시문기』; 『동학농민전쟁사료대계』2, 여강출판사, 1994, 175～176쪽.

8 충청감사의 제음이 10월 22일에 나왔으므로 의송단자 제출일자를 10월 20일경으로 추론하였다.

되어 있다.[9] 충청감사에게 제출된 의송단자에 나타난 서학과 왜상에 대한 비판 내용은 다음과 같다.

> 방금 서양 오랑캐의 學이 우리 나라에 들어와 뒤섞여 있고 왜놈 우두머
> 리의 毒이 외진에 도사리고 있으니 망극할 일이며, 음흉하고 거억하는
> 싹이 임금님의 수레 바로 밑에서 일어나고 있으니 이것이 바로 우리들
> 이 절치부심하는 일이다. 심지어 왜놈 상인들은 각 항구를 두루 통하여
> 싸게 사서 비싸게 팔아 얻는 이익을 저들이 마음대로 하니 돈과 곡식이
> 마르고 백성들이 지탱하고 보전하기 어렵다. 심복같은 땅과 연후같은
> 장소의 관세 및 시장세와 산림과 천택의 이익마저 오로지 바깥 오랑캐
> 에게로 돌아가니 이것이 또한 우리들이 손을 어루만지며 눈물을 흘리
> 는 바이다.[10]

여기에 나타난 척왜양 의식은 1892년 11월의 삼례교조신원운동에서, 그리고 1893년 2월 광화문교조신원운동 단계와 3월의 보은 척왜양창의운동, 그리고 1894년의 동학농민혁명 단계에서도 한 결 같이 강조된다.

왜양을 강하게 배척하고 동학금단을 구실로 한 전재수탈을 금해줄 것을 요구한 의송단자를 받은 충청감사는 10월 22일 "동학을 금하고 금하지 않는 것은 오로지 조가(朝家)의 처분에 달린 것이므로 감영에서는 단지 조가의 명령을 따라 시행할 뿐이므로 감영에 와서 호소할 일이 아니라"고 답변하였다. 그리고 10월 24일에는 각 군현 수재들에게

---

9 원래 동학의 척왜양 의식은 1860년에서 1863년 사이에 최제우가 지은 『동경대
  전』과 『용담유사』 등의 저작 속에 잘 드러나 있었다.
10 「각도동학유생의송단자」; 『한국민중운사자료대계 : 동학서』, 여강출판사,
  1986, 64~65쪽.

동학을 금한다는 핑계로 토색하는 행위를 금하는 조치를 담은 감결(甘結)을 하달하였다.[11]

충청감사의 감결은 실제로는 기만적인 것이었지만 30년 동안 탄압과 지목에 시달려 온 최시형으로서는 동학 금단을 구실로 한 수령, 이서, 토호배들의 수탈행위를 금하겠다는 충청감사의 조치에 대하여 일정한 성과를 거둔 것으로 평가하였다. 충청감사 조병식에게 '각도동학유생의송단자(各道東學儒生議送單子)'라는 청원서를 제출함으로써 시작된 공주교조신원운동은 집단적인 정소(呈訴) 형식 덕분에 희생자가 없었다. 비록 '교조의 신원'이란 원래 목적은 달성하지 못했지만 동학교도에 대한 관리의 탐학을 금한다는 감결을 얻어냄으로써 동학교단 지도부는 상당히 고무되었다. 그리하여 공주교조신원운동 이후 전개될 삼례 교조신원운동을 비롯하여 광화문교조신원운동, 보은 척왜양창의운동 등 일련의 집회를 연달아 개최하는 계기를 마련했다는 점에 그 의의가 크다.

공주교조신원운동에서 충청감사로부터 '지방관들의 동학금단을 구실삼은 토색을 금한다'는 감결을 얻어낸 동학교문은 크게 고무됐다. 공주교조신원운동의 성과를 적극적으로 평가한 교단 지도부는 충청도와 함께 탄압이 극심했던 전라도에서도 교조신원운동을 전개함으로써 충청감영에서 얻어낸 성과들을 전라감영에서도 얻어낼 수 있을 것으로 기대하였다. 이에 최시형 등 교단 지도부는 교통이 편리한 삼례역을 집결 장소로 택하였다.

---

11 「각도동학유생의송단자」.

2) 삼례의 교조신원운동

전라도 삼례에 집결하라는 동학 지도부의 동원령이 담긴 경통[12]은 1892년 10월 27일(음력) 밤 호남 삼례도회소 명의로 각 포에 발송되었다. 이 경통은 '금영(錦營)에 억울함을 호소하였으니 완영(完營)에 의송단자를 내는 것 또한 천명'[13]이라 하여 삼례교조신원운동의 목적을 밝히는 한편, '모임에 달려오지 않으면 별단의 조치를 마련함은 물론이요 하늘로부터 죄를 받을 것'[14]이라며 교인들의 참여를 독려하였다. 그리하여 10월 29일부터 각지에서 몰려들기 시작한 동학교인들은 11월 1일에 이르러서는 수천을 헤아리게 되었다.[15]

11월 2일 강시원·손천민 등은 최시형의 재가를 받은 '각도유생의 송단자'를 전라감사 이경직에게 제출하여 대선생[16]의 원한을 풀어 주도록 간청하였다. 이 의송단자에서 동학교도들은 "최제우 선생이 상제의 명을 받아 유불선 삼도를 합해 하나로 만들어 한울님을 지성으로 섬기며 유교로서는 오륜을 지키며 불교로서는 심성을 다스리고 선도로는 질병을 제거케 했다"[17]며 동학의 정당성을 천명한 뒤, 수운 최제우가 무고한 죄명으로 처형된 지 30년이 지나도록 그 억울한 죽음을 풀어 동학을 떳떳이 세상에 창명할 수 없었던 한을 호소하였다.

---

12 동학교단 지도부와 각 지역의 包와 接, 또는 포와 포, 접과 접끼리 중요사항을 전달하기 위하여 발했던 通文을 말한다.

13 「경통」.

14 「경통」.

15 이 때의 참여 규모를 『천도교서』는 "11월 1일 각지 두령이 포내 도인들을 솔하고 參禮驛에 赴하니 그 參會者 수천인이라"하였고, 『천도교회사초고』는 "11월 3일에 각지 두령이 포내 도인을 솔하고 삼례역에 會集한 자 수천이라"고 전하고 있다.

16 당시 동학교도들이 교조 최제우를 존칭하여 부르던 호칭.

17 「각도동학유생의송단자」.

또한 동학과 서학을 '빙탄의 관계'로 규정하고 동학을 "윤리도 없고 분별도 없는 서학과 더불어 차별 없이 취급하는 것은 불가하다"고 주장하면서 '서학의 여파로 간주, 유독 동학에 대해서만 힘을 기울여 배척하는 행위'의 온당치 못함을 지적하였다.[18] 뿐만 아니라 "열읍의 수령들이 빗질하듯 잡아 가두고 재산을 토취하여 쓰러져 죽는 자가 끊이지 않고 더불어 호민들마저 침학에 가담하여 도인(동학교도)들이 정처 없이 떠돌며 살 길이 없게 하고 있다"[19]며 동학에 대한 지방 수령과 토호들의 탄압과 이를 빙자한 토색을 고발하였다. 동시에 "서양 오랑캐의 학과 왜놈 우두머리의 독이 다시 외진에 들어 앉아 날뛰며 제멋대로 행하고 있다"[20]며 외세의 창궐을 강하게 경고하는 내용을 담아 공주교조신원운동에서도 주장한 척왜양의 의지를 강하게 드러내었다.

결국 의송의 요지는 동학은 서학을 배격하는 충군효친·광제창생·보국안민의 종교이므로 조정이 현실적으로 인정하는 여러 도에 대해 간여하지 않는 것과 마찬가지로 동학 포교의 자유를 공인해 달라는 것이었다.

그러나 동학교인들이 제출한 의송단자에 대해 전라감영은 침묵으로 일관하였다. 엿새가 지나도록 아무런 반응이 없자 삼례교조신원운동 지도부는 11월 7일경 독촉 의송을 다시 보냈다. 11월 9일에야 "너희 동학은 나라에서 금하는 바이다. 사람의 심성을 갖추고서도 어찌하여 정학(正學)을 버리고 이단을 좇아 스스로 죄를 범하는 것인가. 소장의 내용인즉 동학을 널리 포교토록 허용하기를 바랐으니 더욱 말이 되

---

18 「각도동학유생의송단자」.
19 「각도동학유생의송단자」.
20 「각도동학유생의송단자」.

지 않는다. 곧 물러가 모두 새 사람이 되어 미혹하는 일이 없도록 하라"[21]는 「제음(題音)」을 내렸다.

이러한 무성의한 「제음」은 동학교도들을 크게 자극하였다. 그러자 이경직은 11월 11일자 「감결」을 통해 '동학 금단(禁斷)을 빌미로 한 전재(錢財)의 수탈을 금하라'는 지시를 내렸다.[22] 11일자 「감결」은 동학을 공인하지 않은 채 교도들에 대한 지방수령들의 토색질을 금한다는 내용이었다. 충청감영에서 하달된 「감결」과 비슷한 요지였다.

이에 따라 동학교단 지도부는 11월 12일 완영도회소 명의의 「경통」을 내려 '도(道)는 비록 나타났으나 원(冤)은 아직 풀지 못했다'며 삼례교조신원운동의 제한적 성과를 내세우고 '법헌(法軒, 해월 최시형)의 지휘를 기다려 설원을 도모토록 고심하는 것이 도리'라고 밝히면서 '곧 귀가하여 길가에서 방황하지 않도록 하라'고 해산을 종용하였다.[23]

12일자의 「경통」은 또 "첫째, 처신과 행사는 도리에 합당했으니 이제부터 더욱 도리에 힘쓰자. 둘째, 삼례교조신원운동은 대의명분에 떳떳하다. 해월 선생이 직접 지휘하지 못한 것을 달리 생각하지 마라. 셋째, 이후 무단한 탄압이 있을 경우 소장 등을 제출하며 적극 대응하라. 넷째, 도리를 어기고 기강을 어지럽히는 자는 엄히 책망하라. 다섯째, 일찍부터 대의에 참여, 살림이 어려워진 교도들을 함께 도우라"[24]는 다섯 가지 행동강령도 하달하였다.

이로써 10여 일에 걸친 삼례교조신원운동은 공식적으로 막을 내렸

---

21 「제음」, 『한국민중운동사대계: 동학서』, 75쪽.
22 「감결」, 『한국민중운동사대계: 동학서』, 77∼78쪽.
23 「경통」, 『한국민중운동사대계: 동학서』, 78∼79쪽.
24 「경통」, 『한국민중운동사대계: 동학서』, 79∼80쪽.

고 임시로 설치됐던 완영도회소는 철수했다.

그러나 지도부의 공식 해산명령에도 불구하고 상당수 교도들은 해산하지 않고 있었다. 11월 19일자 북접도주 명의로 나온 통문이 이를 반증한다. 즉 '임금께 광화문교조신원운동할 계획을 다시 도모하려 하니 다음 조치를 기다려 달라' '서로 도와 떠돌아다니지 않도록 하여 합심해 이론이 없도록 하라'[25]는 경통 내용이 그 증거이다. 19일자 경통과 함께 21일자로 하달된 전라감영의 감결 또한 일부 교도들이 21일까지도 해산하지 않고 있었다는 사실을 확인시켜 주고 있다. '한글로 번역하여 널리 게시하라'는 당부까지 곁들인 두 번째 감결의 주된 내용은 '동학도들을 잘 타일러 편안히 살게 하며 읍속들은 토색질을 금하라'는 것이었으나 서두에서 '동학교들을 안접(安接)토록 할 것'을 다시 지시하고 있어[26] 이때까지 해산하지 않거나 다른 곳을 떠돌며 귀향하지 않은 교인들이 있었음을 짐작케 한다. 삼례교조신원운동이 지도부에 의해 11월 12일 공식 폐회됐다 할지라도 실질적인 해산은 21일 이후로 볼 수 있다.

삼례교조신원운동은 당시 동학교단 교주인 최시형이 직접 주도한[27] 조직적인 신원운동이었다. 노골적이고 집단적인 대중집회를 통해 동학의 공인 및 포교의 자유획득과 같은 '정치적 요구'를 달성하려 했으며, 교문 자체의 문제를 넘어 당시 민족적 현안이었던 '척왜양창의(斥倭

---

25 「경통」, 『한국민중운동사대계: 동학서』, 82쪽.
26 「경통」, 『한국민중운동사대계: 동학서』, 85쪽.
27 삼례교조신원운동 무렵 최시형은 경상도 상주 공성면 왕실에서 말을 타고 삼례로 출발하려다 낙상하여 실제 참석하지는 못하였다. 그러나 삼례교조신원운동을 지도한 손천민, 강시원 등은 최시형의 핵심 제자들로서 사실상 최시형의 명령을 그대로 수행하였다.

洋倡義)'의 실현까지를 언급했다는 점에서 삼례교조신원운동의 역사적 의의는 더욱 높이 평가받고 있다. 삼례교조신원운동은 또 집단적인 운동을 통해 일정한 성과를 얻어낼 수 있음과 동학교단과 일반민중과의 결합 가능성, 대중집회에 대한 실험 등을 성공적으로 타진함으로써 장차 동학농민전쟁의 징검다리로서의 의의를 갖는다.

공주와 삼례에서 개최한 동학교인의 신원운동은 당초 요구에 미치지는 못했지만 지방 수령들의 성과를 거두는 데 성공하였다. 동학교인들에 대한 부당한 침학행위를 말라는 공식적인 명령을 충청감사와 전라감사로부터 얻어낸 것이 바로 그것이다. 그러나 여러 자료들에 의하면 충청·전라 양 감영의 공문은 별 효과가 없었던 것으로 보인다. 동학의 공인문제와 교조의 신원문제가 근본적으로 해결되지 못했기 때문이었다. 이에 동학교단 지도부는 교도들을 더욱 조직화하여 중앙 조정을 향한 교조신원운동을 준비하기 시작하였다. 양 감영에서 모두 동학의 공인문제는 중앙 조정의 권한이라 언명하였기 때문이다.

3) 광화문의 교조신원운동

중앙 조정을 향한 광화문교조신원운동은 이미 삼례교조신원운동 단계에서 결정되어 있었다. 삼례교조신원운동를 결산하는 1892년 11월 19일자 동학 지도부의 경통(敬通)이 이같은 사실을 뒷받침한다. "임금님께 복합할 계획은 방금 상의해서 다시 도모하려 하니 다음 조치를 기다리라"[28]는 내용이 바로 그것이다. 이 경통 내용은 광화문 복소가 공주·삼례 신원운동의 연장선상에서 준비되었음을 보여 준다. 동학교

---

28 「경통」, 『한국민중운동사대계: 동학서』, 78~79쪽.

단 지도부는 우선 1892년 12월 6일경 광화문교조신원운동에 대비한 도소를 충청도 보은 장내리에 설치하였다. 12월 6일 도소를 설치하였다는 사실이 실린 『본교역사』에 의하면, "당시 도소를 설치하자마자 각지로부터 오는 교도의 수가 폭주하여 영송(迎送)과 사무처리가 폭주했다"[29]고 전한다.

광화문교조신원운동은 이같이 몰려드는 민중들로 새로운 방향을 모색하지 않으면 안 되었다. 동학지도부는 1차적으로 도소에 몰려드는 교도들을 통제하기 위해 12월 6일자로 도소출입을 제한하는 경통을 보냈다. 그러나 광화문교조신원운동은 쉽게 실행되지 못했다. 광화문교조신원운동에 대한 지도부의 의견이 통일되지 않았고 광화문교조신원운동 계획에 대해 최시형의 허락도 얻지 못했기 때문이었다. 또한 광화문교조신원운동의 성과가 어떻게 나타날 지 알 수 없는 상태였고 광화문교조신원운동을 전후한 탄압을 예상했기 때문이었다.

이 같은 상황에서 동학 지도부는 12월 중순께 서울로 직접 올라가지 않고 중앙 조정에 소장을 올렸다. 첫머리에서 "도(道)란 사람으로서 다같이 행할 바를 이름한 것이니 사(邪)가 있고 바름이 있으며 같음이 있고 다름이 있는 것은 모두가 사리를 바르게 구한 것이니 헛된 판단만이라 할 수는 없다"[30]고 「조가회통(朝家回通)」,[31]이라는 상소장에서 지도부는 동학(東學)이 이단이 아님을 역설하고 충청도·전라도 지역에서 관리들의 탐학을 열거하면서 조정의 공평한 조처를 요청하였다.

동학의 정당성을 주장하고 관리들의 탐학금지를 요구하는 이같은

---

29 『본교역사』, 포덕 33년조.
30 「조가회통」, 『한국민중운동사대계: 동학서』, 87쪽.
31 명칭 그대로라면 '조정이 어떤 글에 대한 답을 내린 글'이라는 뜻이지만 내용을 보면 동학 도소에서 조정에 보낸 소장임을 알 수 있다.

상소에 대답이 없자, 동학 지도부는 상경투쟁인 광화문교조신원운동을 본격적으로 준비했다. 그리하여 1893년 1월 청주(淸州) 송산(松山)에 있던 손천민(孫天民)의 집에 봉소도소(奉疏都所)가 설치되었다.[32] 봉소도소의 임원은 강시원(姜時元)·손천민(孫天民)·손병희(孫秉熙)·김연국(金演局)·서병학(徐丙鶴) 등이 주축을 이루었다. 이들은 광화문교조신원운동 계획을 각 지역에 알린 다음, 2월 초순경 서병학을 먼저 서울로 보내 도소(都所)를 정하는 문제와 숙소 문제를 해결하도록 했다. 서병학 외 다른 지도자들은 2월 8일 과거보러 올라가는 선비차림으로 분장하여 일제히 상경했다.

이 무렵 서울에는 동학교인 수만 명이 외국인을 몰아내기 위해 상경한다는 소문이 널리 퍼졌다. 광화문교조신원운동 당시 상경한 동학도의 수는 분명치 않다. 수만 명이라는 기록도 전하지만 당시 일본 『도쿄니치니치신문(東京日日新聞)』이 게재한 수백 명 정도가 상경한 것으로 보인다.[33]

광화문교조신원운동은 2월 11일부터 시작됐다. 광화문 앞에 출두하여 복소한 인원에 대해서도 여러 설이 있다. 9명에서부터 80여 명에 이르기까지 분분하지만 대체로 동학지도부의 주요 인물들과 중견 동학지도자 40여 명이 광화문교조신원운동에 나선 것으로 확인되고 있다.

박광호를 소수로 한 광화문교조신원운동 참여자는 13일까지 3일동안 상소문을 붉은 보자기에 싸서 상을 받들고 광화문 앞에 나아가 엎드려 호소했다. 상소 절차의 잘못을 들어 상소 접수조차 거부하던 중

---

32 「권병덕자서전」, 「천도교회사초고」, 포덕 34년조.
33 『東京日日新聞』, 1894년 4월 19일자.

앙정부는 14일 '집으로 돌아가 생업에 안주하면 원하는 바를 따라 해주겠다'는 내용의 전교를 내렸다. 정6품의 관원인 사알(司謁)이 전한 이같은 대답은 해산명령과도 같은 통고였다.

1892년 10월부터 전개해 온 신원운동은 광화문교조신원운동에서 아무런 성과를 얻지 못함으로써 원점에 서게 되었다. 오히려 소두 박광호를 잡아 들이라는 왕의 명령으로 동학교인들은 더욱 가혹한 탄압을 받게 됐다. 그러나 이 같은 외형적인 별무성과에도 광화문교조신원운동은 동학교인들의 역사적 자각을 불러일으키게 했으며 향후 투쟁방향의 새로운 전환을 준비할 필요성을 인식하게 되었다.

광화문교조신원운동 직후 경향에서는 척왜양운동이 거세게 일어났다. 서울의 외국 공관과 교회당에 외국인을 배척하는 괘서가 나붙었으며 지방 관아에도 외국인을 배척하는 방문이 게시되었다. 특히 미국인 선교사 기포드의 학당에 붙은 괘서를 시작으로 한 달 여동안 서울에서 잇따라 발생한 척왜양 방문 게시사건은 당시 국내외에 커다란 파문을 일으켰다. 특히 광화문교조신원운동 이전부터 수만 명의 동학교도들이 외국인을 배척하고 몰아내기 위해 상경한다는 소문이 널리 퍼져 있던 상황에서 외국인들을 더욱 불안과 공포에 떨게 만들었다.

서울주재 외국공관에서는 유사시에 대비하여 본국과 연락을 취하고 자국민의 피난을 고려하는가 하면 조선정부에 대책을 촉구하는 등 부산한 움직임을 보였다. 대내외적으로 큰 파문을 던진 이같은 척왜양 방문 게시사건을 주도한 세력은 과연 누구이며 일련의 교조신원운동과는 어떤 관련을 맺고 있는가. 또 1894년 동학농민혁명의 전면에 내세워진 '척양척왜(斥洋斥倭)'의 주장과는 어떤 연결고리를 갖는가. 이같이 제기되는 여러 의문은 척왜양방문 게시사건을 주도한 주도세력 문제와 관련지어 최근 학계의 가장 뜨거운 쟁점의 하나로 떠오르고 있다.

지금까지 알려진 서울에서의 척왜양방문은 미국인 선교사 집에 붙은 두 건과 프랑스·일본 공사관에 나붙은 각 한 건의 방문이 전부이다. 모두 한문으로 기록된 이들 괘서는 내용상 서양의 기독교 침투와 일본의 세력확장에 강한 증오심을 담고 있다.

첫 괘서는 광화문교조신원운동이 해산한 다음 날인 1893년 음력 2월 14일 밤 미국인 선교사 기포드 학당의 문에 붙었다.

> "아, 슬프도다. 소인배들은 이 글을 경건히 받을지어다. 헤아려 보면 우리 동방의 나라는 수천 년 예의와 범절의 나라였노라. 이러한 예의지국에 태어나 이 예의를 행하기에도 오히려 겨를이 없거늘 항차 다른 가르침을 생각하겠는가. (중략) 우리 도의 근원은 하늘에 나서 밝은 하늘의 뜻을 천하에 비치니 감히 날뛰면서도 도를 능멸할 수 있는가. 세상을 一致할 도는 理致중에 있으니 어떻게 조심하지 않으랴. 소인배들은 대도를 함께 하여 사람마다 그 書冊을 불태우면 혹시 만의 하나라도 살 수 있는 길이 있을지 모르겠다."[34]

'백운산인(白雲山人) 궁을선생(弓之先生)'이라 하였을 뿐 정확한 이름을 밝히지 않은 채 붙은 이 방문은 기독교를 믿는 조선인들에게 경고한 글로 보여 진다. 기독교를 배척하는 방문은 이어 같은 달 18일 미국인 존스의 집 교회당에도 붙었다. "교두(敎頭) 등을 효유하노라"로 시작되는 이 방문은 그 말미에 "너희들은 빨리 짐을 꾸려 본국으로 돌아가라. 그렇지 않으면 충신인의(忠信仁義)한 우리는 갑옷·투구·방패를 갖

---

34 『구한국외교문서』10 : 미안, 고종 30년 2월 18일(高麗大 亞細亞問題研究所, 1967), 718~719쪽.

추어 오는 3월 7일에 너희들을 성토하겠노라"[35]라는 내용이 들어 있어 외국인들을 공포로 몰아넣었다.

또 프랑스공관에도 같은 달 20일을 전후해 비슷한 내용의 괘서가 붙었다. 만일의 경우에 대비 프랑스 공사는 본국에 병선 세 척의 파견을 요청했고, 병선이 인천항에 대기중이라는 기록이 전한다.[36] 1893년 3월 2일 일본공사관 앞 벽에도 방문이 나붙었다. "일본 상려관은 펴보아라"로 시작된 이 방문은 "아직도 탐욕스런 마음으로 다른 나라에 웅거하여 공격하는 것을 으뜸으로 삼아 혈육을 본업으로 삼으니 진실로 무슨 마음이며 필경 어찌하자는 것인가. (중략) 하늘은 이미 너희들을 증오하며 스승님은 이미 경계하였으니 안위(安危)의 기틀은 너희가 취함에 달려 있다. 뒤늦게 후회하지 말고 빨리 너희 나라로 돌아가라"[37]라고 하여 당시 일본의 침략을 경고하고 있다.

이상과 같이 광화문교조신원운동을 전후하여 방문 게시를 통해 척왜양운동을 이끈 세력은 과연 누구일까. 방문 자체가 모두 익명으로 된 데다 당시의 척왜양 의식은 어느 한 계층에 한정되지 않고 조선사회 전반에 자리잡고 있었다는 점에서 주도세력을 지목하는 데 어려움을 겪고 있다. 현재까지 학계에서는 대체로 세 가지 가능성이 점쳐지고 있다. 첫째 동학교단 지도부가 광화문교조신원운동과 병행하여 벌였을 가능성, 둘째 동학교단 내의 혁신세력이 독자적으로 주도했을 가능성, 셋째 동학과는 별개의 세력들이 벌인 척왜양운동일 가능성 등이 그것이다. 당시의 동학교단 지도부가 척왜양 방문 게시사건을 주도한

---

35 『구한국외교문서』10 : 미안, 고종 30년 2월 19일, 719쪽
36 김윤식, 『속음청사』상, 계사 2월 24일조, 257쪽.
37 『구한국외교문서』2 : 일안, 고종 30년 3월 2일, 385쪽.

세력일 것이라고 이해하는 입장은[38] 동학사상과 동학교단 안에서 일관되게 주장되어 온 척왜양의식을 강조한다. 특히 공주와 삼례교조신원운동 단계에서 강하게 표출된 척왜양 의식을 기반으로 동학지도부가 광화문교조신원운동과 병행하여 배외운동을 벌였으며, 이후 보은 장내리에서 '척왜양창의'의 깃발로 올려졌다는 입장이다. 동학지도부는 그동안 지방관리들의 탐학행위는 직접 체험했으나 외국세력의 위협은 현실적으로 느끼지 못했다. 광화문교조신원운동을 위해 상경한 뒤 비로소 외세의 위협을 실감한 지도부는 보국안민의 절박한 역사의식에서 배외운동을 제기했다고 보는 것이다.

이와 함께 광화문교조신원운동 직후 일어났다든지, 동학을 지칭하는 것으로 보이는 문구가 방문 내용 여러 군데에서 발견되고 있다는 점도 그 근거가 되고 있다. 둘째 1893년 3월의 척왜양운동을 주도한 세력에 관한 또 하나의 입장은 동학의 혁신파를 지목하는 견해이다. 동학 내에 지도부와 다른 성격의 혁신세력이 당시 이미 존재했음을 전제로 한 이 같은 견해는 종래 학계의 가장 많은 지지를 받았다. 이는 온건한 방법의 광화문교조신원운동 대신 실력 대결을 주장했던 서병학 등 혁신파가 지도부의 제지에 뜻을 이루지 못하고 복소와는 별도로 배외운동을 벌였다는 것이다. 이 같은 견해는 천도교 일부 자료에 "서인주·서병학은 상소하여 진정할 뜻이 없고 교인으로 하여금 병복(兵服)을 바꿔 입도록 하고 병대와 협동하여 정부 간당을 소탕하고 조정을 크게 개혁하기로 결정하였는지라. (중략) 신사(최시형)가 이에 부당함을 책하였다"[39]는 데 근거를 두고 있다.

---

38 장영민, 『동학의 정치사회운동』, 경인문화사, 2004, 185~187쪽.
39 이돈화, 『천도교창건사』(제2편), 53쪽.

이 견해에 대해서는 서병학이 광화문교조신원운동을 비롯한 신원운동을 처음부터 주도하였고 보은 장내리에서 금구 모임을 비난한 말, 무력침입의 시기적 폭발성을 들어 비판되고 있다. 또 당시 조선주재 일본 변리공사가 본국에 보낸 외교문서 등에 근거, 서울에서의 척왜양 방문 게시사건이 전라도 지방의 동학의 여러 갈래가 중심이 됐다고 주장하는 견해도 있다.[40] 즉 여러 갈래의 동학교인들이 척왜양 방문을 게시하고, 괘서에 나오는 3월 7일 서울에서의 왜양 성토를 시도했으며 이를 위해 지방에서의 상경 움직임이 조직적으로 이루어졌음을 여러 자료에서 보여준다고 설명하고 있다.

이 같은 일련의 과정에서 하나의 세력으로 응집되어 이후 금구에서 독자적인 취당을 갖는 세력으로 성장했으며, 그 지도자가 전봉준이라는 것이다. 셋째 척왜양 방문 게시사건이 동학교단의 광화문교조신원운동 직후에 일어났고, 동학교인이 상경하여 외국인을 습격할 것이라는 소문을 근거로 동학교인들이 중심이 된 척왜양 사건으로 단정하는 것은 무리라는 견해도 나오고 있다.[41]

이와 관련 광화문교조신원운동을 계기로 동학과는 별도의 광범위한 배외세력들을 결집하여 일으킨 배외운동일 가능성에 대한 검토가 필요하다는 것이다. 당시 조선사회는 프랑스와 미국 선교사들의 거리낌 없는 활동, 방곡령에 따른 일본의 배상요구, 청·일상인들의 조선 상권의 잠식 등으로 외세에 대한 일반인들의 반감이 팽배해 있던 점에서 충분한 개연성이 있다는 주장이다.

---

40 정창렬, 「동학교문과 전봉준 관계-교조신원운동과 고부민란을 중심으로」, 『19세기 전통사회의 변모와 민중의식』, 고려대학교, 1982를 참조.
41 배항섭, 『조선후기 민중운동과 동학농민전쟁의 발발』, 경인문화사, 2002, 206~221쪽.

외세에 대한 조선사회의 반감은 괘서사건이 발생하기 전에 이미 화적들의 외국상인 습격이나 중국 상인 점포에 대한 방화, 1890년 서울 상인들의 집단적인 동맹철시투쟁으로 나타났다는 점에서도 일반세력의 가능성을 배제할 수 없다는 것이다. 척왜양 방문 게시사건의 주도세력을 놓고 이처럼 해석이 엇갈리고 있는 것은 이를 뒷받침할 만한 결정적 자료가 없기 때문이다. 이 같은 각 입장 차이는 직접적인 근거 대신 어디까지나 가능성에 머무르고 있다.

11.
척양척왜의 깃발을 든 창의운동

1) 동학교단의 척왜양 인식

광화문교조신원운동을 위해 최시형은 보은 장내에 도소를 설치한 바 있었는데, 각지의 교인들이 이곳으로 몰려들었다. 이들은 관의 탄압으로 삶의 근거지를 잃고 사방으로 떠돌던 교인들로 도소가 있는 곳이 보다 안전하다고 생각했기 때문이었다. 또한 무리를 지어 다니는 것보다 한 곳에 집결함으로써 연대의식[1]을 통해 큰 힘을 발휘할 수 있다는 것을 이미 경험한 바 있기 때문이다.

동학교단 최고지도자 최시형은 1893년 3월 10일 수운 최제우 환원 향례를 마친 후 손병희, 이관영, 이원팔, 임정준 등 교단지도부의 의견을 받아들여 보은 척왜양운동을 개최하기로 결정하였다. 이들은 스승의 신원을 아직 펴지 못하였고 상소 후 하등의 칙교가 없을 뿐만 아니라 관의 지목이 오히려 가중됨에 따라 교인의 생명과 재산을 보존하기 어려움을 전달하였다. 그리고 그 대책을 요청하자 최시형은 "각처에 발문(跋文)하여 도인으로 하여금 (보은 장내에) 재회(齊會)케 하라"고 지시하였다.[2] 그

---

1 김용환, 「동학교조신원운동과 동학농민혁명의 상관연동」, 『동학학보』 25, 동학학회, 1912, 25~26쪽.
2 이돈화, 『천도교창건사』(제2편), 54~55쪽.

리고 즉시 전국 각지의 접주들에게 관내 교인을 지도하여 보은 장내로
집결하도록 통유문을 띄웠다.[3] 통유문의 내용은 다음과 같다.

> (전략) 우리나라가 단군 기자 이래 예의지국인 것을 천하가 다 알고 있
> 으나, 근자에 이르러 안으로는 덕을 닦아 바르게 다스리는 정사가 미거
> 하고 밖으로는 침략 세력이 더욱 떨치고 있다. 관리들은 매우 포악하여
> 제멋대로 권력과 부를 행사하며 강호들은 다투어 토색질을 하니 기강
> 이 문란해졌다. (중략) 우리들은 사문지화의 틈바구니에서 살아남았으
> 나 스승의 억울함을 아직 풀지 못하여 장차 때가 오기만을 기다릴 뿐이
> 다. (중략) 이데 다시 큰 소리로 원통한 일을 진정하고자 포유하니 각포
> 교인들은 기한을 맞추어 일제히 모여라. 하나는 위도존사(衛道尊師)이
> 며 하나는 보국안민(輔國安民)의 계책을 마련하고자 한다.[4]

보은 척왜양운동은 스승의 억울함을 씻어 줄 신원 즉 '위도존사'와
침략 세력으로부터 나라를 보호하고 백성을 편안하게 할 '보국안민'이
그 목적이었다. 이와 함께 다음날 보은 관아 삼문 앞에 보은 척왜양운
동을 알리는 방문을 게시하였다.

> (전략) 지금 왜(倭)와 서양이라는 적이 마음속에 들어와 큰 혼란이 극
> 에 달하였습니다. 진실로 오늘날 나라의 도읍지를 살펴보면 마침내 오
> 랑캐들의 소굴이 되어있습니다. 가만히 생각하건대 임진왜란의 원수와
> 병인양요의 수치를 어찌 차마 말할 수가 있으며, 어찌 차마 잊을 수가
> 있겠습니까?
> 지금 우리 동방 삼천리강토는 모두 짐승의 자취로 가득하고, 5백년 종

---

3 『천도교회사초고』(제2편), 포덕 34년조.
4 『천도교회사초고』(제2편), 포덕 34년조.

묘사직은 장차 기장밭 서직(黍稷) 또는 서리지탄(黍離之歎)이 될 것이
니, 인(仁)·의(義)·예(禮)·지(智)와 효(孝)·제(悌)·충(忠)·신(信)은 지
금 어디에 남아 있습니까? 하물며 왜적은 도리어 원한의 마음을 품고
재앙이 될 빌미를 숨겼다가 그 독기를 뿜어내고 있어, 위급함이 아침저
녁으로 다가오고 있습니다. 그런데도 태연하게 생각하여 편안하다고
말하니, 지금의 형세는 어찌 불이 붙은 장작더미 위에 앉아 있는 것과
다르다고 하겠습니까?

저희들은 비록 초야에 있는 어리석은 백성이지만, 그래도 선왕의 법을
따르면서 임금의 땅을 경작하고 부모를 봉양하며 살고 있으니, 신하와
백성을 구분하여 귀하고 천한 것에는 비록 차이가 있더라도 어찌 충성
하고 효도하는 것에 다름이 있겠습니까? 원컨대 미약한 충성이나마 나
라에 바치고자 하나 위에 알릴 길이 없습니다.(후략)[5]

그런데 보은 척왜양운동을 알리는 방문은 기존의 교조의 신원보다
는 척왜양을 분명하게 밝히고 있다. 이는 대내적으로는 신원이 우선이
지만, 대외적으로는 보국안민을 위한 척왜양임을 앞서 세 차례의 신원
운동을 통해 인식하였기 때문이다. 또한 척왜양이라는 명분을 통해 정
부와 유림으로부터 동학을 공인받고자 하는 것이었다.[6]

한편 동학교단으로부터 통유문을 받은 각지의 교인들은 다음날인
3월 11일에 이미 수만 명[7]이 모여들었다.[8] 이는 그만큼 교조의 신원을

---

5 「취어」, 19쪽.
6 박찬승, 「1892, 1893년 동학교도들의 '신원'운동과 '척왜양' 운동」, 361쪽.
7 척외양운동에 모여든 동학교인의 수는 기록마다 다양하다. 『율산일기』에는 10
만 명, 『오하기문』에는 8만 명, 어윤중 「장계」와 「취어」 그리고 천도교단 기록은
수만 명, 『속음청사』에는 2만 7천 명과 7만여 명, 『일본외교문서』에는 2만 3천
명, 「광서조중일교섭문서」에는 2만 7천 명으로 나와 있다. 그리고 「면양행견일
기」에는 '7만여 명'이라고 하였다. 그러나 대체로 척외양운동에 모인 동학교인
은 3만 명 정도로 추산하고 있다.
8 관변기록 기록에는 '3월 13일'로 되어 있지만, 이미 보은에 도소가 설치되어 있

통한 '동학 공인'이 절실하였음을 알 수 있다. 그럼에도 불구하고 최시형은 3월 16일 교인들을 소집하는 두 번째 통유문을 띄웠다.

지금 이렇듯 왜와 서양을 배척하는 의리는 충성과 의기가 있는 선비와 백성[士民]이라면 누가 감히 옳지 않다고 하겠는가? 비록 충성과 의리는 같더라도 도인(道人)과 속인(俗人)은 아주 달라 뒤섞여 함께 앉아 있을 수 없으니, 각각 좌석을 나누어서 활발하게 거사할 것을 의논해야 하며, 그밖에 우매하고 지각없이 다만 농사일을 하는 사람은 농업에 힘쓰는 것이 옳다. 오로지 놀면서 그럭저럭 세월만 보내다가 갑자기 큰일을 포기하겠는가? 이와 같이 삼갈 것을 명령한 이후에도 한결같이 따르지 않는 사람은 마땅히 군율로 다스리고, 게시한 글을 명확히 살펴 시행하는 것을 위반하지 않도록 해야 한다.

이 통문을 보내는 것은 무릇 사람의 도(道)가 중(中)에 위치하여 천시(天時)를 받들고 땅의 이치에 순응함으로써 위를 섬기고 아래를 기르라는 것이다. 자식 된 사람은 힘을 다해 어버이를 섬기고, 신하가 된 사람은 절개를 세워 나라를 위해 죽는 것이야말로 인륜(人倫) 중에서도 가장 큰 것이다. (중략)

충과 효를 행할 곳에 뜻을 세워 죽기로 맹세한 것이 변하지 않고, 가정을 정돈하고 나라를 다스리는 마음으로 책무에 임하는 사람이 얼마나 될지 모르겠다. 하물며 왜적은 해와 달을 함께 할 수 없고 하늘과 땅을 함께 할 수 없는 원수인데, 짐승과 같은 무리에게 심한 모욕을 당하고 있으니 또한 차마 무슨 말을 하겠는가? 바야흐로 지금 나라의 형편은

었고 광화문교조신원운동 이후 대부분의 동학교인들은 곧이어 보은에서 신원운동을 계속할 것이라고 예상하고 있었다. 이러한 가운데 보은 장내리와 가까운 지역에서는 이미 통유문이 내린 익일인 3월 11일부터 모여들었을 것으로 추정된다. 더욱이 보은에 도소가 설치된 1893년 1월에도 이미 적지 않은 교인들이 모인 바 있으며, 이들은 교조의 신원을 강력하게 요구하였다. 이에 해월 최시형은 광화문교조신원운동을 지시하였다.

거꾸로 매달린 것과 같은 위급한 상황인데 아직도 그 해법을 모르고 있으니 나라에 사람이 있다고 할 수 있겠는가? (중략)

지금 우리 성상께서는 순수한 덕과 인자한 너그러움으로 모든 사무를 살펴보시는데, 안으로는 현명하고 어질게 보좌하는 신하가 없고, 밖으로는 뛰어나고 용감한 장수가 없어, 밖으로 적들이 틈을 타서 기회를 엿보며 아침저녁으로 위협하고 있다.

삼가 원하건대 여러 도인과 선비들은 한 마음으로 뜻을 같이하여 요망한 기운을 깨끗이 쓸어버리고, 종묘사직을 극복하여 다시 빛나는 해와 달을 볼 수 있게 하는 것이 어찌 선비와 군자들이 충성을 하고 효도를 하는 도리가 아니겠는가? 어질다[仁]는 것은 낳아서 기르는 봄날과 같고, 의롭다[義]는 것은 거두어서 저장하는 가을과 같다. 지혜롭고 어진 것[智仁]이 비록 좋은 덕이기는 하지만 용기가 아니면 도달할 수 없으니, 삼가 원하건대 여러 군자들은 본연의 의리와 기개에 힘써 이 나라에 큰 충성과 큰 공적을 세운다면 매우 다행이겠다.[9]

이러한 상황에서 보낸 두 번째 통유문에는 교조신원은 구체적으로 드러나지 않고 오히려 '왜적은 해와 달과 함께 할 수 없고 하늘과 땅이 함께 할 수 없는 원수'라고 하였다. 즉 왜와 서양을 배척하는 의리로써 척왜양을 강조하였다.

2) 보은 장내와 척왜양창의운동

동학교인들은 낮에는 후동 천변에 진을 치고 밤에는 도소가 있는 장내리와 인근 동리의 민가에 유숙하였다. 또한 이들은 산 아래 평지에 성을 쌓았다. 길이는 1백보, 넓이도 1백보, 높이는 반장 남짓하였으

---

9 「취어」, 26~28쪽.

며 사방으로 문을 내었다.[10] 성이 완성되자 최시형은 모여든 교인을 보다 원활하게 통솔하기 위해 보은 장내리에 대도소를 설치하였다. 뿐만 아니라 성 안에 머물면서 큰 기를 내세우게 하고 대오를 정비하는 등 점차 조직을 정비하였다.

'척왜양창의'라고 쓴 큰 깃발이 세우는 한편 참가 지역을 표시하는 충의(忠義), 선의(善義), 상공(尚功), 청의(淸義), 수의(水義), 광의(廣義), 홍의(洪慶), 청의(靑義), 광의(光義), 함의(咸義), 중의(竹義), 진의(振義), 옥의(沃義), 무경(茂慶), 용의(龍義), 황풍(黃豊), 김의(金義), 충암(忠岩), 강경(江慶) 등의 글자를 쓴 오색 깃발이 무수히 휘날렸다.[11] 동학교인들은 낮에는 주문을 외우고 밤에는 장내리 부근에서 숙박을 하였다.

이처럼 각지에서 교인들이 모여들자 최시형은 유력한 지도자들을 대접주로 임명하는 한편 포명을 부여하였다. 당시 대접주와 포명은 다음과 같다.

> 충의포 대접주 손병희
> 충경포 대접주 임규호
> 청의포 대접주 손천민
> 문청포 대접주 임정준
> 옥의포 대접주 박석규
> 관동포 대접주 이원팔
> 호남포 대접주 남계천
> 상공포 대접주 이관영

---

10 「취어」, 22쪽.
11 「취어」, 22쪽. 이들 깃발의 지역명은 水義는 수원, 振義는 진위, 龍義는 용인, 光義는 광주 등으로 구분하고 있다.

보은포 대접주 김연국

서호포 대접주 서장옥

덕의포 대접주 박인호

금구포 대접주 김덕명

무장포 대접주 손화중

부안포 대접주 김낙철

태인포 대접주 김기범(김개남)

시산포 대접주 김낙삼

부풍포 대접주 김윤석

봉성포 대접주 김방서

옥구포 대접주 장경화

완산포 대접주 서영도

공주포 대접주 김지택

고산포 대접주 박치경

청풍포 대접주 성두환

내면포 대접주 차기석

홍천포 대접주 심상훈

인제포 대접주 김치운

예산포 대접주 박희인

정선포 대접주 유시헌

대흥포 대접주 이인환

덕산포 대접주 손은석

장흥포 대접주 이방언

아산포 대접주 안교선[12]

---

12 이들 포명과 대접주는 『천도교서』, 『시천교종역사』, 『천도교회사초고』, 『동학
   사』, 『갑오피난록』, 『천도교창건사』 등을 정리한 것이다.

이들 포명을 볼 때 당시 동학 조직이 있었던 경상도를 비롯하여 강원도, 충청도, 전라도, 경기도 등 북쪽을 제외한 거의 전 지역에서 보은집회에 참여하였음을 알 수 있다.

이처럼 동학교인들이 각지에 몰려들자 보은군수 이중익은 조정에 보고하는 한편 공형들을 동학대도소로 보내 자신의 관내에서 발생한 폐해를 들어 집회 해산을 요구하였다. 그러나 동학교단은 이를 거부하였다.[13] 결국 보은군수 이종익은 직접 대도소를 찾아와 "동학을 금지하고 단속하라는 일을 조정의 칙령과 감영의 공문으로 여러 차례 엄중하게 보냈는데, 일제히 돌려보내지 않고 무리들을 불러 모아 이러한 도회를 거행한 것은 진실로 조정의 칙서를 완강하게 거부하는 것이고, 큰 변괴와 관련된 것이니, 각각 뉘우치고 깨달아 즉시 해산하여 스스로 죄에 빠지지 않도록 하라"을 명령하였다. 이에 이번에도 동학교단은 "창의한 것은 결코 다른 이유는 없고, 오로지 왜와 서양을 배척하기 위한 의리이니, 비록 순영(巡營)의 칙령과 주관(主官, 보은수령)의 설득이 있어도 중단할 수가 없습니다"하면서 보은군수의 해산 명령도 거부하였다.[14]

이처럼 보은군수가 계속 해산을 종용함에 따라 동학교단은 교인들의 동요를 막기 위해 노력하였다. 그리고 이를 위해 방문을 내걸었다.

> 무릇 왜와 서양이 짐승같이 천하다는 것은 우리나라 삼천리에서는 비록 작은 어린아이라도 그것을 모르지 않아 경계하지 않는 사람이 없는데, 어찌하여 순상(巡相, 감사)과 같이 나이가 많고 성숙하며 명석하게

---

13 「취어」, 20~21쪽.
14 「취어」, 23쪽.

살피는 분이 도리어 왜(倭)와 서양을 배척하는 우리들을 사악한 무리라고 하는가? 그렇다면 우리들이 짐승같이 천한 자들에게 굴복하는 것이 바른 무리이겠는가? 왜와 서양을 공격하는 선비들을 잡아 가두어 처벌한다면 화의를 주장하고[主和] 나라를 팔아먹는 자들은 높이 상을 주어야 하는가?

오호라. 애통하도다! 운명인가? 천명인가? 어찌 우리 순상과 같은 명석함으로도 이같이 명확하게 구별하지 못함이 심한가? 이 통문을 거리에 게시하는 것은 혹시 미혹된 자들이 왜와 서양에 신하노릇 하면서 관(官)의 명령에 순종할까 두렵기 때문이다.[15]

즉 동학교단은 '척왜양'을 내세우면서 교인들의 흔들림을 막고자하였다. 뿐만 아니라 "우리의 도(道)는 바로 궁을(弓乙)의 도(道)인데, 보통 사람들은 알 수가 없으니, 어찌 긴 말을 하겠는가? 여러 말 할 것 없이 물리칠 수 있는 방법이 있다"[16]하면서 교인을 단속하였다. 이를 통해 연대의식을 강화시켰다.

동학교단과 보은관아 사이에 해산과 이에 대한 저항을 하는 동안 보은군수 이중익과 충청감사 조병식으로부터 보고를 받은 조정은 보은 척왜양운동에 대한 대책을 논의하였다. 그 결과 3월 18일 호조참판 어윤중을 양호도어사로 임명하여[17] 동학교인들을 효유하여 집회를 해산시키도록 하였다.[18] 양호도어사로 임명받은 어윤중은 3월 26일 보은에 도착하자 동학대도소에 왕명에 따라 빨리 해산하라는 효유문을 보

---

15 「취어」, 24쪽.
16 「취어」, 25쪽.
17 『일성록』고종 30년 3월 19일자;『고종실록』고종 30년 3월 19일자.
18 「취어」, 28~29쪽.

냈다.[19] 그리고 동학교단의 대표들을 만나 집회를 해체하고 돌아가 농사지을 것을 권유하였다. 정부의 해산명령을 받은 동학교단은 "수십만 사람들을 어떻게 관의 명령으로 돌아가게 할 수 있단 말인가? 우리들은 비록 조그마한 무기는 없지만 막강한 왜양을 무찌르려고 한다"[20]고 자신의 입장을 밝혔다. 뿐만 아니라 자신들을 탄압하지 않겠다는 왕의 회답을 받으면 해산할 것이라고 하였다.[21]

이에 어윤중은 '너희들의 뜻을 전할 터이니 해산하라"고 종용하였지만 동학교단은 여전히 왕의 회답을 요구하였다. 즉 왕의 회답을 받으면 척화의 뜻을 달성하지 못하더라도 물러가겠다고 하였다.[22] 이러한 동학교단의 조치는 정부의 압력에 맞서 자신들의 목적인 '신원'을 염두에 둔 것이라고 할 수 있다. 동학교단이 보은집회의 전면에는 '척왜양'이라는 명분으로 평화로운 시위를 전개하였지만 궁극적인 목적은 '동학 공인'이었으며, 포교의 자유를 획득하고자 하였던 것이다.

이와 같은 상황에서도 각지의 동학교인들은 계속해서 보은 장내리로 모여들자 어윤중은 동학교단이 요구한 것을 조정에 보고하였다. 첫째는 광화문교조신원운동 때 왕명을 믿고 해산하였는데 여전히 동학을 탄압하고 있으며, 둘째는 대의는 척왜양이며, 셋째는 서학이 동학을 모함하고 있으며, 넷째는 퇴회할 명분을 달라는 것이었다.[23] 또한 어윤중도 장계로 동학교단의 상황을 보고하였는데, 보은 척왜양운동

---

19 「취어」, 28~29쪽.
20 「면양행견일기」, 21쪽.
21 「취어」, 29~30쪽.
22 「취어」, 32쪽.
23 「취어」, 32~34쪽.

의 본뜻이 척양척왜이며 다른 뜻이 없다고 하였다.[24] 이에 고종은 3월 28일 윤음을 내려 보냈다. 그 내용은 다음과 같다.

> (전략) 또한 너희들은 감히 돌을 쌓아 진영을 만들고, 당간에 깃발을 만들어 걸고서, 의(義)를 주창한다고 일컬으면서 글을 써서 방을 붙여 사람들의 마음을 선동한다. 너희들이 비록 어둡고 몽매하다고 하지만, 어찌 나라의 큰 의리와 조정의 약속을 듣지 아니하면서 감히 핑계를 대고 재앙을 떠넘겨 사람들의 재산을 탕진하게 하고, 농민에게 농사를 지을 시기를 놓쳐버리게 하니, 이름은 비록 의를 주창한다고 하지만 이것은 난리를 일으키는 것이다.
>
> 너희들은 계속 뒤따라 모여든 많은 무리를 믿고 스스로 방자하여 조정의 명령도 듣지 않으니, 옛날부터 지금까지 어찌 이러한 의리가 또 있었겠는가? 이것은 모두 나 한 사람이 너희들을 이끌어 편안하게 하지 못한 탓이며, 또한 여러 고을의 목민관과 수령들이 너희들을 부추겨 벗겨 먹고 곤박하게 괴롭혔기 때문이다. 탐욕스러운 장수와 마음이 시커먼 아전들은 장차 처벌을 할 것이다. 오직 내가 백성의 부모가 되어 그 백성들이 스스로 의롭지 못한 것에 빠지는 것을 보며 슬퍼하고 안타깝고 측은하게 여기거늘 어찌 어둠을 열어 밝은 곳으로 향하게 하는 길을 생각하지 않겠는가?
>
> 이에 알려온 사실을 근거로 하여 너희들의 고충을 모두 알았다. 이에 행호군(行護軍) 어윤중(魚允中)을 선무사(宣撫使)로 삼아 나를 대신하여 달려가서 널리 타이르고 설득하게 한 것인데, 이 또한 먼저 가르치고 뒤에 처벌하는 것이 옳다. 너희들은 부모의 말을 듣는 것과 같이 여겨 반드시 감동하고 서로 알려 해산하도록 하라.
>
> 너희들은 모두 양민이니 각각 스스로 물러나 돌아가는 사람은 마땅히

---

24 「취어」, 32쪽.

토지와 재산을 되돌려줄 것이므로, 이로 하여금 편안히 생업에 힘쓰게 할 것이니 의심하거나 겁을 먹지 않도록 하라. 이와 같이 설득하는 말을 들은 후에도 너희들이 한결같이 고치지 않고 흩어지지 않는다면, 나는 당연히 큰 처분을 내릴 것이다. 어찌 너희들로 하여금 다시 같은 하늘을 덮고 살 수 있도록 용납하겠는가? 너희들은 시원하게 마음을 고쳐먹고 나라의 법을 어기지 않도록 하라. (후략)[25]

고종의 「윤음」은 동학교단의 보은집회를 '창의(倡義)'가 아니라 '창란 (倡亂)'으로 규정하였다. 그럼에도 불구하고 동학교인을 탐학하는 수령과 탐욕의 이서배에 대해서는 징계하겠다고 약속하였다. 동학교단은 척왜양을 내세우며 동학 공인을 기대하였지만 그 희망은 무너지고 말았다.

4월 1일 「윤음」을 전달받은 동학교단은 5일간의 시간을 요구하였지만 어윤중은 이를 거절하고 3일 이내에 해산하라고 강요했다.[26] 더욱이 4월 2일에는 청주 영장이 1백 명의 병영군을 이끌고 보은에 도착하였다. 이와 같이 군대까지 동원하여 집회를 해산하려고 하자 동학교단은 이를 수용하여 해산하기로 결정하였다. 해산이 결정되자 4월 2일 오후 3시경부터 4월 3일 오전 9시까지 경기도 수원접을 비롯하여 용인접, 양주접, 여주접, 안산접, 송파접, 이천접, 안성접에 이어 강원도, 충청도, 전라도, 경상도 지역의 각 접에서 돌아갔다. 전라도와 경상도, 그리고 충청도의 일부 접에서는 4월 3일 오전부터 저녁까지 모두 해산하였다.[27] 해산하는 과정에서 최시형 등 동학지도부는 4월 2일

---

25 「취어」, 39~40쪽.
26 「취어」, 42쪽.
27 「취어」, 46~47쪽. 어윤중이 4월 3일 금구집회를 해산시키려고 보은을 출발하

밤에 장내리를 빠져나갔다.[28] 4월 2일 오후부터 해산하기 시작하여 동학교인들은 3일 오후에는 대부분 장내리를 떠났다. 동학교단은 어윤중과 약속한 3일 이내 즉, 4월 1일부터 3일인 4월 3일 모두 해산한 것이다. 동학교인들이 해산한 것을 확인한 어윤중은 이날 오후 4시경 전라도 금구에서 집회를 하고 있는 동학교인을 해산시키기 위해 보은을 출발하였다.[29]

3) 원평 금구의 척왜양창의운동

한편 보은 장내리에서 동학교인들이 집회를 하는 동안 전라도 원평 금구에서도 척왜양운동을 하였다. 금구 척왜양운동이 언제부터 시작되었는지는 정확하게 알 수는 없다. 척왜양운동에 대한 최초의 기록은 3월 15일이다.

『영상일기』에 의하면 3월 15일자에 "사이에 전해 들으니, 삼남의 동학 무리들이 각 도에 모였다. 충청도는 보은에서 모이고, 영남은 밀양에서 모이고, 본도에서는 금구에서 모였다"[30]고 하였다. 즉 전해 들어서 기록한 것이 3월 15일이었고, 충청도 보은에서도 동학교인들이 모였다는 것으로 보아, 이는 금구 척왜양운동은 보은 척왜양운동과 같은 시기에 개최하였다고 할 수 있다.

또한 어윤중의 「취어」와 『일성록』에도 금구 척왜양운동과 관련된

여다. 이는 어윤중이 이때 보은을 떠난 것은 동학교인들이 대부분 해산한 것을 보고받았기 때문이다.
28 「취어」, 41쪽.
29 「취어」, 46쪽.
30 「영상일기」, 『동학농민혁명국역총서』 5, 동학농민혁명참여자명예회복심의위원회, 2009, 10쪽.

기록이 있는데, 다음과 같다.

"전라도 도회가 이번 22일에 도착한다"라고 합니다.[31]

(왕이) "… 호남에서는 금구에서 가장 많이 모였다고 하는데, 전주감영
에서 어느 정도의 거리인가? 먼저 그 소굴을 둘러 빼어서 금단하고 일
소하도록 해야 할 것이다"고 하였다. 문현이 "금구는 전주에서 30리 가
량 됩니다. 금구 원평에 정말 취당하고 있다"고 말하였다.[32]

전자는 3월 20일에 탐지한 것을 21일에 보고한 것이고, 후자는 고
종과 김문현의 대화이다. 이들 자료에 의하면 적어도 3월 20일 이전
에 금구 척왜양운동이 열렸음을 알 수 있다. 여기에 탐지하거나, 전주
에서 서울로 올라온 김문현이 고종에게 보고하기 위해 올라온 시간을
고려해본다면 늦어도 3월 13일경이라 할 수 있다.[33] 이는 금구 척왜양
운동은 보은 척왜양운동과와 같은 시기에 개최되었다.

뿐만 아니라 금구 척왜양운동에 대한 기록이 매우 제한적이어서
규모나 과정에 대해서도 구체적으로 살펴보기에는 적지 않은 어려움
이 있다. 일단 금구 척왜양운동에 모인 인원은 대체로 1만 명 정도였
다. 『영상일기』에 의하면 '수만 명', 「동도문변」에는 '만여 명',[34] 「면양
행견일기」에는 '수만'[35]과 '만여 명'[36]이라고 하였다. 이에 따르면 금구

---

31 「취어」, 22쪽.
32 『일성록』 고종 3월 21일.
33 김문현이 전주에서 서울까지 이동하는 시간을 볼 때 7일 정도로 추정된다.
34 「동도문변」, 『동학농민혁명국역총서』 5, 157쪽.
35 「면양행견일기」, 『동학농민혁명국역총서』 10, 동학농민혁명기념재단, 2012, 22쪽.
36 「면양행견일기」, 26쪽.

척왜양운동에 모인 인원은 적어도 1만 명이 넘었다고 할 수 있다.

그렇다면 금구 척왜양운동에 모인 사람들은 누구일까 하는 것이다. 일부에서는 동학과 별도의 세력으로 구분하려고 하지만[37] 앞의 기록인 『영상일기』, 「취어」, 「면양행견일기」에 의하면 금구에 모였던 세력이 '보은으로 간다'고 한 것으로 보아 동학교인들이라고 할 수 있다. 또한 어윤중이 보은 척왜양운동 해산 이후 금산군에 이르렀을 때 금구 척왜양운동에서 올라온 동학교인들을 만났는데, 이들은 "(금구에) 모인 당은 도주 최시형의 지시로 왜양을 물리치기 위함이다"라고 하였다. 이는 금구 척왜양운동에 모인 사람들이 동학교인이며 동학교단의 지시로 모였던 것임을 알 수 있다. 이들은 보은 척왜양운동에 합류하기 위해 진산에 이르렀으나 어윤중으로부터 보은 장내리의 동학교인들이 이미 해산하였다는 말을 듣고 금구로 돌아가 함께 해산하였다.[38] 이상으로 살펴본 보은·금구 척왜양운동의 전개과정을 정리하면 아래 〈표〉와 같다.

〈표〉 보은·금구의 척왜양운동 전개 추이

경과	내용
3.10	교조신원 논의, 최시형 1차 통유문으로 동원령 내리다
3.11	동학교단, 보은관아 삼문에 척왜양으로 보은집회 알리는 통고문 게재하다
	동학교인 수만 명 보은 장내리에 모여들다
	금구에 동학교인들 모이다
3.13	보은군수 이종익 관속을 보내 보은집회 해산을 종용하다
3.15	동학교단 2차 통유문으로 동원을 촉구하다
3.16	조정에서 어윤중을 양호도어사로 임명하다
3.17	동학교인들 보은 장내에서 성을 구축하다

---

37 정창렬, 「동학교문과 전봉준의 관계 – 교조신원운동과 고부민란을 중심으로 –」, 『19세기 전통사회의 변모와 민중의식』, 고려대학교.
38 「면양행견일기」, 36쪽.

경과	내용
3.18	동학교인들 '척왜양창의' 깃발과 포명과 대접주를 임명하다
3.20	각지의 포명을 알리는 오색 깃발 날리다
3.22	보은군수 이종익 동학의 동향 조정에 보고하는 한편 동학 대도소 찾아가 해산을 명령하다. 동학교단 이에 거부하다
3.23	금구에 모인 교인들 보은에 도착한다는 소식이 있다
3.24	동학교단에서 교인들의 동요를 막기 위한 방문 내걸다
3.26	전주에서 동학교인 30명 보은 장내리에 도착하다
	양호도어사 어윤중 보은에 이르러 효유문 발표하다
	동학교단 왕의 해답이 있으면 해산하겠다고 하다
	어윤중 재차 동학교단에 해산을 촉구하다
	동학교단 어윤중의 해산 촉구를 거부하다
	어윤중 동학교단의 요구를 조정에 보고하다
3.27	동학교인들 계속 보은 장내리로 모이다
	김문현 금구에 동학교인 1만여 명 모였다고 보고하다
3.28	호남의 영광 등지에서 1백여 명 보은 장내리에 도착하다
4.1	고종 윤음을 내리다
	어윤중 고종 윤음 동학교단에 알리다. 3일 이내 해산할 것을 통첩하다
4.2	청주영장 관군을 이끌고 보은에 도착하다
	동학교단 해산을 결정하다. 교인들 오후 3시부터 해산을 시작하다
	이날 밤 최시형, 서병학 등 장내리를 빠져나가다
4.3	동학교인들 모두 해산하고 돌아가다
	어윤중 보은을 떠나 금구로 향하다
4.5	어윤중 진산에서 보은으로 가는 금구 동학교인들을 만나 해산시키다
4.6	금구에 모인 동학교인들 해산하다
4.10	조정에서 서병학, 김봉집(전봉준), 서장옥을 잡아들이도록 명하다

이로써 보은과 금구에 모였던 동학교인들은 정부의 압력으로 비록 해산을 하였지만 이듬해 1894년 동학농민혁명에 적극적으로 참여함으로써 자신들의 목적을 실현하고자 하였다.

그동안 보은과 금구의 척왜양운동을 이듬해 전개되는 동학농민혁명과 밀접한 관계가 있는 것으로 파악하였다. 신용하는 "보은 척왜양운동은 이듬해 1894년 갑오농민전쟁의 바로 전주곡에 해당하는 것"이라고 평가한 바 있다.[39] 이러한 평가의 핵심은 보은·금구 척왜양운동의 성격이 무엇이며, 또 주도세력이 누구였는가 하는 점이다. 나아가

39 신용하, 『동학과 갑오농민전쟁연구』, 일조각, 1993, 51쪽.

이를 해명하는 것이 보은·금구 척왜양운동과 동학농민혁명의 관계성 즉, 보은·금구 척왜양운동에서 동학농민혁명으로 전환되었음을 보다 분명하게 밝힐 수 있을 것으로 본다.

그렇다면 먼저 보은·금구 척왜양운동의 성격은 어떠한가 하는 점이다. 보은·금구 척왜양운동의 시작은 교조신원운동의 연장선이었다. 때문에 동학교단에서 교인들을 동원하기 위해 우선 교조의 신원을 강조하였다. 이와 더불어 그동안 동학을 탄압하였던 지방 관리 즉, 탐관오리의 척결을 주장하였다. 이는 보은 척왜양운동을 모의하는 단계에서도 분명하게 밝혔다. 또한 교인을 동원하는 1차 통유문에도 잘 드러나고 있다.

그리고 또 하나 대외적으로는 그동안 교조신원을 주장하였지만 크게 호응을 받지 못하자 '척왜양'을 전면에 내세웠다. 이는 보은관아에 내건 통문에서 잘 보여주고 있다. 뿐만 아니라 내부적으로도 2차 통유문을 통해 교조신원뿐만 아니라 '척왜양'이 보은 척왜양운동의 목적임을 밝히고 있다. 이후 보은 척왜양운동이 전개되는 과정에서 동학교단은 대내적인 교조신원보다는 대외적인 척왜양을 보다 적극적으로 강조하였다. 이는 척왜양이라는 대외적인 슬로건을 통해 목적을 달성함으로써 동학 공인이라는 목표를 이루고자 하였던 것이다.

그러나 중요한 것은 동학교단 지도부가 전면에 내세웠던 척왜양이 일반교인들에게도 일반화되었다는 점이다. 그동안 동학교단이 주도하였던 공주, 삼례, 광화문교조신원운동의 신원운동에서는 교조신원을 전면에 내세웠다. 이는 당시까지만 해도 척왜양보다는 교조신원이 교인들을 동원하는데 수월하였기 때문이었다. 그렇다고 척왜양에 대한 인식이 전혀 없었던 것은 아니었다.[40] 다만 척왜양에 대한 인식은 아직 현실적으로 와 닿지 않았다. 그렇기 때문에 보은 척왜양운동 이전에는 척왜양보다는 '교조신원'이 일반교인들에게는 무엇보다도 급선무였다고 할 수 있다.

그런데 광화문교조신원운동 이후 척왜양을 보다 현실적인 과제로 인식하였다. 그렇다고 척왜양이 교단 내부적으로만 해결해야 할 과제는 아니었다. 이에 따라 동학교단은 척왜양을 대외적으로 해결할 수밖에 없었다. 또한 척왜양은 동학교단만으로 해결할 수 있는 과제도 아니었다. 때문에 동학교단은 척왜양을 전면적으로 내세우면서 국왕뿐만 아니라 충의의 선비와 관료도 함께 협력해줄 것을 요청하였다.[41] 또한 동학교인들이 모여든 3월 22일 '동학인방문'에도 척왜양의 기치를 밝혔으며, 3월 26일 어윤중과 대면에서도 "척왜양은 위국가효충"이라고 하여 척왜양의 기치를 내세웠다. 또한 금구집회도 "도주 최시형의 분부에 따라 척왜양을 하게 된 것"이라 하였는데, 금구집회 역시 척왜양을 전면에 내세우고 있었다. 이로 볼 때 보은집회와 금구집회는 척왜양이 핵심이라 할 수 있다.

이와 같은 보은·금구척왜양운동의 척왜양은 1894년 1월 10일 고부기포에서 비롯된 동학농민혁명에서도 그대로 드러나고 있다. 특히 고부기포를 전개하는 과정에서 보여주는 「격문」과 「사발통문」에도 척

---

40 척왜양에 대한 인식은 공주교조신원운동 당시 이미 보여주고 있다.
  "방금 서양 오랑캐의 학이 우리나라에 들어와 뒤섞였으며, 왜놈 우두머리의 독수가 방자하게 외진에서 다시 국법을 어겨가며 험상하고 요란스러움을 임금의 수레바퀴 밑에서 일어나고 있다. 우리들은 이를 절치부심하고 있다."
41 이러한 내용은 보은 삼문 밖에 붙인 방문에 잘 나타나고 있다.
  "죽기로 서약하고 왜양을 쓸어버리고 나라에 보답하는 의리를 다하고자 하오니 바라건대 각도하고 뜻을 같이하여 협력해서 충의의 선비와 관료들을 추려 모아 나라를 바로잡기를 바란다."

왜양을 내세웠으며, 이후 무장포고문을 제외한 대부분의 격문에서 척
왜양을 주장하였다. 이로 볼 때 보은 척왜양운동의 척왜양은 동학농민
혁명의 슬로건으로 그대로 이어졌다고 할 수 있다. 이와 더불어 보은
척왜양운동회에서 척왜양보다는 잘 드러나지는 않지만 탐관오리 척결
을 여전히 제기하였다. 이 점 역시 동학농민혁명의 슬로건으로 내세우
고 있다는 점에서 보은집회는 동학농민혁명으로 이어지는 전단계적
의미를 지닌다고 할 수 있다.

다음으로 보은·금구 척왜양운동의 주도세력에 대하여 살펴보자.
사실 이에 대해서는 그동안 연구가 적지 않았는데, 대부분이 사회변혁
을 주도하는 세력이 동학에 들어왔으며, 특히 금구집회를 주도하였고
나아가 이들이 중심이 되어 동학농민혁명을 주도하였다고 밝힌 바 있
다.[42]

관의 탐문에 의하면 보은 척왜양운동의 주도인물은 다음과 같다.

> (가) 우두머리 최시영(최시형)이고, 다음 순위의 지도자는 서병학 이국
> 빈 손병희 손사문(손천민) 강가 신가이며, 경기도 강원도 충청도
> 경상도의 접장은 황하일 서일해(서장옥)이며, 전라도 접장과 운량
> 도감은 이름을 알 수 없는 전도사이다.[43]

> (나) 그 우두머리는 문경의 이름을 모르는 최반, 그 다음은 충주 서병학,
> 청주 손병희, 충주 이국빈, 운량도감 이름을 모르는 충주 전도사라
> 고 한다.[44]

---

42 이와 같은 연구는 정창렬과 배항섭이 대표적이라 할 수 있다.
43 「취어」, 22~23쪽.
44 「면양행견일기」, 22쪽.

(다) 괴수 최시형은 나이가 60 남짓으로 상주에 살고, 서병학은 청안에
　　살며 (중략) 청주에 사는 이국빈은 장군의 지략이 있는데[45]

(라) 전라도는 모두 금구 원평에 모였으며, 괴수는 보은에 사는 황하일,
　　무장접주 손해중(손화중)으로[46]

(마) 호서의 서병학과 호남의 김봉집과 서장옥은 모두 각각 해도(該道)
　　의 도신으로 하여금 잡아다가 영옥(營獄)에 가두고 엄하게 조사하
　　여 등문(登聞)하게 하며[47]

　　위의 내용은 어윤중의 「취어」와 「면양행견일기」, 그리고 『고종실록』
에 실려 있다. (가), (나), (다)는 보은 척왜양운동이고, (라)는 금구 척
왜양운동, 그리고 (마)[48]는 좀 애매하지만 보은 척왜양운동으로 이해할
수 있다. 왜냐하면 (가)에서 서병학과 서장옥을 이미 보은 척왜양운동
회의 핵심인물로 파악하였다는 점에서, 이 보고 내용인 보은 척왜양운
동와 관련이 있다는 점에서 금구 척왜양운동보다는 보은 척왜양운동

---

45 「면양행견일기」, 25쪽.
46 「면양행견일기」, 26쪽.
47 『고종실록』, 고종 30년 4월 10일.
48 의정부(議政府)에서 아뢰기를, "지금 양호 선무사(兩湖宣撫使) 어윤중(魚允
中)의 장계를 보니, '윤음(綸音)을 선포한 후에 보은(報恩)에 모였던 비적(匪
賊)들은 이미 다 귀순하거나 해산하였으며 무리를 모은 연유는 이미 서병학
(徐丙鶴)의 입에서 드러났습니다. 발표한 통문(通文)과 게시한 방문(榜文)에
는 원래 이름이 있지만 정상을 헤아릴 수 없으니 사핵(査覈)해야 할 것입니
다.'라고 하였습니다.
호서(湖西)의 서병학과 호남(湖南)의 김봉집(金鳳集)과 서장옥(徐長玉)은 모
두 각각 해도(該道)의 도신으로 하여금 잡아다가 영옥(營獄)에 가두고 엄하게
조사하여 등문(登聞)하게 하며, 호서 전 도신 조병식(趙秉式)은 높은 품계의
관리로서 감사(監司)의 직책을 맡은 만큼 그 맡은 책임이 더욱 각별한데 무리
를 모은 연유에 대한 보고를 지체한 잘못이 이미 어사(御史)의 규탄에 올랐으
므로 그대로 둘 수 없으니 우선 간삭(刊削)의 형전(刑典)을 시행하소서."

이었다고 보여진다.

이를 종합해볼 때 보은 척왜양운동의 최고 책임자는 최시형임에는 틀림이 없다. 그리고 금구 척왜양운동에 모인 교인들도 '도주 최시형의 분부'에 따라 모였다고 한 바 있다. 이로 볼 때 보은·금구 척왜양운동은 최시형이 주도하였다고 할 수 있다. 이밖에 보은·금구 척왜양운동회의 주도 인물은 서병학, 이국빈, 손병희, 손사문(손천민), 황하일, 서일해(서장옥), 손해중(손화중), 김봉집(전봉준),⁴⁹ 그리고 이름을 알 수 없는 운량도감 전도사⁵⁰ 등을 들 수 있다. 그리고 앞서 언급하였던 보은 척왜양운동에서 임명된 대접주도 여기에 해당한다고 할 수 있다.

그런데 약간의 논란이 되는 것은 (라)에서 금구 척왜양운동을 주도하였다는 황하일과 손화중은 보은 척왜양운동에 참여하였다. 즉 (가)에서는 황하일이 접장으로, 오지영의 『동학사』에는 손화중은 정읍대접주로 임명되었다. 그런데 황하일과 손화중이 금구 척왜양운동을 주도하였다는 것은 재론할 필요가 있다고 본다.

보은·금구 척왜양운동을 주도한 인물들은 대부분 동학농민혁명에서 대접주 또는 접주로 참여하였을 뿐만 아니라 주도적인 역할을 담당하였다. 고부기포를 주도한 전봉준 역시 교조신원운동과 보은·금구 척왜양운동에 참여하였으며, 동학농민혁명을 주도한 김개남과 손화중역시 보은 척왜양운동에서 대접주로 임명을 받은 바 있다. 뿐만 아니라 보은 척왜양운동에서 대접주로 임명받는 이들은 각지에서 기포하여 동학농민혁명에 적극적으로 참여하였다. 이중 청풍대접주 성두한

---

49 김봉집이 전봉준으로 확인할 수 있는 것은 오지영의 『동학사』로 본다. 이는 『승정원일기』 고종 4월 10일자의 '김봉집'을 『동학사』에서 그대로 옮겨 실으면서 '김봉집'을 '전봉준'으로 기록하였다.
50 전도사에 대한 해석도 다양한데, 일설에는 전봉준이라고 한다.

은 전봉준, 손화중과 함께 교형을 당하였다.

이상에서 살펴본 바와 같이 보은과 금구의 척왜양운동은 성격이나 인적 조직에서 동학농민혁명에 직접적인 영향을 주었으며, 전 단계로써 중요한 매개고리라 할 수 있다.

12.
해월 최시형과 동학농민혁명

1) 동학농민혁명에 대한 인식

1890년대 초반에 동학이 삼남 지방을 중심으로 하여 교세가 확장되었다. 그러나 이들 중에는 초기처럼 순수 종교적 성향을 가진 사람보다는 공공연히 정치적 사회변혁적 활동을 추구하는 경향이 없지 않았다. 이러한 변화성향의 변화는 당시의 시대적 상황도 배제할 수 없다. 즉 민중들은 차마 죽지 못해 살아갔으며 특히 가진 자들의 횡포는 더욱 심했으며 뿐만 아니라 외세의 침략으로 인해 민족의 자존심과 생존마저 위협을 당하였다. 더욱이 동학에 대한 탄압은 일반 민중보다 가중되었다. 새로운 세계와 삶을 추구하려는 교도들은 이러한 시대적 모순에 대해서 누구보다도 강한 위기의식과 비판의식, 그리고 저항의식을 가지고 있었다. 이는 동학교도 자신들이 바로 억압받고 탄압 받는 민중들이었기 때문이었다.

이러한 시대적 모순과 척왜양의 저항의식은 최시형을 비롯하여 교도 누구나가 지니고 있는 공감대였다. 그러나 이와 같은 시대적 모순을 해결하려는 방법 및 인식에 대해서는 내부적 갈등이 없지 않았다. 전봉준을 비롯한 김개남·손화중 등 급진적인 해결방안을 추구하려는 이들에게는 더 이상 시대적 모순을 좌시할 수 없어 당장이라도 해결해

야 한다는 입장이었다.[1]

최시형 역시 이러한 시대적 모순을 외면하지 않았다. 이러한 관점
에서 최시형도 전봉준과 마찬가지로 같은 맥락에서 인식을 하였다. 그
러나 최시형은 전봉준 등과 같이 급진적인 인식보다는 후천개벽지운
(後天開闢之運)의 종교적 차원에서 해결하려는 원칙을 유지하였다.[2] 따라
서 최시형은 이와 같은 원칙의 틀에서 동학농민혁명을 인식하고 상황
에 따라서 변화되는 모습을 보이고 있다고 할 수 있다.[3]

동학농민혁명에 대한 최시형의 활동과 인식은 크게 두 가지 관점
에서 추적해 볼 수 있다. 1차적인 시점은 1894년 1월 봉기로서 전봉준
이 고부에서 기포하였을 때이고, 2차적인 시점은 1894년 9월 18일 재
차 기포령을 내렸을 때이다. 이 1차적 시점과 2차적 시점 간에는 상당
한 변화를 보이고 있다. 우선 1차적 시점에 대한 인식부터 살펴보자.

전봉준이 1894년 1월 정읍 고부에서 기포할 당시 최시형은 청산
문바위골에서 강석을 열고 각 지방에서 올라온 접주들에게 『동경대전』

---

1 해월 최시형과 전봉준의 당시 사회적 모순의 해결방안을 남접, 북접으로 구분
하여 대립적인 요소로 이해하고 있다. 그러나 필자의 생각으로는 조직에 있어
서 하나의 문제를 보는 시각은 다양할 수 있다고 본다. 이러한 관점에서 동학에
서도 당시 사회적 모순을 해결하려는데 강경파 내지 온건파라는 양면성을 내포
하고 있다고 본다.
　한편 이와 관련하여 남접, 북접에 관한 기존의 연구 성과에서는 그 실체를 인정
하고, 이에 따라 해월 최시형의 지도력을 폄하하기도 하였다. 그러나 최근 연구
성과에 의하면 새로운 사료의 발굴로 남북, 북접에 대해 보다 많은 연구가 필요
하다고 본다. 최근 연구 성과로는 박맹수, 「동학과 동학농민혁명 연구에 대한
재검토」, 『동학연구』 9·10합집호, 한국동학학회, 2001이 있다.
2 장영민, 「최시형과 서장옥—남북접 문제와 관련하여—」, 『동학농민혁명과 농민
군 지도부의 성격』, 서경문화사, 1997, 125~126쪽.
3 이 부분에 대해서는 오문환, 『해월의 뜻과 사상, 사람이 한울이다』, 솔, 1996을
참조할 것. 이 글은 「해월 최시형의 생활정치사상연구」(연세대학교 대학원 정
치학과 박사학위논문)을 단행본으로 간행한 것이다.

과 『용담유사』를 강론하고 있었다.[4] 최시형은 강석 중에 전봉준이 고부에서 봉기하였다는 소식을 전해 들었다. 전봉준의 봉기 소식을 전한 사람은 부안의 김낙봉(金洛鳳, 부안대접주 金洛喆의 동생)이었는데 당시의 상황을 다음과 같이 기록하고 있다.

> 다음해 갑오년(甲午年, 1894) 봄에 고부군(古阜郡)의 전봉준(全琫準)이 자신의 아버지가 해당 군수 조병갑(趙丙甲, 丙은 秉의 오식)의 손에 죽은 일을 보복하기 위하여 민란을 일으켰다가 일이 마음대로 되지 않자 무장군(茂長郡)에 사는 손화중(孫化中)을 움직여서 큰 난리를 일으키려는 기미를 보고 마음과 정신이 두려웠다. 그래서 형(김낙철)의 편지를 가지고 하루가 안걸리게 말을 타고 올라가서 대신사를 청산(靑山)의 문암리(文岩里, 현 충북 옥천군 청산면)에서 찾아 뵙고 그 사유를 말씀드렸다. 그랬더니 대신사께서 분부하시기를, "이것도 시운(時運)이어서 금지할 수가 없다.[5]

그런데 문제는 김낙봉이 전봉준의 기포에 대해 '부친의 원수를 갚기 위한' 것으로 인식하고 이를 자의대로 해월 최시형에서 보고하였다는 점이다. 이는 해월 최시형이 동학농민혁명 초기 전봉준과 동학농민혁명을 인식하는데 적지 않은 영향을 주었던 것으로 보인다. 왜냐하면 전봉준의 기포 소식을 전해들은 최시형은 전봉준에게 보낸 유서(遺書)에서도 확인할 수 있다.

아버지의 원수를 갚고자 할진대 마땅히 효할지오, 백성의 곤궁함을 건

---

4 「천도교서」, 『신인간』 378, 1980.6, 79쪽.
5 「김낙봉이력」, 3쪽: 박맹수, 『최시형연구』, 231쪽 재인용.

지고자 할진대 마땅히 어질지라. 효의 느낀 바가 사람의 윤리가 가히 밝아짐이오, 어진 것을 받드는 바가 백성의 권리(民權)를 가히 되돌릴 수 있으니라. 더구나 경(經)에 말한바 깊고 묘한 이치를 드러내지 말고 마음을 급하게 하지 말라 하였나니. 이는 선사의 남긴 가르침이시라. 운이 아직 열리지 않고 시 또한 이르지 않았나니 망령되어 움직이지 말고 진리를 더욱 궁구하게 하여 하늘의 명을 거스르지 마라.[6]

즉 해월 최시형은 비록 '시운이 금지하기 어렵다'라고 이미 당시의 상황을 나름대로 인식하고 있었지만 아직 동학농민혁명을 일으킬 정도로 시기가 성숙되지 않았다고 판단하였던 것이다. 더욱이 해월 최시형은 이를 경계하고 교인들로 하여금 신중히 처신하라는 발문을 각 접에 보내 효유하고 있다.

내가 외람되게 선사의 교법을 전해주는 은혜를 받들어 이 도를 뚜렷하게 밝히지 못하고 도리어 당시 사람의 지목을 졸지에 받아 여러 번 재앙의 그물에 걸리고 거친 골짜기에 숨은 지 어언 십 수년에 다만 지혜와 능력의 부족함이 아니라. 하늘의 명을 공경하며 하늘의 때를 기다리고자 하여 가리고 참기를 이에 이르렀더니 요사이에 들은 즉 우리 道人이 본분에 편안하지 못하며 바른 업에 힘쓰지 않고 각각 무리를 세우고 서로 소리로 도와 예전 사소한 원한까지라도 되갚지 않는 바 없어 위로는 군부(君父)에게 밤낮으로 근심을 끼치고 아래로는 생령(生靈) 도탄(塗炭)의 걱정을 일으킨다 하니 말과 생각이 이에 미침에 어찌 한심하지 않으리오. 전후 편 깨우침이 한 둘에 그치지 아니하되 오히려 깨닫지 못하고 한결같이 미혹함을 고집하여 같은 악이 서로 도우하니 이는 하늘을 거스르고 스승을 등 돌림이라. 단연코 마땅히 업보를 제거하리니. 모

6 「천도교서」, 『신인간』 379, 1980.7, 72쪽.

두 복종하여 거스르지 마라.[7]

　이와 같은 최시형의 인식은 동학 조직의 최고 지도자로써의 종교적 숙고와 이미 1871년 3월 영해교조신원운동에서 수많은 교인들을 희생한 경험 때문으로 풀이된다.[8] 해월 최시형의 이러한 입장은 자신이 교단의 최고의 최고 책임자로서 교단의 조직과 교도의 생명을 보호할 의무가 있었기 때문으로 풀이된다. 이에 따라 해월 최시형은 교단 조직과 교도의 피해를 최소화하기 위해 '금석지전'을 발표하지 않을 수 없었다.[9] 이는 교단의 책임자인 해월 최시형과 접주로서 사회변혁을 추구하는 전봉준의 입장 차이가 아닌가 한다.

2) 동학 조직의 총기포령 발포

　그러나 해월 최시형의 이러한 인식은 관으로부터 동학에 대한 탄압이 점차 강화되자 변화되고 있다. 전봉준이 1월 고부에서 소식을 처음 접할 때는 해월 최시형은 앞서 살펴보았듯이 그 불가피성을 인정하

---

7 「천도교서」, 『신인간』 379, 1980. 7, 72쪽.
8 영해교조신원운동은 최시형에게 많은 영향을 미쳤다. 그 중 첫째는 당시 경북 북부 지역을 중심으로 형성된 교단의 조직이 크게 와해되었으며 해월 최시형은 강원도 태백산으로 은신하였다. 『최선생문집도원기서』에 의하면 영해교조신원운동에 교인 500여 명이 가담하였으며 그중 200여 명이 죽거나 체포되어 귀양가는 피해를 입었다. 또한 나머지 300여 명의 교인들 또한 더욱 가혹해진 지방 수령의 탄압과 체포의 위험에서 뿔뿔히 흩어졌다. 뿐만 아니라 해월 최시형의 양자 최준이도 죽음을 당했다. 태백산에서 은신생활을 하던 최시형은 한때 자살까지 결심한 적이 있다. 두 번째는 영해교조신원운동의 실패는 후일 동학의 최고 지도자로 성장한 최시형의 지도노선에 상당한 영향을 끼친 것으로 보인다. 최시형은 이후 공주교조신원운동을 비롯하여 동학농민혁명에 이르기까지 매우 신중한 태도를 보이는데 바로 영해교조신원운동으로 인한 경험에서 바탕된 것이다.
9 『시천교종역사』(제2편 제11장), 18~19쪽.

면서도 한편으로는 아직 때가 아님을 힐책한 바 있었다. 하지만 전봉준이 손화중과 함께 3월 백산(白山)에서 재차 기포함에 따라 관병과 보부상의 탄압으로 각지에서 교도들이 살상 당한다는 보고를 받자 인식의 전환을 가져온다.[10] 이러한 변화의 기본적 시각은 동학의 조직을 무너지는 것을 방지하고 최제우의 가르침인 광제창생을 위한 최선의 방법이었던 것으로 보인다. 이에 따라 해월 최시형은 보다 적극적으로 동학농민혁명에 참여하는 방안 외에는 다른 선택의 길이 없었다. 이 과정을 좀 더 구체적으로 살펴보자.

1894년 4월 초 진산에서 기포한 동학군은 금산읍과 용담읍을 점령하였으나 이 지역 유림들은 보부상을 동원하여 동학군의 근거지인 진산 방축리를 공격하였다. 이 과정에서 동학농민군 114명이 살육 당하였다.[11] 뿐만 아니라 4월 5일 진잠에서는 동학교인의 집 9채가 불타버리는 등 각처에서 동학교인에 대한 탄압을 도외시 할 수 없었다. 이에

---

10 이와 같은 인식은 해월 최시형이 1894년 1월 5일 문암리에서 강석을 할 때 이미 가지고 있었던 것으로 보인다.
'이때에 관리의 도인 침해와 살상이 날로 심하여 도인된 자-모두 유리하여 갈 바를 알지 못하더라. 각처 두목들이 자주 신사(해월 최시형)께 와서 고하여 가로사되 "일이 이에 이르렀으니 하는 수없이 도인을 단합하여 생명을 보존함만 같지 못하다" 하거늘, 신사 가로사되 "내 도한 그 뜻이 없는 것이 아니로되 아직 천명을 순히 하여 천시를 기다림만 같지 못하다" 하시니, 여러 두목이 또다시 고하여 가로되 "만일 이때에 우리 도인이 단합하지 아니하면 앉아서 죽음을 기다리는 수밖에 다시 묘책이 없다"고 애걸하는 자 많은지라, 신사 가로사되 "만일 제군의 마음이 이와 같을진대 이 또한 한울이라" 하시다'(김재계, 「교회사」, 『천도교회월보』 277호. 1935. 6. 18~19면)
이는 당시 교단 내에서도 최소한 무력적 행사를 기도하였다고 보여진다. 그렇다면 해월 최시형은 전봉준의 기포 소식을 듣고 '시운이 아직 아니라'고 한 것은 묵시적 동의로 해석이 가능하지 않을까 한다.
11 황현, 『오하기문』 수필. '錦山行商 接長 金致洪 任漢錫等 倡率商人與邑民千 撃珍山賊斬與一百十四名';'隨錄』營寄條. '4月 2日 申時出 錦山郡行商 金致洪 任漢錫 ○偲卒行商 與邑民千餘名 直向珍山防築里 東學徒聚黨處之 戮殺一百十四名'.

해월 최시형은 마침내 기포령을 내렸다. 이때의 상황을 백범 김구는 다음과 같이 기록하고 있다.

남도 각 관청에서 동학당을 체포하여 압박을 하는 한편 전라도 고부에 서는 전봉준이 벌써 군사를 일으켰다는 것이다. 뒤이어 속보가 들어왔 다. 어떤 고을 원이 도유(道儒)의 전가족을 잡아 가두고 가산을 강탈하 였다는 것이다. 이 보고를 들은 선생은 진노하는 낯빛을 띠고 순 경상도 어조로 "호랑이가 물러 들어오면 가만히 앉아서 죽을까! 참나무 몽둥이 라도 들고 나가서 싸우자" 하시니, 선생의 이 말씀은 곧 동원령이다.[12]

이 기포령은 종래 해월 최시형이 전봉준이나 1차 동학농민혁명에 대한 부정적인 인식 내지 비난하였던 것과는 상당한 차이를 보이고 있 다.[13] 이러한 사실에 대한 관변 측 기록과 일본 측 기록에서도 확인할 수 있다. 먼저 관변 측 기록인『동비토록』에 의하면 다음과 같은 기록 이 있다.

동학도 최법헌이 동문을 돌려 이르기를 호남의 교도들이 한꺼번에 타 살당하는 것을 앉아서 기다릴 수 없다. 초 6일(1894년 4월 6일) 청산 소 사전으로 모이라고 했다고 한다.[14]

이와 같은 내용은 일본 측 기록에서도 확인할 수 있다. 일본측 기

---

12 김구,『백범일지』(학술원판), 나남출판, 2002, 44~45쪽.
13 장영민은 1차 동학농민혁명 당시 해월 최시형의 기포령에 대해 부정하고 있 다.(장영민,「동학농민운동연구」, 한국정신문화연구원 박사학위논문, 1994, 255쪽)
14 『동비토록』, '東徒崔法軒輪通內 自湖南渠徒一并打殺 不可坐待 初六日來會于靑 山小蛇田云'(『동학농민전쟁사료총서』제6권, 사운연구소, 1996, 162쪽).

록인『주한일본공사관기록(駐韓日本公使館記錄)』에 의하면 다음과 같은 기록하고 있다.

> 본영(本營)의 교졸(校卒)이 정탐한 보고를 보면, 동학도 최법헌이 돌린 통문 내용에 호남에 있는 그 무리를 모두 타살한 것에 대해, 더 기다릴 것 없이 초 2일 청산(靑山) 소사전(小蛇田)으로 모두 모이기 바란다고 하였습니다. 그들의 기세가 더욱 확대되고 있으니 매우 민망스럽습니다.[15]

1894년 3월, 4월경에 수만 명의 동학교인들이 모였다는 기록은 동학교단 측 사료에도 보이고 있다. 이는 기포령과 직접적인 관계를 확인할 수는 없지만 적어도 이를 뒷받침하기에는 충분한 것으로 여겨진다. 그 내용은 다음과 같다.

> 갑오년(1894) 봄에 인심이 안정되지 않아 거치고 잡된 사람들이 오늘 입도했다가 내일 행패를 부리는 일이 있어 그런 일을 금지하였으나 어쩔 수 없었다. 3월 어느 날 수만의 도인들이 이 고을 읍내 근처의 수풀이 우거진 시냇가에 모여 여러 모로 의논하여 규약을 정하였다.[16]

기포령을 발포한 해월 최시형은 이에 그치지 않고 보다 적극적으로 동학농민혁명을 지도하는 사례도 적지 않다. 일본 측 기록인『주한일본공사관기록』에는 다음과 같은 내용을 확인할 수 있다.

---

15 『주한일본공사관기록』1, 국사편찬위원회, 1986, 7쪽(한국판) 및 339쪽(일어판).
16 『해월선생문집』(설동관,「해월선생문집」(번역본),『신인간』471호, 1989, 70쪽) 및『한국사상』24, 416쪽.

동학도의 수괴 최법헌이 통문(通文)에서 이르기를, "우리 진(陣) 지로
군(枝路軍) 2백명이 가볍게 나주 땅에 들어갔다가 오합지졸에게 패배
를 당하여 우리 군병 20여 명이 체포되어 갔다고 하므로, 명령을 어긴
그 지로군을 먼저 참수한 다음 삼로(三路)로 행군하여 먼저 나주로 향
하는데, 제1로장은 본부 수하 5천 명으로 하여금 약속한 곳에 가서 기다
리도록 하고, 제2로장은 본부수하 5천 명을 거느리고 약속한 지경에 가
서 기다리도록 하며, 제3로장을 본부 수하 5천 명을 거느리고 사방으로
파견되어 그 외부를 순찰하면서 각로의 장병들이 함부로 행동하지 못
하게 하고 산새(山塞)를 긴급히 수비하도록 한다."고 하였습니다. 이 동
학도들의 행위는 갈수록 더욱 통탄, 해괴하기만 합니다.[17]

이 사례는 해월 최시형에 대한 기존의 시각에서 새롭게 접근할 수
있도록 하고 있다. 이는 기존의 연구사례에서 해월 최시형이 동학농민
혁명에 대한 반대로 일관하였을 뿐만 아니라 비판적인 시각을 가졌다
는 인식을 근본적으로 바꿔놓을 수 있지 않을까 한다. 더욱이 해월 최
시형은 동학농민혁명 과정에서 동학군의 정보 역시 나름대로 파악하
고 있었던 것으로 보인다.

---

17 『주한일본공사관기록』1, 10쪽. 이와 같은 내용은 일본 외무성 외교사료관에
   소장되어 있는 「조선국 동학당 동정에 관한 제국공사관 보고일건」(문서번호 5문
   3류 2항 4호)에도 보이고 있다.
   "저들 무리의 괴수 최법헌이 통문을 발하여 말하기를 우리의 군진에는 9개의
   부대가 있는데 기로군 2백 명이 경솔하게 전라도에 들어갔다가 오합의 부대에
   게 패배를 당하여 우리 군 20여 명이 체포되었다고 한다. 명령을 어긴 기로장
   은 먼저 참수를 하고 나머지 부대는 세 길로 행군하여 먼저 전라도 경계로 향
   하라. 제1로장은 본부의 수하 5천명 등을 거느리고 약속한 장소에서 기다릴
   것이며, 제2로장은 본부 수하 5천명을 거느리고 약속한 경계에서 기다릴 것이
   며, 제3로장은 본부 수하 5천명을 거느리고 사방으로 파견하여 그 외곽을 순
   찰하되 망동하지 말고 산의 요새를 견고하게 지키라고 하였다고 하니 이들 무
   리의 행동은 갈수록 통분할 일입니다.(『동학농민전쟁관계사료집』1, 한국정신
   문화원 근현대사자료팀편, 선인, 2002, 65~66쪽)

이러한 사례는 해월 최시형이 1894년 5월 중순경 무장 동학농민군 진영에 황해도와 평안도 동학농민군의 동향을 전달하였던 사실에서 알 수 있다. 즉 청산 문암리에 있던 해월 최시형은 무장 동학농민군들에게 "지금 황해도와 평안도의 회답을 받아보니, 5회(晦)에 접응한다고 함으로 동남(東南) 제부(諸部)에 서한을 보냈습니다. 그리고 회덕에 있는 제3대의 두령 박이 파견한 정찰대가 청산영(靑山營)의 포졸(捕卒)들에게 붙잡혀 가지고 있던 문부도 모두 빼앗겼다고 하니 이 분통을 어찌하면 좋겠습니까?"하는 문장을 보냈던 것이다.[18]

그리고 이 문장 말미에는 "절대로 동요하지 말고 이곳에 와서 지휘를 하는 것이 좋겠다"는 내용이 포함되어 있는데, 이는 해월 최시형과 전봉준과의 연락체계가 어느 정도 갖추어졌다고 보여 진다. 이러한 연락관계에 따라 충청도 지역의 동학농민군이 전라도 지역 동학군에 합세를 하고 있다.

이른바 전주화약 이후 전라도 지역 53개 군현에 집강소를 설치, 민정(民政)을 실시하는 동안 잠시 소강상태에 있던 동학농민군은 9월에 접어들어 새로운 사태에 직면하였다. 정부는 일본군과 연합하여[19] 대대적인 동학농민군 토멸작전을 전개한 것이다. 서울에서 서로(西路), 중

---

18 『주한일본공사관기록』 1, 24쪽.
19 『주한일본공사관기록』 1, 147~148쪽.
　　관군과 일본군은 동학군에 대한 토멸작전을 세 갈래로 진행하였는데 보병 일 개중대는 서로(西路), 즉 수원 천안 공주를 경유 전주부 街道를 전진하여 은진 여산 함열 부안 만경 금구 고부 흥덕 방면을 엄밀히 수색하고 나아가 영광 장성을 거쳐 남원으로 향하였으며, 또 보병 일개중대는 중로(中路), 즉 용인 죽산 청주를 경유하여 성주 街道로 전진하며 청안 보은 청산 지방을 엄밀 수색한다. 마지막 보병 일개중대는 동로(東路), 즉 가흥 충주 문경 및 낙동을 경유 대구부 街道로 전진하여 특히 좌측은 원주 청풍 우측은 음성 괴산을 엄밀히 수색한다. 이상의 세 갈래 방면으로 동학군을 진압하였다.

로(中路), 동로(東路) 등 통해 진압작전을 전개하자 관군과 일본군은 동학 농민군을 무차별적으로 진압하였다.[20] 특히 토벌 노상(路上)에 자리한 경기도 용인·안성·장호원 등지와 충청도 진천·괴산·음성 등지의 교인들은 토벌대에 쫓기어 최시형이 있는 청산으로 몰리기 시작하였다.

이러한 소식은 바로 최시형에게 전달되었으며 동학 조직에 대해서도 근본적인 위기상황에 이르게 되었다. 즉 관군과 일본군의 토멸작전에 의해 각지에서 동학농민군의 살상과 조직이 점차 와해되어 가는 상황에 직면하게 되자 최시형은 다음과 같은 초유문(招諭文)을 발표하고 교인들을 청산 문바위골로 모이도록 했다.

주역(周易)에 이르기를 대재(大哉)라 건원(乾元)이여 만물(萬物)이 자시(資始)하고 지재(至哉)라 곤원(坤元)이여 만물(萬物)이 자생(資生)이라 하니 사람이 그 사이에 만물(萬物)의 영(靈)이 된지라. 부모(父母)는 낳고 스승을 가르치고 임금은 기르나니 그 은혜(恩惠)를 갚는 데 있어 생삼사일(生三事一)의 도(道)가 있는 것을 알지 못하면 어찌 사람이라고 이를 수 있겠는가. 선사(先師)께서 지나간 경신년(庚申年)에 천명(天命)을 받아 도(道)를 창명하여 이미 퇴폐한 강상(綱常)을 밝히고 장차 도탄에 빠진 생령(生靈)을 구(救)하고자 하더니 도리어 위학(僞學)이라는 지목(指目)을 받아 조난순도(遭難殉道)하였으되 아직도 원통

20 『주한일본공사관기록』1, 153~156쪽 참조.
동학당 진압을 위한 파견대장에게 내리는 훈령에 따르면 그 내용은 다음과 같다.
첫째, 동학당은 현재 충청도 충주 괴산 및 청주 지방에 군집해 있으며, 그 밖의 나머지 동학당은 전라도 충청도 각지에 출몰한다는 보고가 있으니, 그 근거지를 찾아내어 이를 초절(劋絶)하라. 둘째, …(중략)… 조선군과 협력, 연도에 있는 동학당을 격파하고 그 화근을 초멸하므로써 동학당이 재흥하는 후환을 남기지 않도록 해야 한다…(중략)…. 넷째, …(중략)… 만일 비도들을 강원도와 함경도 쪽, 즉 러시아 국경에 가까운 곳으로 도피케 하면 적지 않게 후환이 남을 것인 즉 엄밀히 이를 예방한다….(하략)…

함을 씻지 못한 것이 지금까지 31년이라. 다행이도 한울이 이 도(道)를 망(亡)케 하지 아니하여 서로 심법(心法)을 전하여 전국을 통(通)한 교도(敎徒)가 10만(萬)인지 알 수 없으되 사은(四恩)을 갚을 생각은 없고 오로지 육적(六賊)의 욕(欲)을 일삼으며 척화(斥和)를 빙자하여 도리어 창궐(猖獗)을 일으키니 어찌 한심(寒心)하지 않으리오. 돌아 보건데 이 노물(老物)이 나아가 70에 가까운지라. 기식(氣息)이 엄엄(奄奄)허되 전발(傳鉢)의 은혜(恩惠)를 생각하면 눈물이 옷깃에 차는 것을 견디지 못하여 어찌 할 바를 모르겠도다. 이에 또 통문(通文)을 발(發)하노니 바라건데 여러분은 이 노부(老夫)의 마음을 양찰(諒察)하고 기필코 회집(會集)하여 비성(菲誠)을 다하여 천위주광(天威紸纊)의 아래 크게 부르짖어 선사(先師)의 숙원(宿寃)을 쾌히 펴고 종국(宗國)의 급난(急難)에 동부(同赴)할 것을 천만(千萬) 바라노라.[21]

해월 최시형의 초유문을 받고 청산 문바위골에 모인 손병희, 손천민 이하 주요 대두목들은 오지영으로부터 호남의 정세를 듣고 최시형에게 거의(擧義)하기를 권하였다. 이에 대해 최시형은 '이 또한 천명(天命)에서 나온 바이니 누가 옳고 그름을 과히 탓하지 말라'[22] 하고 이어서 '인심(人心)이 천심(天心)이다. 이것이 천운소치(天運所致)니 군등(君等)은 도인(道人)들을 동원하여 전봉준과 협력해서 사원(師寃)을 펴며 우리 도(道)의 대원(大願)을 실현하라'[23]고 당부하였다.

계속해서 해월 최시형은 각 포(包) 두령에게 '지금 도인된 자 앉으면 죽고 움직이면 살 것이니 다 같이 용기를 내어 나가 싸우라'[24] 하며 친

---

21 『천도교백년약사(상)』, 250쪽.
22 『천도교백년약사(상)』, 251쪽.
23 이돈화, 『천도교창건사』(제2편), 65쪽.
24 『천도교백년약사(상)』, 251쪽.

히 통령기(統領旗)를 손병희에게 주면서 혁명 대열에 참가하도록 하였다. 통령기를 받은 손병희는 행군하기 전에 치성식(致誠式)을 지냈는데 제단을 설치한 후 첫잔은 통령 손병희가, 다음 잔은 영장 임정제(任貞宰)가, 축문(祝文)은 참모 손천민, 봉향(奉香)은 이관영(李觀永), 봉로(奉爐)는 이원팔(李元八), 장령에 이종옥(李鍾玉,鍾勳)·신택우(申澤雨)·정경수·조재벽·장건희·박용구·이상옥·신재련(辛在璉) 등의 두령이 차례로 참석하여 치성 맹약을 하였다.

1894년 9월 18일 청산 문바위골에서 재차 기포령을 내린 최시형은 통령 손병희가 이끄는 동학농민군을 따라 호남 지방으로 향하였다. 각지에서 동학농민군과 관군·일본군과의 격전을 치루는 과정에서 동학농민군의 전황(戰況)을 살피면서 임실군(任實郡) 이병춘(李炳春)의 집[25]에서 10여 일을 머물면서 혁명의 전세(戰勢)를 보고 받고 지휘하였다.[26] 최시형은 어느 날 '오(吾) 이기(異機)를 견(見)하였으니 도인(道人)을 견(遣)하여 갈담시(葛潭市)에 왕견(往見)하라'[27]하여 이내 임실군 갈담으로 향하였다.

한편 손병희는 전봉준과 논산에서 합류하여 공주 우금치에서 관군과 일본군의 연합군과 치열한 격전을 치루었으나 형세 불리함에 따라 후퇴하여 갈감(葛潭)에서 최시형과 조우하였다. 갈담에서 손병희를 만난 최시형은 무주(茂朱)를 향하다가 장백리(長白里)에서 이응백(李應伯)이 이끄는 민보군과 접전하여 크게 물리친 다음 계속 북상하여 영동군(永

---

25 「천도교서」에는 이병춘가로, 『천도교백년약사』에는 양경보가로 기록되어 있다.
26 해월 최시형이 임실지역에 머문 것은 임실지역의 동학세력과 관련이 있는 듯하다. 이 지역의 동학세력은 해월 최시형으로부터 직접 교화를 받은 곳으로 1차 동학농민혁명 당시 기포하였던 곳이다. 임실지역 동학세력은 1894년 3월 25일 기포하여 최승우, 김영원의 지휘아래 임실 관아에 집강소를 설치하고 6개월 동안 통치하였다.(『천도교임실교구사』, 16~17쪽)
27 「천도교서」, 『신인간』 379, 1980.7, 74쪽.

同郡) 용산(龍山)에 이르렀다. 이때 뒤에서는 일본군이 추격하고 앞에서는 관군이 포위하여 절대 위기에 직면하였으나 해월 최시형은 군중(軍中)을 향하여 다음과 같이 호령하였다.

> 한울님께 심고(心告)하고 일심(一心)으로 포위망(包圍網)을 뚫고 나아
> 가면 탄환(彈丸)이 들지 않으니라.[28]

포위망을 무사히 빠져나온 최시형은 보은 종곡(鍾谷)과 음성군 도장리(道場里)에서 각각 관군과 한 차례씩 격전을 치루고 미완의 동학농민혁명을 뒤로하고 또다시 도산검수의 피신길에 올랐다. 이 과정에서 주목할 점은 손병희가 이끌던 동학농민군을 갈담에서 해월 최시형을 조우한 이후의 상황이다. 이에 대해 『주한일본공사관기록』에 의하면 다음과 같이 기록하고 있다.

> 황간 현감으로부터 통보해오기를, 동학도 1만여 명을 최법헌이 이끌고
> 전라도 무주로부터 행진해와 이미 황간 부근 옛 근거지인 서수원에 머
> 물고 바야흐로 황간을 습격하려 한다 하였다.[29]

즉 해월 최시형은 손병희로부터 동학농민군의 지휘권을 넘겨받아 실질적으로 동학농민군을 지휘하였던 것이다. 이러한 사실은 다음의 기록에서도 확인할 수 있다.

---

28 「천도교서」, 『신인간』 379, 1980.7, 74~75쪽.
29 『주한일본공사관기록』 6, 국사편찬위원회, 1991, 68쪽(한글판).

동학도의 척후 2명을 붙잡아 심문하였더니, 수괴 최법헌이 이끌고 있으며, 임국호와 기타 4명의 수괴가 이에 따르고 있다.[30]

이상에서 살펴보았듯이 해월 최시형은 동학농민혁명 초기에는 비록 신중한 자세였으나 기포령을 내린 이후 보다 적극적으로 대응하였으며, 공주 우금치전투 이후에는 손병희로부터 지휘권을 넘겨받아 실질적인 지휘자로서의 역할을 하였던 것이다.

동학농민혁명에 대한 최시형의 인식은 앞서 살펴보았듯이 초기 신중론에서 점차 적극론으로 변화하며 마침내 직접 전투현황을 직접 지휘하였다. 최시형이 동학농민혁명 초기의 인식과 후기의 인식 및 활동에 대하여 다소 상이점이 없지 않지만 그 기본틀에는 자신의 종교적 사상적 특성에서 벗어나지 않고 있다. 최시형이 신중론을 전개할 때나 적극적인 참여를 하였을 째나 그것은 동학 교단의 최고 지도자로써 그의 인식과 행동에는 많은 갈등이 없지 않았을 것이다. 즉 시대적 모순에 대한 인식의 차이와 관으로부터 탄압에 대한 대응 방안 역시 그에게는 전봉준과 상당한 차이를 보이고 있다.

전봉준은 무력적인 수단을 활용해서라도 현실적 모순을 극복하려 하였다면 최시형은 무력적인 항쟁보다는 보다 성숙한 동학이 가지는 종교적 틀에서 해결하려는 의지를 강력하게 피력하였다. 이러한 점 때문에 일부에서는 최시형이 동학농민혁명에 대하여 소극적인 태도를 보였다고 지적하기도 한다.

하지만 이는 나무만 보고 숲을 보지 못하는 오류를 남기고 있다.

---

30 『주한일본공사관기록』 6, 69쪽.

전봉준의 경우 접주로서 자신이 추구하고자 하는 목표만을 설정하여 운신하였다면, 해월 최시형은 동학 전체의 지도자로써 종교적 권위를 유지해야만 했다. 최시형도 전봉준과 마찬가지로 현실에 대한 모순과 민중의 고통을 모르지도 외면하지도 아니 하였다. 그러나 우주적인 대변화를 고대하는 초월적이며 종교적인 그의 자세는 고통의 인내와 새로운 세계의 기다림을 강조하지 않을 수 없었다.[31]

이러한 인식에서 최시형은 동학농민혁명을 천운(天運)이라 하였으며 훗날 '군자(君子) 환난(患難)에 처(處)하여는 인궁(因窮)의 도(道)를 행(行)하나니 오배(吾輩) 마땅히 천리(天理)를 순(順)할 따름이니라'[32]하였다.

끝으로 해월 최시형과 제자인 신택우와의 대화가 최시형이 동학농민혁명을 어떻게 이해하고 있는지를 분명히 밝히는 것이라고 평가할 수 있다.

> 갑오 전란으로 인하여 우리 도를 비방하여 평하고 원망하는 사람이 많으니 어떤 방책으로 능히 이 원성을 면할 수 있습니까?
> 갑오 일로 말하면 인사로 된 것이 아니오 천명으로 된 일이니, 사람을 원망하고 한울을 원망하나 이후로부터는 한울이 귀화하는 것을 보이어 원성이 없어지고 도리어 찬성하리라. 갑오년과 같은 때가 되어 갑오년과 같은 일을 하면 우리나라 일이 이로 말미암아 빛나게 되어 세계 인민의 정신을 불러일으킬 것이니라.[33]

---

31 장영민, 「최시형과 서장옥—남북접 문제와 관련하여—」, 『동학농민혁명과 농민군 지도자성격』, 동학농민혁명기념사업회, 1997, 147쪽.
32 「천도교서」, 『신인간』 379, 1980.7, 75쪽.
33 「오도운수」, 『천도교경전』, 천도교중앙총부, 1991, 391~392쪽.

13.
해월 최시형의 체포, 그리고 순도

1) 체포령과 재연되는 도피와 은신

　동학농민혁명 이후 조선정부는 동학의 최고 책임자 해월 최시형에 대한 체포령이 내려졌다. 어느 한 곳에 오래 머무를 수 없는 해월 최시형은 강원도와 경기도 지역에 은신처를 마련하였다.

　1894년 12월경 동학농민혁명이 막을 내리자 조선 정부는 해월 최시형에게 체포령을 내렸다. 동학농민혁명을 이끌었던 실질적 지도자는 전봉준, 손병희, 김개남, 손화중 등이었지만, 조정은 동학의 최고 책임자였던 해월 최시형을 동학농민혁명 최고책임자로 인식하였다. 정부의 체포령으로 해월 최시형은 또다시 은신처를 마련할 수밖에 없었다.

　손병희와 호서동학군을 이끌던 해월 최시형은 보은 종곡전투와 충주 무극전투를 끝으로 생사고락을 같이하였던 동학농민군을 해산하였다. 다시 시작된 해월 최시형의 피신 생활은 강원도 홍천에서 시작되었다. 홍천 제일동에서 잠시 몸을 추스린 후 해월 최시형은 1895년 1월 인제군 느릅정이 최영서의 집으로 이거하였다.[1] 그렇지만 경제적으로

---

1 『천도교서』, 포덕 36년조.

어려운 최영서의 집에서 지낸다는 것은 부담으로 여겨 제자인 손병희, 이종훈 등은 원산 등지에서 물품 매매로 얻은 이익을 생활비용으로 충당하였다. 느릅정이에서 5개월 정도 지낸 해월 최시형은 인제군 최우범의 집에서 임시로 거처를 마련하였고, 다시 손병희와 임학선 등의 주선으로 원주 치악산 중의 수레촌으로 이거하였다.

해월 최시형은 수레촌에 머물면서 수제자라고 할 수 있는 손병희에게 의암(義菴), 김연국에게 구암(龜菴), 손천민에게 송암(松菴)이라는 도호(道號)를 내렸다. 그리고 이들 3인에게 교단의 중책을 맡겼다.[2] 이는 70의 노구에 이른 해월 최시형이 점차 후계 구도를 염두에 둔 것이었으며, 이를 동학교단에서는 '집단지도체제'라고 한다. 이후 동학교단은 의암 손병희, 구암 김연국, 송암 손천민 3인의 연서를 한 경통을 반포하였다.[3]

이후 해월 최시형은 충주 외서촌, 음성군 창곡, 충주 산막, 상주 높은터와 은척리를 거쳐 경기도 이천 앵산동에 이거하였다. 해월 최시형이 지냈던 곳은 임시 거처로 2, 3개월 정도 머물렀다.[4] 앵산동에는 손병희의 막내 사돈인 신택우가 살고 있었다. 앵산동은 충주의 마르택과 멀지 않은 곳으로 이주도 손쉬웠다. 앵산동에 이주한 해월 최시형은 특히 교인들의 왕래를 금하였다. 임순호의 수기에 송암 손천민이 잘못을 꾸짖으며 앞으로 나타나지 말라고 질타했다는 내용이 있는데, 이로 보아 해월의 금령은 강력했음을 알 수 있다.[5]

---

2 『천도교백년약사(상)』, 291쪽.
3 임형진, 「여주의 동학과 해월 최시형의 최후에 관한 연구」, 『경기도 여주 동학농민혁명』, 모시는사람들, 2020, 32쪽.
4 『천도교서』(제2편), 포덕 37년조.
5 표영삼, 『해월신사의 생애』, 천도교중앙총부, 57쪽.

이천 앵산동에서 지내는 동안 해월 최시형은 '향아설위(向我設位)'라는 중요한 법설을 하였다. 그 내용은 다음과 같다.

예전부터 향사의 때에 벽을 향하여 위패를 세우게 함은 이 선천(先天)의 일이니라. 지금 묻노니 부모의 사후 정령(精靈)이 어디에 있는 것인가. 또 선사의 정령이 어디에 있는 것인가. 생각하건대 부모의 정령은 자손의 심령(心靈)과 하나로 합쳤을 것이오. 스승의 정령은 제자의 정신(精神)과 하나로 합쳐졌을 것이라. 고로 선대 억조(億兆)의 정령은 후대 억조의 정령과 화합하였을지니. 그러면 내가 부모를 위하던지 선사를 위하여 향사할 때에 그 위패를 반드시 나에게 향하여 설치함이 가하니라. 누가 생각하든지 사람에게 죽은 후의 정령이 없다 하면 그만이거니와 만일 있다 할진대 부모의 정령은 자손의, 선사의 정령은 제자의 산정신을 버리고 어느 곳에 의지하여 있으리오. 고로 나를 향해 위패를 설치하는 것은 직접 신과 사람이 하나로 합쳐지게 됨을 표시함이니라.[6]

해월 최시형의 법설 '향아설위'는 유교에서 제사를 지낼 때 조상을 향하여 벽에 위패를 설치하는 '향벽설위'라는 제례의식을 벽이 아닌 나를 향하여 위패를 설치하는 새로운 동학의 제례의식이라고 할 수 있다. 이는 과거의 틀에서 벗어난 동학의 혁신적인 제례이었으며, 천인합일 즉 시천주의 새로운 제례의식이었다. 이를 계기로 향아설위는 동학교단의 제례의식으로 자리잡게 되었다.

1896년 6월 들어 동학에 대한 정부의 단속이 다소 수그러들자, 앵산동으로 동학교인들의 출입이 잦아졌다. 7월에는 각지의 주요 지도자들이 앵산동으로 찾아왔다. 이때 멀리 황해도와 평안도에서도 방찬

---

6 『천도교서』(제2편), 포덕 38년조.

두, 나용환 등 주요 인물들도 해월 최시형을 만나기 위해 앵산동을 찾았다. 이처럼 다소 교단이 안정됨에 따라 해월 최시형은 접주와 육임 등 첩지 발행도 다시 발급하였다. 그러나 무엇보다도 해월 최시형은 지금까지 사용하던 '북접법헌(北接法軒)'의 명의 대신 '용담연원(龍潭淵源)'을 사용하였다. 해월 최시형은 동학농민혁명 이후 교단에 남아있던 남북접의 갈등을 해소하고 수운 최제우의 이념으로 하나가 되자는 측면에서 용담연원을 사용하였다.[7]

동학농민혁명 이후 오랜 도피 생활로 해월 최시형의 건강은 매우 좋지 않았다. 70세를 넘긴 나이에 도피 생활로 몸을 돌볼 틈이 없었다. 1897년 여름이 되면서 해월 최시형은 하혈하는 일이 발생하였다. 이렇듯 해월 최시형의 건강이 위태롭자 손병희는 해월을 치료하기 위해 여주 전거론으로 옮겼다.

> 5월에 충주에서 의암성사[8]를 뵈었다. 그때 내가 살고 있던 전거런리[9]가 퍽 고요하고 그윽하다 하시며 해월신사[10]께서 다년간 너무 고생을 하셨고 더욱이 노인이신지라. 한벽한 곳을 가리어 집을 정하고 다시 규칙을 정하여 정양하시게 하는 것이 마땅하다 하시고, 나에게 그 주선을 맡기시었다. 그때 해월신사께서는 어디서 한 달을 편히 계시지 못하였다.[11]

몸이 성치 않은 해월 최시형은 장보교(帳步轎)를 타고 앵산동에서 전

---

7 성강현, 「동학농민혁명 이후 해월 최시형의 피신과 교단 수습」, 『동학학보』 49, 동학학회, 2018, 93쪽.
8 '의암성사'는 천도교의 손병희 존칭명이다.
9 전거론
10 '해월신사'는 천도교의 초시형 존칭명이다.
11 임순호, 「해월신사의 은도시대」, 『천도교회월보』 248, 1931.8, 14쪽.

거론으로 왔다. 뒤이어 해월 최시형의 가족도 전거론으로 이주하였다. 해월 최시형은 전거론에서도 5개월 정도 질병으로 고생하였다.

질병으로 고생하던 해월 최시형은 동학의 직임을 완전히 물려주는 도통 전수를 행하였다. 더이상 교단을 이끌어갈 수 없는 상황이 되었다. 1897년 12월 24일 동학의 도통을 의암 손병희에게 물려주었다. 1년 가까이 해월 최시형은 김연국과 손천민, 손병희의 3인집단체제를 통해 교단의 후계 구도를 구상하였지만, 손천민은 해월 최시형의 지시를 어겨 제외되었고 김연국은 오랜 기간 동안 해월 최시형을 지근거리에서 보좌했지만 기국이 적어서 교단을 이끌어가는데 적절하지 않다고 판단하였다. 결국 해월 최시형은 험난한 시기에 교단을 이끌어갈 적임자로 손병희를 꼽았다.[12] 이렇게 의암은 동학의 3대 교조가 되었다.

해월 최시형은 34년 전 자신이 수운 최제우로부터 도통을 전수받을 때 주변의 우려를 '하늘의 뜻이다'라고 평정했던 수운 최제우의 마음과 같은 심정으로 도통전수를 결정한 것이다. 이에 대해 『천도교서』에는 다음과 같이 기록되어 있다.

> 12월 24일에 신사 도통을 의암에게 전하시고 송암·구암에게 여등 3인 중에 또한 주장의 불무(不無)할지니 의암으로써 북접 대도주를 삼노라.[13]

비로소 해월 초시형은 '높고 멀리 뛰어라'라고 했던 스승 최제우의 임무가 이제는 새로운 인물인 의암 손병희에게로 넘어가는 순간이었

---

12 성강현, 「동학농민혁명 이후 해월 최시형의 피신과 교단 수습」, 94쪽.
13 『천도교서』(제2편), 포덕 38년조.

고, 35년이라는 기나긴 고난의 길을 마감하는 순간이었다.

2) 해월 최시형의 피체

도통 전수를 마친 해월 최시형은 1898년 벽두부터 위기에 봉착하였다. 관에 체포된 권성좌는 고문을 못 이겨 해월 최시형의 은거지를 실토한 것이다. 1월 3일 오후 이천 관군 30여 명이 권성좌를 앞세우고 전거론으로 출발하였다. 다음날 1월 4일 새벽에 전거론에 도착하였다. 당시 위급한 상황을 임순호는 다음과 같이 기술한 바 있다.

> 나는 곧 신사댁으로 달려가니 성사와 구암, 기타 몇 사람이 있었다. 일의 급한 것을 전하니 일동은 화기를 잃고 침묵할 뿐이었다. (중략) 이때 강암(손병흠)이 신사께 피신하도록 말씀하였으나 급즉완(急則緩)이라 하시고, "일이 이미 이에 이르렀으니 이러한 경우에는 다만 천명을 기다릴 따름이다." 하시었다.[14]

권성좌와 관군은 김연국의 집을 지나 해월 최시형의 집으로 들이닥쳤다. 함께 피신생활을 하던 손병희는 기지를 발휘해 관군을 내쫓았다.

손병희는 목침을 들어 문지방을 내리치면서 권성좌를 향해 "네가 누군데 자세히 나를 봐라, 알거든 안다고 해라"라고 호통쳤다. 권성좌는 손을 내저으며 당황하였다. 권성좌는 손병희의 기에 눌려 횡설수설하다가 관병에게 해월 최시형이 다른 곳에 있다고 말한 후 집을 빠져

---

14 임순호, 「해월신사의 은도시대」, 15쪽.

나갔다. 권성좌는 결국 김낙철을 해월 최시형으로 지목하였고, 김낙철은 자신이 해월 최시형이라고 말하며 순순히 잡혀갔다.[15]

위기를 모면한 해월 최시형은 이날 밤으로 급히 전거론을 떠났다. 경기도 지평군 갈현의 이강수의 집에 며칠 머물다 홍천군 서면 제일동 오창섭을 찾았다. 오창섭의 집도 지내기가 여의치 못해 다시 오창섭의 사촌 오문화의 집으로 갔다. 1월 22일에는 방아재리에 있는 오영수의 집으로 잠시 피신하였다.[16] 해월 최시형은 위기를 모면하고 몇 차례 교인의 집을 돌다가 정착한 곳이 원주 호저면 고산리 송골의 원진여의 집이다.

해월 최시형이 원진여의 집에 도착한 시기는 1898년 1월 30일이었다. 언제 관의 추적이 미칠지 불안한 제자들은 해월 최시형이 머물고 있는 원진여의 집에서 좀 떨어져 있는 곳에 머물렀다. 해월 최시형을 만나기 위해서는 먼저 손병희와 김연국의 허가를 받아야 하였다.[17] 이는 당시의 상황이 그만큼 위급하였음을 알 수 있다. 이처럼 철저하게 해월 최시형을 보호하고자 하였으나 관의 추적을 피할 수 없었다.

원주 송골에 간신히 의탁하게 된 해월은 차츰 병세가 회복되었던 듯하다. 1898년 3월 해월 최시형을 배알하러 송골에 왔던 평안도 출신의 나용환(羅龍煥)은 다음과 같이 회고한 바 있다.

> 72세가 되신 노 할아버지가 억조창생의 생사고락을 생각하시면서 초당
> 에 단좌하고 계시다가 우리 청년 제자를 인견(引見)하시고 "원로에 편

---

15 김낙철, 『용암 김낙철역사』, 무술년조.
16 성강현, 「동학농민혁명 이후 해월 최시형의 피신과 교단 수습」, 95쪽.
17 『천도교서』(제2편), 포덕 39년조.

안히 오신 것을 기쁘게 생각합니다. 서북(西北)에 포덕이 많이 난다는 소식을 들으니 더욱 기쁩니다."라고 말씀하실 때에 우리는 실로 감격에 넘쳐 울 뻔했습니다. 그 노당익장(老當益壯)하신 기품이라든지 그렇게도 보기 좋은 수염이라든지 그 낙발(落髮)이 다 되신 머리에 삼층관을 쓰신 것이라든지 그때 인상이 낱낱이 그대로 남아 있습니다.[1819]

　해월 최시형의 행복한 시간도 잠시였다. 1898년 4월 초 세찰사 송경인(宋敬仁)은 옥천과 보은의 관병들을 이끌고 전거론에 와서 동학교인을 체포해 취조하였고, 끝내 원주 송골 해월 최시형의 거처가 있다는 것을 알아냈다. 송경인은 4월 5일 약 50여 명의 관졸들을 이끌고 원주 송골로 향하였다. 4월 5일은 동학이 창명된 날이어서 각지에서 주요 지도자들이 송골로 모여들었다. 기념 향례를 준비해야 할 해월 최시형은 하루 전인 4일에 제자들을 모두 돌려보냈다. 당시의 상황을 임순호는 다음과 같이 기록하였다.

　4월 4일은 의암성사·구암·강암·신현경·나(임순호) 다섯 사람이 선생을 모시고 있었는데, 해월신사께서는 모두 각기 돌아가 향례를 지내라 하시고 다 돌려보내시었다. 그리고 나와 임도여(신사댁 일꾼)만 남아서 해월신사를 모시고 있었는데 임도여는 나무를 하러 가고 나 혼자만 있었다. (중략) 나는 해월신사 옆에서 짚신을 삼고 있었는데 (중략) 심기가 답답하여 동구로 나갔더니 관병 사오십 명이 몰려오고 있었다.[20]

　홀로 있던 해월 최시형은 관병에게 피체되었다. 다른 사람보다 늦

18　나용환, 「해월신사의 통문을 가지고」, 『신인간』 49, 1930.7, 2쪽.
19　나용환, 「신성께 처음 뵈올 때」, 『신인간』 25, 1928.7, 16~17쪽.
20　임순호, 「해월신사의 은도시대」, 15쪽.

게 출발했던 임순호도 역시 피체되어 문막에 이르렀을 때, 여주의 동학교인 황영식이 와서 전거론에서부터 끌려온 이치경 형제는 아무런 죄가 없으니 자기를 체포하라고 하였다. 임순호와 이치경 형제는 석방되고 대신 황영식을 체포하고 무수히 구타당하였다. 이를 본 해월 최시형은 "무죄한 사람을 때리는 것은 도리어 죄가 되나니 너희들은 한울을 두려워하지 않느냐"고 큰소리로 꾸짖었다.[21]

3) 서소문 감옥 수감과 최후

해월 최시형은 여주에서 배편으로 한강을 따라 한양으로 압송되었다. 한양에 온 해월 최시형은 광화문 경무청에 수감되었다. 경무청에서 10여 일을 갇혀 있다가 다시 서소문 감옥으로 옮겨 수감되었다.[22]

해월 최시형의 체포 소식에 놀란 손병희 등 제자들은 서둘러 한양으로 잠입하여 사후 대책을 논의하였다. 제자들은 우선 이종훈을 경무청에 순감으로 취직시키고자 돈 100냥으로 매관을 시도하였지만 해월 최시형이 서소문 감옥으로 이감되자 소용없게 되었다. 이종훈은 서소문 감옥의 옥졸들과 접촉한 끝에 김준식을 매수하여 의형제를 맺었다. 이종훈은 긴준식을 통해 해월 최시형의 동향을 살펴는 한편 연락을 주고 받았다. 이 소식을 들은 해월 최시형은 다음과 같이 제자들을 위무하고 부탁을 곁들였다.

편지 보았소. 여러 도인 다 잘들 있습니까? 여러 도인들은 내가 이리된

---

21 성봉덕, 「해월신사의 순도경위」, 『신인간』 483, 1990.6, 37쪽.
22 조기간, 「해월신사의 수형 전후 실기」, 『신인간』 14, 1927.7, 7쪽.

것을 조금도 근심하지 말고 그저 잘 들만 믿으시오. 내가 이리 되었을수
록 더욱더 잘 믿어야 됩니다. 아무 일도 없이 우리 도의 일은 더욱더 잘
될 터이니, 그저 잘만 믿으라. 나는 설사로 해서 매우 괴롭게 지냅니다.
그리고 돈 있으면 50냥 만들어 보내주시면 요긴하게 쓰겠소.[23]

해월 최시형은 옥중에 있었지만 자신보다는 제자들을 위무하였고,
신앙을 보다 더 철저하게 할 것을 당부하였다. 설사로 고생하고 있으
면서 50냥이라는 돈이 필요하다고 하였다. 제자들은 돈의 사용처가
당연히 약값이라고 생각하였지만, 해월 최시형은 제자들이 마련해준
돈으로 떡을 사서 많은 수인들에게 나누어 주었다 한다.[24] 해월 최시형
은 마지막 순간까지도 사람을 하늘답게 대한 인물이었다.

옥중 해월 최시형의 병세는 시간이 지날수록 악화되었다. 당국은
중죄인이 병사하는 것은 법의 위엄에 손상을 준다며 재판을 서둘렀다.
5월 11일부터 시작된 재판은 5월 30일 교형을 선고함으로 일사천리로
마무리되었다.[25]

해월 최시형의 재판 과정은 너무나 처참하였다. 서소문 감옥에서
평리원까지 걸어서 왕래하며 재판을 받을 때 큰 칼을 쓰고 걸어가는
도중에 목이 아파서 다리가 아파서 수없이 주저앉았다. 이종훈은 신사
의 처절한 그 광경을 보고 가슴이 메어지고 피눈물을 쏟았다고 하였다.

그 전목 칼이 하도 무거워서 옥졸한 사람이 칼 앞머리를 받들고야 평리
원으로 들어오시게 되었다 한다. 들어오시다가 '아이고 목이야' '아이고

---

23 조기간, 「해월신사의 수형 전후 실기」, 9쪽.
24 조기간, 「해월신사의 수형 전후 실기」, 9쪽.
25 『시천교역사』, 무술년조.

214   해월 최시형 평전

다리야' 하시면서 한두 번씩은 길에 앉으셔서 쉬어서야 오시었다 한다. 그 때에 이종훈 씨는 신사의 곁을 따라다니면서 보았는데, 신사 묵묵히 바라보시면서 퍽 비감하시는 때도 있었었는데, 그런 때에 제일 괴로운 것은 자꾸 눈물이 쏟아지는데, 그 자취를 곁에 있는 사람이 모르게 하기와 어찌하면 이 눈물이 못 나오게 할까? 함이 제일 고통이었다고 한다. 그렇게 다니시면서 재판받기를 십여 차례를 하시었다.[26]

해월 최시형의 재판은 역사의 아이러니였다. 재판장은 조병직, 판사는 주석면과 조병갑이었다. 동학농민혁명의 불씨가 되었던 고부군수 조병갑은 잠간 동안의 유배생활을 마치고 다시금 권력자가 되어 해월 최시형의 재판관이 되었다. 뒤틀린 우리 역사의 한 단면이었다. 해월 최시형의 「판결선고문」의 내용은 다음과 같다.

강원도 원주군 평민 피고 최시형 나이 72세.
경기도 여주군 평민 피고 황만이 나이 39세.
충청도 옥천군 평민 피고 박윤대 나이 53세.
충청북도 영동군 평민 피고 송일회 나이 33세.
우 피고 최시형과 황만이, 박윤대, 송일회 등의 안건을 검사 공소에 연유해서 이를 심리하니, 피고 최시형은 병인년에 간성에 살며 필묵상 박춘서 등에게 이른바 동학을 전하고 선도(善道)로 병을 치료하며 주문으로 신을 내린다고 칭하고 여러 군과 각 도에 주유편행하여 시천주 조화정 영세불망 만사지(侍天主造化定永世不忘萬事知)란 열세 자 주문과 지기금지 원위대강(至氣今至願爲大降)이라는 여덟 자 강신문(降神文)과 동학 원문 제1편 포덕문과 제2편 동학론과 제3편 수덕문과 제4편 불연기연과 궁궁을을지부로 인민을 선동 현혹하며 도당을 체결하고 또

26 조기간, 「해월신사의 수형 전후 실기」, 9~10쪽.

죄를 짓고 사형을 당한 최제우의 만년지상화천타(萬年枝上花千朶) 사해운중월일감(四海雲中月一鑑)이라는 시구를 우러르며, 법형법제(法兄法弟)의 실심경심(實心敬信)으로 인하여 법헌(法軒)의 호를 칭하고, 해월의 장을 새겨 교장과 교수의 집강과 도집과 대정 중정 등 두목을 각 지방에 두고, 또 포와 장이라는 모임 장소를 설치하여 뭇 무리를 모이게 하여 천만 명이 이르렀다.

죄를 짓고 사형을 당한 최제우를 신원(伸冤)한다고 하며 지난 계사년에 교도 수천 명으로 궁궐에 나아가 진을 치고 상소를 하였다가, 선회하여 해산을 하고 또 보은 장내리에 많은 군중을 모이게 하여 이때 순무사의 선유함으로 인하여 가자 흩어져 갔었다.

갑오년 봄에 이르러 피고의 도당 전봉준과 손화중 등이 고부지방에서 당을 모아들여 기회를 타고 바람을 일으켜 관리를 죽였으며, 성과 진을 함락하여 충청도와 전라도 양호지방이 어지러이 혼란한 지경에 이르니, 피고가 차에 지시하고 서로 응한 일은 없다고 하나, 난의 원인을 살펴보면 피고의 주문이 대중을 현혹함에 연유함이다.

피고 황만이는 지난 갑오년 5월에 동학교도인 임학선의 협박을 받아 입도를 하여 바꾸어 귀화하였다가, 작년 7월에 또 임학선의 말을 듣고 경상도 지방의 대종선생을 보지 않으면 안 된다고 하여 도망하고 있는 최시형을 방문하여 보고는 생선을 구입하였다.

피고 송일회는 갑오년 4월에 동학에 입도하여 최시형이 청산군 지방에 있을 때에 일차 방문하여 만난 후 금년 정월에 이르러 친한 동학교도 박윤대 있는 곳에서 최시형이 이천군 지방에 있음을 듣고는 옥천 사람 박가처에 말을 했더니, 경무청 관인에게 피촉이 되어 박윤대와 같이 이끌리어 원주군 지방에 가서 최시형을 포획하였고, 피고 박윤대는 동학에 투입하여 최시형의 사위 김치구의 집에 고용살이를 하다가, 경무청의 관인에게 피촉되어 송일회와 함께 이끌리어 원주 지바에서 최시형을 획득한 후, 이로 인하여 석방되어 돌아가는 길에 친한 동학교도 박치경을 만나 이 사람에게 부탁을 받고 돈 20냥을 지니고 서울에 들어와 최시

형의 식비를 조달할 목적으로 경무청에 왔다가 잡힌 사실은 피고 등 모두 자백하여 증명한지라,

이를 법에 비추어 피고 최시형은 대명률 제사편 금지사무사술조에 응하여 좌도난정(左道亂正)의 술(述)과 혹은장도상소향집중야취효산양수선사선혹인민위수자율(惑隱藏圖像燒香集衆夜聚曉散伴修善事煽惑人民爲首者律)로 교수형에 처하고, 피고 황만이는 같은 편 사조(司條)의 위종자율(爲從者律)로 장 100대를 치고 종신 징역에 처할 만하나, 피고 최시형을 체포할 때에 앞으로 인도한 효노(效勞) 없지 아니하니 본 법률의 이등을 감하여 장 100대와 징역에 처하고, 피고 박윤대는 같은 편 같은 조에 위종사율(衛從者律)로 장 100대를 치고 종신징역에 처할 만하되 최시형을 체포할 때에 지도한 효노(效勞)가 없지 아니한지라, 송일회와 같이 이등을 감한고자 하나, 최시형 수감 때에 식비를 조달한 까닭으로 일등만 감하여 장 100대와 징역 15년에 처한다.[27]

1898년 6월 2일 해월 최시형은 서소문 감옥에서 육군법원으로 옮겨졌다가 형이 집행되었다. 해월 최시형의 시신은 육군법원 교형장 뒤뜰에 버려져 있었다. 당시에는 사형을 집행한 시체는 3일 후에 시구문이라 불리는 광희문 밖에 버리게 되어있었기 때문이었다. 3일 뒤인 6월 5일 이종훈은 상여꾼들을 사서 야밤에 시신을 수습해 6일 새벽에 나루를 건너 송파에 도착하였다. 의암 손병희와 구암 김연국, 춘암 박인호 등이 기다리고 있었다.[28] 이종훈의 눈물겨운 노고가 아니었다면 해월 최시형의 시신마저 찾지 못하고 마음 태울뻔하였다. 조기간은 이종훈의 이야기를 통해 해월 최시형의 시신 수습 상황을 다음과 같이

27 『동학관련판결문집』1, 총무처 정부기록보존소, 1994, 33쪽.
28 『천도교서』(제2편), 포덕 39년조.

기록했다.

이종훈 씨는 그날 저녁으로 김준식과 같이 상여꾼 두 사람을 데리고 광
희문을 향해 나가다가 본즉 좌포청 포교두목 민흥오라는 민배때기이가
문통에 떡 지키고 섰는 것이 보였다. 깜짝 놀라 슬그머니 돌아서서 동대
문으로 나가서 성밖 길로 돌아서 다시 광희문 밖으로 돌아갔다. 캄캄한
밤인데다 비가 들어붓듯이 쏟아져 다니는 사람이 하나도 없었고 지키
던 사람들도 다 돌아가고 말았다.
준비한 쇠초롱 하나, 황초 다섯 가락, 우산 하나, 베 한 필, 칠성판 하나
를 가지고 김준식과 미리 약조하고 세워 놓은 '동학 괴수 최시형'이라고
패를 써 꽂은 신사의 무덤을 찾았다. 초롱과 우산은 김준식에게 들리고
상여꾼 두 사람을 데리고 시체를 파내는데 일꾼들은 시체를 손에 대기
가 싫어서 흙 파는 괭이로 떠들추려 한다. 이때 두 사람은 하체를 들게
하고 나는 상체를 들 테니 …' 하고 무덤 속에서 시체를 땅 위에 끄집어
냈다. 몸에는 못쓰게 된 헌 요 한 겹이 감겨 있을 뿐이다.
칠성판 위에 올려 모시고 어떻게 할 수가 없어서 베를 그대로 칭칭 감으
면서 머리를 만져 보니 뼈가 크게 상해 일그러져 있어 다시 바로 맞추어
싸게 되었다. 내리붓는 비속으로 밤새 광나루를 건너 광주(廣州)에 이
르렀다. 의암 손병희, 구암 김연국, 춘암 박인호 외에 여러분 교인들과
같이 그곳 이상하 씨의 뒷산에 장사하였다.[29]

광주 송파의 이상하의 뒷산에 모셔졌던 해월 최시형은 2년 후인
1900년 3월 12일에 이상하가 이종훈에게 동네 사람들이 관의 지목을
두려워하니 이장을 해달라고 요구했다. 즉 "동리 사람들이 신사의 묘
가 내 산에 모셔져 있다고 지목하니 무슨 일이 생길지 모르므로 이장

---

29 조기간, 「해월신사의 수형 전후 실기」, 11~12쪽.

해 달라"는 것이었다. 이에 의암 손병희와 구암 김연국, 춘암 박인호 등이 모여 의논해 이장할 곳을 광주, 이천, 여주 등지에서 물색하였다. 이종훈은 자신의 집 가까이로 모시기로 하였다. 마침 춘암 박인호가 다니다가 보아둔 원적산 아래의 천덕봉이 명당이라고 하여 그리로 모시기로 하였다.

1900년 3월 11일 여주군 금사면 주록리 원적산 천덕봉 아래 소시랑봉 산 중턱으로 이장하였다. 손병희와 김연국 등은 원적산에서 기다리기로 하고, 박인호가 유해를 거두어 운구하기 위해 송파로 떠났다. 송파에 도착한 박인호는 해월 최시형의 묘소에 예를 올린 후에 유해를 거두어 준비해 가지고 간 칠성판에 머리부터 순서대로 모시고 칠포로 칭칭 감고 유지로 쌌다. 석양이 다 되어 박인호는 해월 최시형의 유해를 등에 지고 송파를 출발하여 빠른 걸음을 재촉하여 그 밤으로 원적산에 도착할 예정이었다.

그러나 날이 어스름해지면서부터 비가 쏟아지기 시작하여 밤이 깊어 갈수록 더욱 세차게 쏟아졌다. 박인호는 도저히 갈 수가 없게 되자 음고개(현 경안고개) 마루턱에 있는 외딴 주막집 처마 끝에 해월 최시형의 유해를 모셔놓고 밤새 비가 멎기를 기다리며 옆에서 잠시의 틈도 주지 않고 밤을 꼬박 새우고 있었다. 박인호는 아버님의 유골이라고 주인장을 속였다. 주막집 주인은 밤새 시신의 곁을 떠나지 않는 박인호의 거동을 내다보면서 아무리 효자기로서니 저럴 수가 있느냐면서, 따뜻한 국을 끓여 밤참을 해주었다.

날이 밝아 새벽이 되어 비가 잦아들었다. 박인호는 다시 유해를 등에 지고 걸음을 재촉하여 원적산에 당도하였다. 기다리고 있던 손병희 등 제자들은 눈물로 스승의 유해를 천덕봉에 안장하였다. 1900년 3월

12일이었다.[30]

4) 처형지의 새로운 과제

해월 최시형의 죽음 과정은 그동안 많은 연구를 통하여 어느 정도 구체화 되었다.[31] 다만 여전히 남은 문제인 그의 처형장소이다. 그동안 거의 무비판적으로 해월 최시형의 처형지는 육군법원으로 알려졌다. 현재의 종로3가 단성사 극장 앞으로 추정되어 추모비가 그곳에 있을 정도로 확정되어 있다고 할 수 있다. 이는 전적으로 해월 최시형의 체포 이후 거의 전적으로 그의 뒷바라지를 했고 나중에는 시신마저 수습한 이종훈의 증언에 따른 것으로 판단된다.

그러나 2016년 「서소문역사공원과 동학의 관련성 검증을 위한 역사고증 학술용역 연구결과 보고」[32]에서 해월 최시형의 처형장소에 의문을 제기하였다. 즉 연구보고서에 의하면 채길순 등이 주장하는 종래의 견해대로 해월 최시형이 처형된 현장을 육군법원으로 보고 있는데, 육군법원은 1898년 이후에 설치되었다고 주장하고 있다. 이에 따라 해월 최시형의 처형지는 수감되었던 서소문 감옥으로 판단하고 있다.

---

30 『시천교역사』, 경자년조.

31 천도교단의 공식기록 말고도 해월 최시형의 최후에 대한 기록은 많다. 특히 『신인간』에는 1927년 7월호의 조기간, 「해월신사 수형전후실기」, 1977년 5、6월 합동호에는 「해월신사의 조서 및 판결문」, 1979년 6월호에는 순암 임순호, 「해월신사의 최후」, 1990년 6월호에는 성봉덕,「해월신사의 순도경위」 등의 기록이 있다.

32 「서소문역사공원과 동학의 관련성 검증을 위한 역사고증 학술용역 연구결과 보고」는 서울 중구에 서 의뢰한 서소문공원의 카톨릭 성역화 작업에 이의를 제기한 타종교 단체의 주장을 검증하기 위한 용역프로젝트였다.

해월 최시형은 1898년 음력 5월 30일(양력 7월 19일) 감옥서에서 교수형에 처해졌다. 최시형이 교수형을 선고받은 사실은 다음의 보고에서 확인된다. (중략)

그런데 최시형이 수감되어 있던 감옥서는 "이달 11일에 좌우 감옥소와 거기 있는 죄인들을 서소문 안 그 전 선혜청 대동아문으로 옮기더라."(『독립신문』 1896년 5월 16일) 한 것에서 볼 수 있듯이 서소문 감옥으로 판단된다. 그런데 채길순은 최시형이 1898년 6월 2일 육군법원으로 이송되었고, 그곳에서 처형당한 것으로 파악하였으나 육군법원은 최시형이 처형당한 이후인 1900년 9월 14일 '육군법원을 설치하는 건'에 관한 조칙에 의해 설치하여 1907년 8월까지 운영되었다. 따라서 최시형이 처형당한 곳은 서소문 감옥이 옳은 것으로 판단된다. 다만 그의 시신이 효시되었을 것이라는 점은 추측은 가능하나 자료상으로 확인은 되지 않는다.[33]

보고서의 내용은 종래의 해월 최시형 처형지에 대한 전면적인 부정이었다. 아직까지는 어느 것이 옳은지의 판단이 되지 않는다. 더욱더 많은 자료를 찾아보아야 하고 또 다른 기록들과 특히 기록을 잘 남기는 일본 측의 사료도 검토해 볼 필요가 있다. 다만 여기서 짚고 넘어갈 필요가 있는 부분은 기존의 주장에 대한 철저한 검증이다. 그리고 새로운 유추 해석이 필요할 것이다.

육군법원에서 처형당했다는 주장은 이종훈 등 목격자들의 증언에 절대적으로 의존한 결과였다. 어쩌면 육군법원이 설치되기 전에 그곳에 교형을 위한 시설이 있었고, 나중에 증언하기를 육군법원에서 처형당한 것이었다고 할 수도 있다. 아니면 연구보고서의 고증대로 해월

---

33 한성대 역사연구팀, 『서소문역사공원과 동학의 관련성 검증을 위한 역사고증 학술용역 연구결과 보고』, 2016, 34~35쪽.

최시형은 그동안 수감되어 있었던 서소문 감옥에서 전래대로 처형당한 것인지도 모른다. 실제로 전봉준 등도 수감되어 있었던 전옥서에서 교형으로 처형되었다. 해월 최시형 처형지는 여전히 남아있는 과제로 지속적으로 연구가 필요할 것으로 본다.[34]

---

[34] 임형진, 「여주의 동학과 해월 최시형의 최후에 관한 연구」, 74~75쪽.

14.
해월 최시형의 사상적 특성

1860년 4월 5일 최제우에 의해 창도된 동학의 사상적 특성은 크게 다시 개벽[1]의 혁세사상(革世思想), 시천주[2]의 만민평등사상(萬民平等思想), 유무상자(有無相資)[3]와 경제적 평등사상 및 동귀일체(同歸一體)[4]의 대동사상(大同思想), 척왜양(斥倭洋)[5]의 민족주체사상(民族主體思想) 등으로 요약할 수 있다.

동학을 창도한 수운 최제우는 『용담유사』에서 자신의 득도 이전 이전까지의 세계를 '개벽후오만년(開闢後五萬年)',[6] '하원갑(下元甲)',[7] '전만고(前萬古)',[8] '효박한 이 세상'[9] 등의 표현을 통하여 비판한 바 있다. 이러한 인식은 동학 창도 이전의 시대는 온갖 모순이 가득 찬 시대로 극복

---

1 「안심가」, 「몽중노소문답가」, 『용담유사』.
2 「논학문」, 『동경대전』.
3 유무상자라 함은 최제우 초기부터 그의 제자중에 경제적 능력이 있는 자들로 하여금 가난자 자를 위하여 적극 돕는 것으로 이 같은 초기 동학의 공동체적 분위기가 貧窮者로 하여금 동학에 입교하는데 중요한 한부분을 차지하였다. 이러한 유무상자는 최제우의 순도 후에도 수십년간 지하조직으로 존립하였다.
4 「안심가」, 『용담유사』.
5 「포덕문」, 『동경대전』.
6 「용담가」, 『용담유사』.
7 「몽중노소문답가」, 「권학가」, 『용담유사』.
8 「교훈가」, 『용담유사』.
9 「몽중노소문답가」, 『용담유사』.

되어야 할 시대임을 밝히고 있다. 또한 최제우는 동학의 새로운 출발 기점인 1860년 4월 5일을 기점으로 '다시 개벽', '상원갑(上元甲)',[10] '후 만고(後萬古)',[11] '오만년지운수(五萬年之運數)'[12] 등의 표현으로 새로운 세계 의 도래를 역설하고 있다. 즉 최제우는 모순에 가득 찬 지금까지의 혼 란한 시대는 반드시 무너지고 다가오는 새 시대, 다시 개벽의 시대야 말로 지상천국의 이상적 사회가 될 것이라고 제시하고 있다.

이와 더불어 최제우는 무위이화(無爲而化)라는 개념을 통하여 제국주 의의 침략과 조선 왕조 지배층에 대한 비판적 의식을 제시하였다. 최 제우는 다시 개벽과 무위이화를 통해서 낡은 시대와 낡은 문명을 극복 하고 새로운 시대와 새로운 문명을 개척하고자 하는 현실 비판사상이 며 天道를 회복하는 새 시대, 새 문명사회 건설을 지향하는 진보적 사 상의 일면을 보여주고 있다.

이러한 일면은 1894년 동학농민혁명에서 잘 드러나고 있으며 반봉 건 반침략의 사상적 연원이 되고 있다.[13] 최제우는 『동경대전』에서 '오 심즉여심(吾心卽汝心)'[14]·'천심즉인심(天心卽人心)',[15] 『용담유사』에서 '나는 도시 믿지 말고 한울님만 믿었어라. 네 몸에 모셨으니 사근취원 하단 말가'[16]라는 표현을 통해 한울님과 인간이 둘이 아니고 하나임을 밝히 고 있다. 이와 같은 내 몸에 모셔져 있는 한울님을 체험함으로써 시천

---

10 「몽중노소문답가」, 『용담유사』.
11 「교훈가」, 『용담유사』.
12 「용담가」, 『용담유사』.
13 장영민, 「최시형과 서장옥─남북접 문제와 관련하여─」, 『동학농민혁명과 농민 군 지도자성격』, 동학농민혁명기념사업회, 1997, 134쪽.
14 「논학문」, 『동경대전』.
15 「논학문」, 『동경대전』.
16 「교훈가」, 『용담유사』.

주 사상은 조선왕조 신분제를 타파하고 근대적 평등사상을 확립하고 있다.

최제우의 시천주 사상은 최시형에 의해 '천지만물이 시천주 아님이 없나니 만물을 일체 공경으로 대하라',[17] '사람은 한울이라 평등이요 차별이 없나니라. 사람이 인위로써 귀천을 가리는 것은 한울님의 뜻에 어기는 것이니 제군은 일체 귀천의 차별을 철폐하여 선사(先師)의 뜻을 맹세하라',[18] '어린 아이를 때리는 것은 한울님을 때리는 것이다'[19]라는 범천론적 동학사상으로 확대되어 민중들 속으로 실천됨으로써 1894년 동학농민혁명 당시 동학농민혁명에 참여한 동학군을 결속하는 중요한 요소로 작용되었다.

최제우는 동국(東國)의 학(學)인 동학(東學)[20]은 당시 민중들 사이에 이미 널리 포교되고 있는 서학(西學)을 제압하고자 한것을 밝히고 있다. 이러한 최제우의 반외세적 척왜양 사상은 줄곧 동학의 기본사상으로 이어졌으며 특히 1893년부터 전개된 교조신원운동에서도 잘 나타나고 있다. 보은 장내에서 전개된 보은집회에서는 척왜양창의(斥倭洋倡義)를 기치로 내걸고 수만명의 동학도인이 모여 20여 일간 집단적으로 시위를 하였다. 이어 1894년 기포된 동학농민혁명 과정에서 수많은 檄文과 布告文을 통해 반침략적 의지를 드러내고 있다.

이외에도 최제우는 포교 과정을 통해 경제적 여력이 있는 제자들로 하여금 생활이 어려운 사람을 적극 돕도록 가르쳤다. 유무상자(有無

---

17 「천도교서」, 『신인간』 377, 1980.5, 75쪽.
18 「천도교서」, 『신인간』 374, 1980.1, 75쪽.
19 「천도교서」, 『신인간』 377, 1980.5, 78쪽.
20 「논학문」, 『동경대전』.

相資)라 하여 경제적 공동체 정신을 발휘하도록 한 것이다. 이러한 관계 속에 형성된 동학의 조직은 최시형에 이르러 더욱 견고하게 다져졌으며 교조신원운동과 동학농민혁명을 통해 그대로 계승 실천되었다.

최제우에 의해 확립된 동학의 사상적 특성은 최시형에 이르러 더욱 확대 발전되었다. 특히 시천주 사상은 '천지만물이 한울님 아님이 없다(天地萬物 莫非侍天主)[21]로 재해석되었다. 이를 토대로 하여 최시형은 사람뿐만 아니라 우주 만물 자체가 바로 한울님이므로 어린이도, 며느리도, 남의 종도, 날아가는 새도, 들에 핀 꽃도 모두 한울님으로 인식하였다. 뿐만 아니라 이를 기본사상으로 하여 최시형의 사상적 특성도 '만민평등(萬民平等)',[22] '천주직포(天主織佈)',[23] '새 소리도 한울님 소리',[24] '치천식천(以天食天)'[25] 등으로 확대되었다.

또한 최제우 당시 교인간의 유대강화를 하는데 근본이 되었던 유무상자의 대동사상은 최시형에 이르러 더욱 활성화되었다. 1875년부터 1892년에 이르기까지 최시형은 통문을 통해 유무상자의 실천을 강조하였다. 더욱이 최시형도 몸소 실천하였다. 이와 같은 유무상자의 대동사상은 교조신원운동을 비롯하여 동학농민혁명을 통해서 실천적으로 나타나고 있다.

해월 최시형은 어린 시절 매우 불우하게 보냈다. 일찍 부모를 여의고 청소년 시절 내내 남의 집에서 머슴살이와 제지소 직공으로 일한 적이 있다. 특히 해월 최시형은 이때의 불우한 생활로 인해 '내가 가장

21 「천도교서」, 『신인간』 377, 1980.5, 75쪽.
22 「천도교서」, 『신인간』 374, 1980.1, 75쪽.
23 「천도교서」, 『신인간』 377, 1980.1, 75쪽.
24 「천도교서」, 『신인간』 377, 1980.5, 78쪽.
25 「천도교서」, 『신인간』 374, 1980.1, 79쪽.

한스러웠던 것은 머슴을 살면서 "머슴 놈"이라는 말을 들으며 살아야
했다'[26]고 회고하고 있다. 이와 같은 성장과정은 그에게 사상적 특성을
결정하는데 중요한 역할을 하였다. 최시형은 최제우의 가르침에 충실
하였지만 가장 큰 영향을 받은 것은 바로 최제우께서 두 명의 여자 몸
종을 며느리와 수양딸로 삼은 것을 보인다. 최제우의 이러한 실천행동
은 머슴 생활을 했던 해월 최시형에게 충격적인 것이었다. 이러한 까
닭으로 최시형은 동학에 입도한 후 정성스런 수련에 힘쓰는 한편 적서
차별 남녀차별 귀천차별의 철폐를 철저하게 강조하였다.[27]

해월 최시형의 사상은 당시 신분제 하에서 고통 받고 있던 서얼 출
신의 양반과 중인층, 그리고 일반 평민과 천민들 사이에 새로운 메시
지였으며, 이는 동학 교세 확대에 크게 기여하였다. 1863년 경상도 북
부의 영해 영덕 지방의 새로운 신분상승 세력으로 등장했던 신향(新鄕)
들이 대거 동학에 입도했던 것[28]이나 1891년 천민 출신의 남계천(南啓
天)을 호남 좌우도 편의장(便義長) 즉 최고책임자로 과감하게 임명하는
사실[29] 등은 해월 최시형이 주창하였던 평등사상의 실천적인 사례들
이다.

또한 다시 개벽의 혁세사상은 해월 최시형에 이르러 '이 세상 운수
는 천지가 개벽하던 처음의 운수를 회복한 것이니 세계만물이 다시 포
태의 수를 정치 않는 것이 없나니라. … 새 한울 새 땅에 사람과 물건

---

26 표영삼, 「최시형과 금등골」, 『신인간』 485, 1990.8, 14쪽.
27 해월 최시형은 동학 최고지도자로 부각된 이후 처음으로 행한 법설이 嫡庶差
別 撤廢와 萬民平等에 관한 것이었다.(『천도교서』, 천도교중앙총부, 1920)
28 이 부분에 대해서는 장영민, 「1871년 영해 동학란」, 『한국학보』 47, 일지사,
1987년 참조.
29 「천도교서」, 『신인간』 377, 1980.5, 79쪽.

이 또한 새로워질 것이라'고 확대 해석하고 있다.

이외에도 해월 최시형의 사상적 특성은 그의 법설과 의례 등을 마련하면서 확립되기도 하였다. 대표적인 것이 '청수일기(淸水一器)이다. 청수일기는 동학의 제례법으로 독특한 의미를 지니고 있다. 첫째는 제물의 간소화이다. 둘째는 여성에 대한 배려이다. 이는 성리학적 이데올로기에서 형식을 중요하게 여기는 것에 대한 체제의 저항이기도 하였다.

15.
해월 최시형과 인물들

1) 해월 최시형과 수운 최제우

해월 최시형은 한 생애를 살아가며 펼쳐 보였던 삶의 모습, 또는 그가 세상을 향해 펼친 가르침의 말씀은 수많은 사람들의 마음을 움직였고, 억눌리고 소외된 사람들에게 새로운 삶의 희망을 갖게 하였다. 그런가 하면, 해월 최시형의 리더십에 따라 동학교인들로 하여금 격동의 한국 근대사를 헤쳐 나가는 주체로 떠올랐다.

해월 최시형은 관의 추적을 받아 산간 오지를 헤매면서도, 흩어진 동학교인을 모아들이고 포교를 계속하여 해체될 상황에 있는 동학교단을 다시 일으켜 나갔다. 뿐만 아니라, 그 힘을 몰아 교조신원운동 즉 신앙의 자유화운동을 전개하였고, 척양척왜(斥洋斥倭) 등의 기치 아래 동학농민혁명을 주도함으로써, 한국의 근대사에 중요한 역할을 한 인물로 역사 속에 자리하게 되었다.

또한 해월 최시형의 삶은 현대 사회와 인류가 직면한 위기를 극복할 수 있는 대안으로 주목하고 있다. 그러므로 해월 최시형은 비록 지난(至難)한 삶을 살았지만, 오늘 우리는 고난과 고통에 구애된 해월 최시형이 아니라 속박을 떨치고 떠오르는 새 희망, 낡은 세계를 개벽하는 무궁한 기운, 만물을 품어 안은 성자의 모습으로 해월 최시형을 떠

올리게 된다. 이러한 그의 삶에 있어서 관계를 맺은 인물은 적지 않다. 그렇지만 가장 크게 영향을 준 인물은 동학을 창명한 수운 최제우였으며, 가장 영향을 준 인물은 그의 제자이며 3.1운동을 이끌었던 의암 손병희였다. 여기서는 두 인물에 대해서만 다루고자 한다.

동학을 창명한 수운 최제우는 1824년 10월 28일(음) 경북 경주군 현곡면 가정리(현 경주시)에서 태어났다. 추명은 제선(濟宣), 아명은 복술(福述), 자는 성묵(性默)이다. 어릴 적 조실부모한 수운 최제우는 21살 되던 해 세상을 구할 도(道)를 구하기 위해 전국을 돌아다녔으나 뜻을 이루지 못하였다. 1854년 10여 년간의 떠돌이 생활을 청산하고 처가가 있는 울산 유곡동에서 명상을 통한 구도의 길을 이어갔다. 그러던 어느 날 한 이승으로부터 천서를 받고 수련을 거듭한 끝에 1860년 4월 5일(음) 경주 용담정에서 동학을 창명하였다. 수운 최제우는 1861년 6월부터 동학을 포교하였고, 해월 최시형은 이해 동학에 입교하였다. 이를 계기로 수운 최제우와 해월 최시형은 스승과 제자의 관계가 되었고, 수운 최제우의 뒤를 이어 동학의 최고책임자가 되었다.

수운 최제우를 만나기 전의 해월 최시형은 당시 시대 상황 속에서 아무 희망을 가질 수 없었던 계층의 부류였다. 최하층에 해당하는 머슴에서 제지소 고용인으로, 그리고 화전민 생활을 하였다. 이러한 해월 최시형의 삶은 사회적으로나 경제적으로나 말 그대로 빈궁의 삶을 꾸려 나가던 사람에 불과하였다. 그러나 수운 최제우를 만나 동학의 가르침을 받고 난 이후, 새로운 눈으로 세상을 바라보았다. 그리고 동학을 통해 새로운 차원의 세상을 펼쳐 가고자 신념을 굳혔고, 또 이를 실천해 나갔다. 마침내 한국근대사 속 우뚝한 민중의 지도자, 나아가 위대한 종교가요 사상가로 자리매김하였다. 해월 최시형에게 있어 수운 최제우와의 만남은 그의 삶을 전환시킨 가장 중요한 요인이 되었다.

해월 최시형에게 있어 수운 최제우와의 만남은 감격의 잔잔한 물결이었고, 새로운 삶의 차원으로 몰아간 느닷없는 생기(生起)였다.[1] 이렇듯 해월 최시형에게 새로운 차원의 삶을 열어준 수운 최제우는 인격적 경이로움을 가능하게 한 성인(聖人)이었다. 해월 최시형은 스승인 수운 최제우에 대해 다음과 같이 밝힌 바 있다.

> 우리 수운 대선생(최제우: 필자주)은 정성에 능하고 공경에 능하고 믿음에 능한 큰 성인이었다. 정성이 하늘에 이르러 천명을 계승하였고, 공경이 하늘에 이르러 조용히 천어를 들었고, 믿음이 하늘에 이르러 묵계가 하늘과 합하였으니, 여기에 큰 성인이 된 것이다.[2]

정성과 공경, 그리고 믿음에 충실한 수운 최제우의 삶을 해월 최시형도 그대로 계승하고자 하였다. 때문에 해월 최시형은 "내가 눈을 붙이기 전에 어찌 감히 수운 대선생의 가르침을 잊으리오"[3]라고 하여, 수운 최제우의 가르침을 삶을 마감하는 그 순간까지 결코 잊을 수 없다고 고백하였다. 뿐만 아니라 해월 최시형은 수운 최제우와의 만남에 대해 다음과 같이 술회한 바 있다.

> 내가 젊었을 때 스스로 생각하기를 옛날 성현은 뜻이 특별히 남다른 표준이 있으리라 하였더니, 한 번 대선생(大先生)을 뵈옵고 마음공부를한 뒤부터는, 비로소 별다른 사람이 아니요 다만 마음을 정하고 정하지

---

1 이규성, 「열망에 대하여」, 『녹색평론』 31, 녹색평론사, 1996, 33~38쪽.
2 『해월신사 법설』, 「성경신」.
3 『해월신사 법설』, 「수심정기」.

못하는데 있는 것인 줄 알았노라.[4]

　'대선생' 즉 수운 최제우를 만나 마음공부, 다시 말해 동학을 한 이후 해월 최시형은 지금까지 당시 사회를 지배해왔던 '봉건적 관념'을 벗어 날 수 있었다. 조선의 통치이데올로기인 성리학은 사람의 신분은 태어날 때부터 선천적으로 정해져 있으며, 이를 바꿀 수 없다는 것을 강조하였다. '삼강오륜'이라는 덕목으로 일반 민중을 교화시키고자 하였다. 그러나 수운 최제우의 가르침인 동학은 사람은 성현(聖賢)과 우부(愚夫)의 자질이 선천적으로 결정되어 태어나는 것이 아니라, 마음을 정하느냐 정하지 못하느냐에 따라 나뉘는 것임을 깊이 체득한 것이다. 그리고 자신과 같은 빈천한 사람도 '성현'의 경지에 도달할 수 있다는 희망을 갖게 되었다. 이는 결과적으로 성인의 차원도 범인의 차원도 모두 일상의 삶 속에서 찾고자 하는 새로운 삶의 철학을 전개하는 계기가 되었다.

　수운 최제우는 어떻게 사는 것이 '종교적 삶'인가를 보여주었고, 해월 최시형은 이를 자신의 삶의 표준으로 삼았다. 이는 수운 최제우의 동학 창명 이전과 이후의 삶의 모습이 해월 최시형이 동학 입도 이후 삶의 모습과 일치한다는 점에서도 알 수 있다. 그중에서도 당시 봉건적 신분에 대한 철폐는 철저하게 계승하였다. 수운 최제우는 동학을 창명한 후 가장 먼저 실천한 것이 자신의 집에 있는 두 여자 몸종의 신분해방이었다. 그것도 선언적 차원의 신분해방이 아니라 진정한 인류애의 신분해방이었다. 수운 최제우는 두 몸종 중 하나는 자신의 며느

---

4 『해월신사 법설』, 「독공」.

리로 그리고 다른 하나는 수양딸로 삼았다.[5] 이는 당시 사회로서는 파격적인 사건이었다. 실학자 중에서 신분해방을 주장하는 경우도 있었지만, 실제로 신분이 천한 노비를 자신의 가족으로 삼은 사례가 없었다. 이처럼 신분에 대한 인식은 철저하였다. 그렇지만 수운 최제우는 노비를 해방하여 자신의 가족으로 편입시켰던 것이다. 이와 같은 사례는 해월 최시형 역시 그대로 실천하고 있다.

1890년 5월 호남지역에 교세가 크게 일어났다. 해월 최시형은 이를 관리하게 위하여 전라 좌도 편의장에 남계천을, 우도 편의장에 윤상오를 각각 임명하였다. 그런데 교세가 크게 확장되었지만 문벌 사이에 알력이 없지 않았다. 더욱이 일부에서는 천민 출신인 남계천을 따를 수 없다고 항의하였다. 이에 해월 최시형은 천민 출신인 남계천을 호남좌우도편의장으로 임명하면서 다음과 같은 설법을 통해 교단을 안정시켰다.

> 들으라. 대선생께서 일찍 말씀하되, 우리 도는 후천개벽이요 갱정포태지운(更定胞胎之運)이라 하였으니, 선천의 썩은 문벌의 고하(高下)와 귀천(貴賤)의 등분(等分)이 무슨 관계가 있느냐. 그러므로 대선생께서 일찍 여비(女婢) 두 사람을 해방하여 한 사람은 양녀(養女)로 삼고 한 사람은 자부(子婦)로 삼았으니, 선사(先師)의 문벌이 제군만 못한가. 제군은 먼저 이 마음을 깨치고 자격을 따라 지휘를 좇으라.[6]

이처럼 해월 최시형은 스승의 가르침인 신분철폐를 철저하게 실현

---

5 『천도교백년약사』(상), 82쪽.
6 『천도교백년약사』(상), 59~160쪽.

해 나갔다. 이러한 해월 최시형의 실천적 사례는 호남지역에 동학 교세를 확장해 나가는데 크게 기여하였다.

또한 수운 최제우와 해월 최시형은 종교적 체험을 통해 일체감이 형성되기도 하였다. 동학은 학문적으로 이해되는 부분도 있지만 본질적으로는 종교의 영역에 해당된다. 때문에 종교적 체험을 통해 일체감을 드러내기도 한다. 해월 최시형은 '지벌(地閥) 보고 가세(家勢) 보아 도덕군자라고 추세(趨勢)'[7]하는 성리학의 봉건적 사회질서가 아닌, 내면적 수행을 통하여 도달하는 경지 즉 동학적 군자의 길을 가고자 수행에 전심전력하였다. 해월 최시형이 사는 흥해 검곡은 수운 최제우가 있는 경주 용담까지는 대략 100리나 되는 거리였다. 그럼에도 해월 최시형은 한 달에 서너 번 씩 용담을 찾아 수운 최제우의 가르침을 받았다. 이어 다시 검곡으로 돌아와서는 가르침대로 지극 정성으로 수행에 임하였다.

해월 최시형이 검곡에서 행하던 수행은 다름 아닌 수운 최제우가 경험한 세계의 열망이었다. 나아가 수운 최제우가 지향하는 부조화와 불균형의 현실을 벗어나 새로운 차원의 삶인 '다시 개벽'의 세상을 이루고자 하는 열망이었다. 혹독한 수행의 결과 해월 최시형은 스승인 수운 최제우가 경험한 새로운 차원의 세계를 경험하였고, 다시 개벽의 세상을 이룰 '포덕의 대임'을 받았다.

수운 최제우는 관의 지목을 피해 경주 용담을 떠나 전라도 남원(南原) 은적암(隱迹庵)[8]에서 한 겨울을 보내고, 경주 서쪽에 있는 제자 박대

---

7 『용담유사』, 「도덕가」.
8 '은적암'의 한자 표기는 기록마다 약간의 차이가 있다. 『천도교창건사』에는 '隱寂庵', 『최선생문집도원기서』와 현파(박래홍)의 「전라행」(『천도교회월보』 167, 1924.8)에는 '隱跡庵'으로 각각 표기한 바 있다.

여(朴大汝)의 집에 와서 머무르고 있을 때였다. 수운 최제우의 행방을 아무도 모르는 상태였는데, 해월 최시형은 수운 최제우가 있는 박대여의 집으로 찾아 갔다.[9]

수운 최제우는 만나 해월 최시형은 그간 자신에게 있었던 일을 보고하였다. 먼저 "반 종지의 기름으로 스무하루 밤을 밝혔다"고 이야기한다. 또 계곡을 흐르는 개울을 막고 아침저녁으로 목욕재계하며 수련에 열중하던 어느 날, "건강에 해로운 것은 찬물에 갑자기 들어가 앉는 것이다."라는 울림의 소리를 들었던 것을 역시 보고하였다.[10] 이에 수운 최제우는 "그대가 그 소리를 들은 시간은 내가 수덕문을 읊던 시간이니, 수덕문 가운데 '양천소해(陽身所害)는 우한천지급좌(又寒泉之急坐)니라' 하는 구절이 있었으니, 나의 글 읊는 소리가 그대의 귀에 영감으로 들린 것이 분명하니라"[11] 하였다. 그리고 앞으로 동학을 포교하여도 좋다는 권한을 부여하였다. 이를 계기로 해월 최시형은 영해, 영덕, 신녕 등 경북 북부 일대를 중심으로 포교를 하여 '검악포덕(劒岳布德)'이라는 별칭을 받기도 하였다. 이와 같은 종교 제험과 포교는 수운 최제우에 이어 동학의 최고 책임자로 자리매김하는데 중요한 역할을 하였다.

앞서 언급하였듯이, 해월 최시형은 빈곤한 하층 계층에서 태어나

---

9 해월 최시형이 수운 최제우를 만나러 갈 때의 상황에 대해서는 『수운행록』에는 하치욱, 박하선 등과 함께 간 것으로 되어 있으며, 『최선생문집도원기서』에는 해월 최시형이 혼자 간 것으로 되어 있다.

10 해월 최시형의 異蹟에 대해서도 기록마다 차이를 보이고 있다. 『최선생문집도원기서』에는 '기름 이야기'만 나오고, 그밖의 동학 및 천도교교단의 기록은 '찬물에 갑자기 앉았을 때 들은 천어소리'와 '기름이 줄지 않는 현상' 등 두 가지 모두 기록하고 있다.

11 『천도교백년약사』(상), 102쪽.

살아가던 한 사람이었다. 그러나 수운 최제우를 만나 동학의 가르침을 받고, '마음을 정(定)하느냐 정하지 못하느냐가 곧 성현이 되느냐 우부가 되느냐의 핵심적인 관건이 된다.'는 인간 존재에 대한 본질적인 깨달음을 얻게 하였다. 이 깨달음은 해월 최시형으로 하여금 '빈천의 삶이 아닌, 성현으로서의 삶을 이룩할 수 있다는 새로운 희망'을 갖게 하였다. 즉 '천어'라는 종교 체험과 그로부터 얻은 포교의 힘은 수운 최제우 이후 36년이라는 장구한 세월을 고단한 피신의 삶을 살면서도 해월 최시형으로 하여금 무차별의 평등한 삶을 이 세상에 펴는 '동학 선생'으로서의 길을 가게 하는 원동력이 되었다.

2) 해월 최시형과 의암 손병희

수운 최제우가 해월 최시형의 삶에 영향을 주었다면, 해월 최시형은 의암 손병희에게 영향을 주었고 그로 하여금 동학인으로써 역사의 한 페이지를 기록케 하였다. 손병희는 1861년 충북 청원군 금암리에서 출생하였다. 본관은 밀양(密陽), 아명은 응구(應九), 호는 의암(義菴)이다. 아버지는 향리였지만 재가녀의 자식으로 태어난 의암 손병희는 집과 사회로부터 차별의 냉대에서 어린 시절을 보냈다. 청년기에는 동내 왈패로 소문날 정도로 호방한 성격을 소유하고 있었다. 그러던 중 1882년 동학에 입교하여 전봉준과 함께 동학농민혁명을 지도하였으며, 1905년 12월 1일 동학을 천도교로 전환하였다. 그리고 1919년 3월 1일 민족대표의 1인으로 3.1운동을 지도하였다.

해월 최시형이 동학에 입교한 이후 삶이 개벽하였듯이, 의암 손병희도 동학에 입교한 이후 삶이 이전과 전혀 다른 모습을 보여주었다.

의암 손병희는 동학을 하면 삼재팔난을 면할 수 있다고 하였을 때 삼재팔난이 빨리 와서 세상이 망하였으면 좋겠다고 하였지만, 동학의 진정한 의미를 알고 나서는 바로 동학에 입교하였다. 이후 그동안 자신을 얽어매었던 잡기를 모두 절연하고 오로지 동학 가르침에 충실하였다. 동학에 입교한 지 2년 후 1884년 스승 해월 최시형을 만난 의암 손병희는 스승의 가르침을 잘 수용하였고, 동학의 새로운 지도자로 성장하였다.

해월 최시형은 의암 손병희를 지도자로 키우기 위해 공주 가섭사에서 49일 기도를 같이 하였다. 이때 해월 최시형은 크고 작은 심부름을 의암 손병희에게 시켰다. 하루는 의암 손병희를 불러 부엌에 있는 커다란 밥솥을 새로 걸게 하였다. 이를 해월 최시형은 일곱 차례가 거듭하도록 하였다. 이를 묵묵히 수행한 의암 손병희는 해월 최시형으로부터 지도자의 교육을 받는 것이다. 이를 계기로 의암 손병희는 동학 교단의 중심인물로 성장하였으며, 1893년 2월 황화문에서 거행된 교조신원운동의 책임자로서 역할을 맡았다. 이어 1893년 3월 충북 보은 장내리에서 개최된 척왜양창의운동에서 충의대접주(忠義大接主)로 임명되었다.

1894년 반봉건 반외세의 동학농민혁명이 일어나자 의암 손병희는 통령으로 참여하였다. 이른바 제1차 동학농민혁명에서는 교단의 입장에서 소극적이었지만, 일본군의 경복궁 점령 이후 동학교인들은 일본을 침략세력으로 인식하였다. 해월 최시형은 1894년 9월 18일 총동원령을 내리고, 동학농민군은 옥천군 청산으로 집결하였다. 이에 앞서 호남지역 동학교인들은 9월 13일경 삼례에 집결하였다. 해월 최시형은 손병희에게 통령기를 주며 동학농민군을 지휘하도록 하였다. 논산

초포에서 만난 손병희와 전봉준이 이끄는 동학농민군은 이인전투, 효포전투를 치루고 우금치 대회전을 준비하였다. 공주를 두고 동학농민군과 조일연합군은 4, 50여 차례 크고 작은 전투를 하였지만, 손병희와 전봉준이 이끄는 동학농민군은 패퇴할 수밖에 없었다. 논산 황화대와 전주 원평, 정읍 신태인에서도 조일연합군과 전투를 치루었지만 또다시 후퇴하지 않을 수 없었다. 손병희는 전봉준과 헤어진 후 영동 용산, 보은 종곡, 그리고 음성 되자니전투를 끝으로 동학농민군을 해산하였다. 동학의 새로운 세상을 만들고자 하였지만 아쉽게도 그 뜻을 이루지 못하였다.

동학농민혁명 이후 의암 손병희는 해월 최시형을 마지막까지 보살폈다. 함흥에서 안경을 팔아서 생계비를 지원하는가 하면 직접 해월 최시형의 도피생활을 도맡았다. 이와 관련하여 다음과 같은 일화가 있다.

3.1운동 최고책임자였던 손병희는 서대문형무소에서 병을 얻어 병보석으로 잠시 풀려난 적이 있었다. 이때 그는 병석에 누워 제자들에게 자신의 어깨를 만져보라고 하였다. 어깨는 굳은살로 단단하였다. 동학농민혁명 이후 스승 해월 최시형이 거동이 불편함에 의암 손병희는 해월 최시형을 가마로 매고 다녔다. 이때 손병희의 어깨에 굳은살이 박히게 되었다. 이는 해월 최시형과 의암 손병희와의 관계를 잘 보여주는 대목이라고 할 수 있다.

스승 해월 최시형이 1898년 6월 2일 생을 마치자 일본으로 망명하였다. 이를 계기로 손병희는 근대문명을 직접 체험하고 1905년 12월 1일 동학을 천도교로 근대화시켰다. 이후 최대의 종단으로 발전시킨 의암 손병희는 일제강점기 최대의 민족운동인 3.1운동을 지도하였다.

16.
'동학 선생'으로서의 실천적 삶

해월 최시형은 수운 최제우로부터 동학의 최고 직임을 물려받았지만 현실적으로는 여전히 관의 추적을 받아 쫓기며 산간 오지를 전전하였다. 그럼에도 해월 최시형이 훗날 '민중의 지도자'로 우뚝 서고, 또 위대한 사상가로 자리매김할 수 있었던 것은 그가 '동학 선생'으로서의 삶을 굳건히 실천하였기 때문이다.

해월 최시형이 태백산과 소백산의 험준한 산속 마을로 들어오게 된 것은 1864년 3월이었다. 수운 최제우가 대구 관덕정에서 처형당하기 직전이었다. 스승 최제우의 체포와 죽음을 뒤로하고, 조여 오는 관의 추적을 피하여 해월 최시형은 영남과 충청, 그리고 강원도를 넘나드는 깊고 깊은 산간 오지로 자신을 숨겼다.

당시 해월 최시형은 38세라는 중년으로 접어드는 시기였다. 이렇게 시작된 도피생활은 36년이라는 긴 세월 동안 이어졌다. 1898년 4월 5일 원주 호저면 고산리 원덕여(元德汝)의 집에서 관군에게 체포되고, 서울로 압송되어 그해 6월 2일 72세의 나이로 처형당할 때까지 이어졌다. 해월 최시형은 도피 기간 동안 세 차례의 집중적인 수배를 받았다. 첫 번째는 수운 최제우 체포 직후 동학의 뿌리를 뽑기 위하여 조선조 조정에서 동학 주요 지도자들을 체포토록 한 것이다.[1] 두 번째는 영해교조신원운동 이후 내려진 체포령이었으며, 세 번째는 교조신원운동과 동학농민혁명의 수괴(首魁)로서의 지명수배령이었다. 36년을 도바리 생활을 하면서도 해월 최시형은 동학의 실천적 삶을 이어갔다. 이는 해월 최시형이 수운 최제우의 '시천주(侍天主)'를 이어, "세상의 모든 사람을 한울님[2]같이 대하고 섬겨야 한다"는 사인여천(事人如天)의 윤리를 천명하고, 이를 실생활 속에서 실천해 나가고자 노력하였다. 해월 최시형의 사인여천의 윤리는 단순한 휴머니즘이 아니라 우주적 차원에서 펼치는 새로운 인간주의, 즉 생명주의의 실현이라고 할 수 있다.

해월 최시형은 소외된 사람들에게 '사람답게 살 수 있는 길'을 일깨워 주고 그 길을 열어 내고자 하였다. 즉 해월 최시형은 세상 사람들이 상하 주종질서가 아닌, 한울님을 모신 존재로서 모두가 동등하다는 새로운 윤리에 의한 삶을 살아가도록 가르쳤다. 그러므로 해월 최시형은 소외된 이들에게 새로운 삶의 희망을 주는 '동학 선생'으로 자리하게 되었다.

'동학 선생'으로서 해월 최시형은 산간의 수많은 지역을 전전하면서도 끊임없이 '가르침의 말씀' 즉 법설(法說)을 펼쳤다.[3] 이러한 해월 최시형이 펼친 많은 법설들은 민중들 속에서 그들과 더불어 살면서 수

---

1 관변기록에 의하면 수운 최제우가 피체되어 재판을 받는 과정에서 최제우의 제자들을 파악하고 잡아들이고자 하였다. 그 중에 '최경오(崔景五)'라는 인물이 있는데, 해월 최시형 최시형으로 판단된다.(『일성록』 고종 원년 2월 29일조, "崔家最親密 稱首弟子 卽崔自元 姜元甫 白源洙 崔愼五 崔景五等云")
2 '한울님'은 동학에서 쓰는 용례로 '天主'의 뜻이다. 천주에 대한 한글 표현은 ᄒᆞ날님, 하느님, 하날님, 하눌님, 한울님 등으로 쓰이다가 한울님으로 정착되었다.
3 천도교에서는 해월 최시형의 가르침을 「해월신사법설」이라고 하고, 『천도교경전』에 포함시키고 있다.

운 최제우의 가르침을 해월 최시형 자신의 방식으로 풀어낸 것이 대부분이다. 예컨대 "도(道)에 대한 한결 같은 생각을 주릴 때 밥 생각하듯이, 추울 때 옷 생각하듯이, 목 마를 때에 물 생각하듯이 하라"[4]는 말씀은 곧 산간을 전전하면서, 배를 움켜쥐는 굶주림과 살을 에는 추위, 그리고 목마름 속에서도 바른 도를 잊지 않았던, 해월 최시형의 절절한 경험의 표현이라고 할 수 있다.

해월 최시형은 「천지부모(天地父母)」라는 법설을 통해 "밥 한 그릇에 모든 세상의 이치가 담겨져 있다."[5]는 '밥의 중요성'을 강조하였다. 우리가 일상적으로 먹는 '밥'은 평범한 것이지만, 이에는 한 치 한순간도 어긋나지 않는 우주 대자연의 운행과 보이지 않는 수많은 미물 곤충들의 협동, 그리고 숭고한 인간의 노동이 어우러지는, 그러한 '우주의 진리'가 담겨져 있음을 역설한 것이라고 할 수 있다.

매일매일 이루어지는, 먹고 입고 잠자는 그 평범한 일상 속에 이와 같이 심오한 우주의 뜻이 담겨 있음을 해월 최시형은 그가 겪은 삶을 통해 깨달았고, 또 이 깨달음을 자신과 함께 살고 있는 그 사람들에게 일깨워주었다. 따라서 해월 최시형은 "'도(道)'라는 것은 지고한 먼 곳에 있는 것이 아니다. 일용행사(日用行事) 모두가 도 아님이 없다."[6]는 것을 입버릇처럼 강조하였다. 그런가 하면, 한 가정을 이루고 있는 며느리에서 어린아이까지 모두 자신이 깨달은 도를 설명하는 대상으로 삼았다. 그리하여 해월 최시형은 사람이 하루하루 생활 속에 행하는 일 그 자체가 바로 한울님(事事天)의 일이요, 사람이 생활 속에서 매일

---

4 『해월신사법설』, 「독공」.
5 『해월신사법설』, 「천지부모」.
6 『해월신사법설』, 「기타」.

같이 만나고 또 사용하는 사물이 곧 한울님(物物天)이라고[7] 하며, 도를 일상의 차원에서 설명해 나갔다. 뿐만 아니라 도를 실천해 나갔다.

해월 최시형은 "사람만이 오직 먹고 입는 것이 아니라, 해와 달을 비롯한 만유 역시 먹고 입는다"[8]라고 하여 만유와 우주와 사람과의 유기적 연관성을 설명하였다. 또 "숲 속에서 우는 새 역시 한울님을 모시고 있다"[9]라고 하여, 천지만물이 모두 한울님을 모신 존재임을 강조했다. 이외에도 이 우주에는 한울님 기운이 가득 차 있으므로 한 걸음이라도 경솔하게 내디디면 안 된다고 가르쳤다.[10] 그러므로 비록 우리가 밟고 다니는 땅이라고 하여도 함부로 뛰지 말며, 침을 멀리 뱉거나 허드렛물을 함부로 땅에 버리지 말라고 말하고 있다.[11]

해월 최시형은 풀벌레도, 날짐승도, 나뭇가지 하나도 모두가 각기 명(命)이 있으므로 나의 목숨과도 같이 소중하다고 생각할 뿐만 아니라,[12] 어린아이가 나막신을 신고 땅을 마구 내디디며 달리는 소리에 가슴을 쓸어내리며,[13] 땅이 느끼는 아픔을 똑같이 느끼는, '만물과 하나 됨의 경지'에 이르러 있었다. 이는 곧 해월 최시형이 자의식을 소멸시키거나 자의식의 정도를 마음대로 조절할 수 있는, 매우 높은 종교적인 경지에 이르렀음을 보여주고 있다.[14]

해월 최시형은 무심히 자라는 한 포기의 풀과 한 그루의 나무, 또

---

7 『해월신사법설』, 「이천식천」.
8 『해월신사법설』, 「천지부모」.
9 『천도교백년약사』(상), 156~157쪽.
10 『해월신사법설』, 「성경신」.
11 『해월신사법설』, 「내수도문」.
12 『해월신사법설』, 「대인접물」.
13 『해월신사법설』, 「성경신」.
14 최준식, 「우리 스승 우습게 보비 말라」, 『해월 최시형과 동학사상』, 예문서원, 1999, 35~37쪽.

한 떼기의 땅이라도 모두 한울님의 덕화(德化)에 의한 소중한 것임을 실천적으로 깨닫게 되었다. 따라서 해월 최시형은 하늘의 '해와 달', 그리고 숲에서 우는 '새소리' 등 자신이 접한 일상의 모든 것 역시 천주의 덕화에 의한 것이라고 말하였다.

이러한 경지에서 한울님을 공경하는 경천(敬天)을 넘어, 사람을 공경하는 경인(敬人)과 만물을 공경하는 경물(敬物)의 삼경(三敬) 사상이 배태되었다.[15] 이 삼경 사상은 오늘날 인류가 직면한 환경 위기에 소중한 대안적 가르침이 되고 있다. 즉 현대사회의 생태 및 생명의 문제를 해월 최시형은 이미 100년 저에 구체적이며 근원적인 면에서 제시해 놓고 있었다.

해월 최시형은 가난하고 볼품없는 인물에 불과했지만, 수많은 민중들의 전폭적인 지지를 받는 종교적·사상적 지도자가 될 수 있었다. 나아가 새 세상을 희구하는 이들에게 진정한 삶의 가치를 제시하는 스승이 되었고, 21세기라는 현대에 이르러서도 인류를 밝히는 등불과 같은 소중한 가르침을 제시하였다.

해월 최시형은 이렇듯 '도의 생활화'를 통해 당시 새로운 세상을 염원하던 민중들의 가슴에 깊이 '가르침의 뿌리'를 내릴 수 있었다. 이에 해월 최시형은 민중들의 지지를 받는 '동학 선생'이 되었고, 민중들은 해월 최시형의 가르침에 따라 동학이라는 신앙운동에 참여하고 마침내 사회변혁의 주체로 성장해 갔다.

---

15 『해월신사법설』, 「성경신」.

17.
해월 최시형의 동학 리더십

　해월 최시형이 동학 선생으로서 민중의 지지를 한 몸에 받으며 동학의 교단을 다시 재건할 수 있었던 힘은 어디에서 비롯되었는가. 이는 바로 해월 최시형이 지도자로서의 모습과 탁월한 '조직력', 그리고 그가 일상에서 보여준 '일'에 대한 새로운 차원의 인식과 전개에 있다고 판단된다. 해월 최시형은 동학의 종교적 수양을 통해 우리 일상의 '일'에 대한 관념을 혁명적으로 전환시켰다. 그 결과 많은 사람들이 적극적으로 삶의 현장에 참여할 수 있게 하는 활기를 심어주었다.

　일반적으로는 일은 천한 사람이나 하는 것이라고 생각한다. 특히 봉건사회에서 이러한 관념은 더욱 강했다. 지배계층은 일을 시키는 사람이라면, 피지배계층은 일을 하는 사람이었다. 그러므로 '일'은 천한 것이라는 관념이 지배적이었다. 봉건사회가 타파되고 민주주의를 기본으로 한다는 현대 자본주의 사회에서도 이는 별로 변하지 않았다. 이른바 블루칼라와 화이트칼라에 대한 구분과 관념이 대표적인 것이다. 특히 오늘 한국 사회에서 기피 대상이 되는 3D, 소위 힘들고(difficult) · 더럽고(dirty) · 위험한(dangerous) 업종의 일을 단순한 '노동'으로 인식하기 때문에 생겨난 현상이라고 하겠다.

　그러나 일에 대한 일반적인 통념을 벗어 버린다면, 일은 무엇보다도 소중한 것이다. 세상의 모든 것은 일을 통하지 않고 이룩되는 것이라고는 하나도 없다. 그런가 하면, 일은 다만 사람만이 하는 것이 아니라, 천지자연 역시 모두 하는 것이다. 나아가 우주 전체가 함께 어우러져 한 시도 쉬지 않고 하는 것이 바로 '일'이다. 만유가 한가지로 일하지 않는다면, 우리는 한 시도 살아갈 수 없다. 천지자연과 인간이 함께 협력하여 '일'을 함으로써 우주는 유지되고, 우리 역시 살아갈 수가 있다. 우리가 가장 기본적으로 먹고 살기 위해서는 천지자연도 일을 해야 하고, 인간인 우리도 그 일에 능동적으로 참여해야 하기 때문이다. 이처럼 '일'은 다만 노동의 차원이 아니라, 우리를 살아가게 하는 참으로 소중한 무엇이 아닐 수 없다.

'일'에 대한 해월 최시형의 인식은 바로 여기서 출발한다. 해월 최시형은 '일'은 곧 천지자연의 성스러운 일이며, 인간의 일, 즉 노동은 한울님의 일을 우리 현실에서 실천하는 '성스러운 길'이며, 성스러운 한울님의 일에 능동적으로 함께 하는 것이라고 하였다. 그러므로 해월 최시형은 언제나 관으로부터 쫓기는 신세였지만, 한 때도 손에서 일을 놓지 않았다. 제자들이 잠시하고 쉬시기를 권하면 "언제 한울님이 쉬는 것을 보았느냐?"[1]하며, 과실나무를 심거나 농사를 짓고, 또 새끼를 꼬았다. 관의 추격으로 언제 도망을 해야 할지 모르는 상황에서도 씨를 뿌리고 밭을 일구는 모습을 보고, "직접 드시지도 못할 채소는 심어 무엇 하시렵니까?"라고 묻는 제자에게는 "이 집에 오는 누구라도 먹고 이 물건을 쓴들 무슨 안 될 일이 있겠느냐."라며 묵묵히 밭 갈고 씨 뿌리는 데에 전념하였다.[2]

---

1 「해월신사 댁 방문기」, 『신인간』 73, 1933.11, 35쪽.
2 이돈화, 『천도교창건사』(제2편), 35쪽.

'언제 한울님이 쉬는 것을 보았느냐?'라는 해월 최시형의 말은『주역』의 "하늘의 운행은 건실하다. 군자는 이로써 스스로 힘쓰고 쉬지 않는다.(天行健 君子以自彊不息)"라는 말과도 통한다. 그러나『주역』의 '스스로 힘쓰고 쉬지 않는다'는 뜻은 군자의 태도나 몸가짐 또는 공부 등 수행 자세에 있다. 이에 비해 해월 최시형이 인식하고 있는 불식(不息)은 종교적 수행만이 아니라, 일상 생활사 전체를 포괄하고 있다. 즉 궁극적으로 '일'은 '한울님의 일'이며, 인간으로서 한울님 일을 실천하는 것이라는 의미를 담고 있다. 이러한 해월 최시형의 노동관은 곧 '생활 혁명'[3]이라고 할 수 있다.

　이와 같은 생각을 펼치고 실천하는 해월 최시형을 세상 사람들은 '일하는 한울님'으로 부르게 되었다. 그런가 하면 보따리 하나만 짊어지고 이 산에서 저 산으로, 이 마을에서 저 마을로 쫓겨 다니며 살아갔기 때문에 '최보따리'라고 불렸는가 하면, 실제로 머슴으로 일한 적도 있고 한울님의 일을 대행하는 머슴을 자처했으므로 '머슴 교주'라고도 불렸다.

　보따리 하나 짊어지고 세상을 떠돌며, 자기 일을 한울님 일로서 행하는 머슴 출신의 교주, 이것이 바로 '동학 선생' 해월 최시형의 모습이었다. 그러므로 당시 억압받던 민중들에게 해월 최시형은 참으로 신선하고 새로운 인물이 아닐 수 없었다. '일하는 사람'이 곧 한울님이며, 그 일이 또한 '한울님의 성스러운 일'을 행하는 것이라는 가르침은 세상의 사람들을 한울님으로 거듭나게 하는 가르침이었다. 그러므로 당시 사람들은 동학이 민중들의 손으로 새 세상을 열어갈 수 있는 가

---

3 오문환,『해월 최시형의 정치철학』, 모시는사람들, 2003, 171쪽.

르침이라고 생각하게 되었고, 해월 최시형을 신뢰할 수 있는 민중의 지도자로 받들 수 있게 하는 중요한 계기가 되었던 것이다.

해월 최시형은 절멸의 위기에 처한 동학 교단을 30여 년 만에 삼남을 넘어 강원도, 경기도, 황해도, 평안도, 함경도 일원까지 확산시켰다. 아무것도 지닌 것 없는, 한 지명 수배자였던 해월 최시형이 이렇듯 방대한 조직을 이룩하고, 또 이끌어 나갈 수 있었던 것은 '일'에 대한 새로운 인식과 함께 그의 성실성, 그리고 탁월한 조직력에 의한 것이라고 하겠다.

수운 최제우 참형 이후 해월 최시형이 처음 산간마을로 숨어 들었을 때는 혈혈단신이었다. 또 이필제의 난으로 인하여 태백산 속에 숨어 지내다가 영월 박용걸의 집으로 숨어들 때 역시 마찬가지였다. 그러나 해월 최시형 특유의 성실성과 조직력은 30년 후 동학 교단을 전국적으로 확대시키는 결과로 나타났다.

모든 조직의 기본 동력은 서로 믿을 수 있는 신뢰에서 형성된다. 해월 최시형은 관으로부터 쫓기는 중에도 스승의 유족(師家)이나 동지들을 한때도 저버린 적이 없었다. 늘 사가를 보호하였으며, 혹 동지가 체포되었을 때는 이를 위하여 아침저녁으로 심고(心告)를 드리고, 구출을 위하여 늘 최선을 다하였다.[4] 그러므로 이들 사이에는 신뢰를 바탕으로 하는 견고한 신앙의 고리가 구축되어 있었다.

해월 최시형이 영해교조신원운동 이후 관의 추격을 피해 다닐 때이다. 해월 최시형과 강수(姜洙)가 영월 소밀원(小美院)에 있는 수운 최제우 유족의 집을 찾아갔다. 그때 사모님인 박씨 부인은 정선으로 가고

---

4 「해월신사 댁 방문기」, 『신인간』 73, 35쪽.

없고, 마침 이들과 맞닥뜨린 며느리가 목숨을 의탁코자 찾아온 이들을 꺼려 쫓아낸다.[5] 그러나 해월 최시형은 훗날 정선에서 어느 정도 안정을 찾은 이후 관의 추적 대상이 되고 있던 수운 최제우 유족을 가장 먼저 소밀원에서 정선 유인상이 살고 있는 무은담(霧隱潭)으로 모셔온다. 그런가 하면 수운 최제우의 맏아들인 세정이가 인제에서 체포되어 양양 감옥에 갇히자, 혹 세정의 동생인 세청이의 처가가 관의 기찰을 받을 것을 염려하여 세청의 처당숙이 사는 강원도 인제까지 찾아가 알려주는 정성을 보이기도 했다.

이와 같이 해월 최시형은 제자들과 스승의 유족, 나아가 그들의 친인척까지 세심히 배려하였으므로, 굳건한 신뢰를 구축할 수 있었다. 이러한 해월 최시형의 행태는 천성에서 비롯된 것이기도 하지만, 본질적으로는 해월 최시형의 '한울님 신앙'이 그 바탕에 자리하고 있기 때문이다. 한울 사람으로서 한울님의 마음을 생활에서 그대로 실천한 모습인 것이다. 이는 곧 해월 최시형이 늘 말하던 "말은 행할 것을 돌아보고, 행동은 말한 것을 돌아보아, 말과 행동을 한결같이 하라. 말과 행동이 서로 어긋나면 마음과 한울님이 서로 떨어지고, 마음과 한울님이 서로 떨어지면 비록 해가 다하고 세상이 꺼질지라도 성현의 지위에 들어가기가 어려우리라."[6]라는 가르침의 실천이기도 하다. '말과 행동이 서로 어긋나면 한울님이 서로 떨어진다(言行相違 則心天相離).'는 말씀은 단순한 언행일치의 차원을 넘어 내 마음속에서 한울님을 회복함으로써 한울사람으로서의 삶을 실천하는 길임을 강조한 것이다.

또한 해월 최시형은 도에 들어오는 도인에게 가장 먼저 종교적 수

---

5 『최선생문집도원기서』, 포덕 12년조.
6 『해월신사법설』, 「대인접물」.

련을 시킴으로써 신앙심을 고취시키고, 굳은 결속을 장려하였다. 즉 신앙 속에서 신뢰를 쌓고, 신뢰 속에서 신앙심을 다지고 그 결속을 공고히 해 나갔던 것이다 신앙의 본질인 '믿음'은 세 가지 측면이 있다. 첫째, 자신에 대한 믿음인 '신념'이다. 둘째, 나와 타인 사이의 믿음인 '신뢰'이다. 셋째, 인간과 신 사이에서의 믿음인 '신앙'이다. 해월 최시형은 먼저 제자들과 신뢰를 통한 믿음을 확고히 하고자 했다. 특히 새로 입도하는 제자들에게 49일 수련 등을 시킴으로써 이들이 스스로 한울님 모셨음을 체험하게 하고, 도에 대한 신념과 다시 개벽의 이상을 실현하고자 하는 의지를 함양할 수 있도록 하였다. 그러므로 신앙을 통해 신념을 이룩하고, 이를 바탕으로 신뢰를 구축해 나갔다. 이러한 신뢰 구축이 바로 동학 조직을 결속시키는 근원적인 힘이 되었던 것이다.

해월 최시형이 동학의 조직을 결속시키는 가장 큰 힘인 '신뢰의 구축'에는 해월 최시형의 리더로서의 남다른 모습 때문이다. 해월 최시형은 자신의 제자들에게 군림하고 제자들을 부리는 동학 선생이 아니었다. 인간관계의 지평은 서로 역할이 다를 뿐이지, 그 상하의 차별을 지니지 않는다는 것이 해월 최시형의 생각이다. 따라서 제자와 해월 최시형과의 관계는 새로운 세상을 이룩하고자 하는 파트너로서의 모습이지, 결코 군림하고 종속되는 관계가 아니었다.[7] 즉 해월 최시형은 여타의 지도자들과 같이 카리스마적인 모습으로 교도들과의 관계를 맺지 않았다. 어려운 일이 생기면 접주들 또는 교도들과 의논하고 협의하였다.

---

7 임상욱, 「해월 최시형의 퍼실리테이션 지향점」, 『동학학보』 29, 동학학회, 2013.12.

해월 최시형이 신뢰를 바탕으로 조직을 결속했으며, 서로가 서로에게 조력자가 되는 관계를 이루어 놓음으로써 조직을 더욱 더 공고히 하였다. 그런가 하면, 실질적인 면에서 이러한 조직을 잘 운영하였다. 즉 조직, 운영, 관리에 있어 모두 탁월한 모습을 보였던 것이다.

　해월 최시형은 궁극적인 모든 힘이 조직을 통해 현실화된다는 사실을 깊이 인지하고 있었다. 그러므로 동학의 세력이 확산되자, 먼저 수운 최제우 당시 시작했던 '접(接)'을 재건하여 교도들을 조직화하였다. 접은 속인제(屬人制) 조직으로 연비(聯臂: 사람을 매개로 확장하는) 조직이며, 점조직이다. 예를 들어 내가 포덕한 사람은 그가 사는 지역을 불문하고 내 접에 속하게 된다. 동학이 접 제도를 처음 실시하던 시대는 농경 위주의 사회였기 때문에 사람은 대체로 한 지역에서 여러 대를 걸쳐 살았다. 그러므로 내용적으로는 속인제임에도 겉으로는 속지제(屬地制)와 같이 보이고 있을 뿐이다.

　접 조직이 속인제로서 포덕을 통한 인적 관계를 중시했다는 것은 조직 관리에 있어 매우 중요한 점을 시사한다. '포덕(布德)'이란 말 그대로 한울님의 덕을 세상에 편다는 의미이다. 동학에서 교리를 전파하고 도를 전하는 것을 '포덕'이라고 부르는 것은, 내가 깨달은 한울님의 덕을 다른 사람에게 전함으로서 그 사람 역시 한울님의 덕을 깨닫게 한다는 의미이다. 그러므로 내가 포덕하는 사람은 내 제자가 되고, 그와 나는 사제(師弟) 관계가 된다. 따라서 해월 최시형이 접주에게 가르침을 내리거나 명을 내리면, 이내 그 접 구성원 모두에게 전달되거나 시행되었기 때문에, 조직은 매우 일사분란하게 된다.

　그러나 접을 확대한 이후에도 동학의 조직이 더욱 커지고 같은 지역 내에 다른 접이 두 개 이상 생겨나게 되자, 해월 최시형은 이 접들을 효율적으로 관리하기 위한 새로운 방안을 마련한다. 이것이 바로 '포(包)'이다.[8] 접은 속인제이지만, 포는 같은 지역 내의 접들을 아우르는 속지제(屬地制)의 성격을 띤다. 이렇듯 접과 접을 포괄하는 포의 두목은 그 관내의 접주들은 모두 지휘 감독하는 접주의 접주로서 '대접주'라고 했다.

접과 포 외에도 해월 최시형은 새로운 직제를 만들었다. 그 중 하나가 한 도(道)를 좌도와 우도로 나누어 통솔하는 편의장 직제이다. 편의장은 전라좌도(동쪽)에 남계천을, 우도(서쪽)에 윤상오를 임명하여 전라도 지역의 동학교도들을 관리하고 또 통솔하였다. 이 편의장 제도는 속인제와 속지제를 혼합한 제도이다. 좌도 우도를 나누는 것은 일종의 속지제에 속하지만, 그 사람의 인선에서는 접을 또한 중시했기 때문에 속인제의 성격도 지니고 있다고 하겠다.

이 과정에서 문제가 야기되기도 하였다. 조직이 방대해지자 생겨난 문제이다. 전라우도 편의장인 윤상오와 좌도 편의장인 남계천은 평소에 서로 반복하던 사이였다. 반목이 심해지자 호남의 지도자들이 해월 최시형을 찾아와 의논하는 사태가 일어났고, 나아가 윤상오 쪽에서는 남계천이 미천한 신분의 사람이라며 문제를 제기하였다. 남계천이 백정의 후손이며, 남계천이 맡고 있는 전라좌도 출신도 아니라는 것이 문제의 핵심이었다. 그러나 해월 최시형은 "어느 도를 막론하고 사람의 마음이 화순하면 한울님이 반드시 감응한다."고 말하고, 이어서 "비록 나무인형으로 두령을 세운다고 해도 능히 하나같이 어기지 않는다면 도가 스스로 속히 이루어지니라."라고 설득하며, 남계천을 좌우

---

8 김용덕, 「동학군의 조직에 관하여」, 『한국사상총서』 Ⅳ, 한국사상연구회, 1875, 240쪽.

도 편의장에 임명을 했다.

이렇게 되자 윤상오를 따르던 접주들이 크게 반발하였다. 해월 최시형은 다시 윤상오의 집을 방문하여 '양반 상놈을 가르는 것은 나라를 망치는 일'이라며 동학 본래의 정신을 들어 설득했다. 해월 최시형은 모든 조직에 있어 '화순(和順)'이 무엇보다 중요하다는 것과, 이를 위해서는 비록 그 출신이 비천하더라도 덕망 있는 사람을 지도자로 세워야 함을 강조하였다. 출신 신분이 아니라, 그 사람의 됨됨이가 무엇보다 중요하다고 본 것이다.

이와 같이 사람을 보는 해월 최시형의 눈은 그 신분이라는 외양에 있었던 것이 아니라, 그 사람의 됨됨이와 그가 지닌 능력에 맞춰져 있었다. 그러므로 해월 최시형은 늘 "사람은 한 사람이라도 썩었다고 버릴 것이 없나니, 한 사람을 한 번 버리면 큰일에 해로우니라. 일을 하는데 있어 사람은 다 특별한 기술과 전문적 능력이 있으니, 적재적소를 가려 정하면 공을 이루지 못할 것이 없느니라."라고 말하였다. 이처럼 지도자 선정이나 조직 구성에서 늘 동학의 사유를 바탕으로 하여 엄정함을 잃지 않았으며, 또 능력과 화순을 강조하였기 때문에 해월 최시형의 지도를 받는 동학의 여러 조직들은 일사불란하게 움직일 수 있었던 것이다.

해월 최시형이 구상하여 시행한 또 하나의 대표적인 조직 제도는 육임제(六任制)이다. '육임'이라는 이름에서 볼 수 있듯이, 지도급 인사들이 여섯 개의 서로 다른 임무를 수행하면서, 논의하고 토론할 수 있게 한 제도이다. 즉 돈후하여 교화 임무를 수행하는 교장(敎長)과 교수(敎授), 엄정하게 기강 수호 임무를 수행하는 도집(都執)과 집강(執綱), 올곧게 건의의 임무를 수행하는 대정(大正)과 중정(中正)으로 그 임무를 나누었다. 즉 교(敎)는 교화, 집(執)은 기강, 정(正)은 건의의 임무를 각기 정(正)과 부(副)로 나누어 맡는다.[9] 그러나 이는 서로 종속 관계는 아니다. 같은 임무라고 해도 각기 다른 의견을 개진할 수 있도록 마련한 장치라고 하겠다. 그러므로 다양한 의견들을 취합하여 합리적으로 합일점을 찾아 접이나 포에 지침을 내려 보낼 수 있었다.

해월 최시형은 비록 도를 총괄하는 대도주(大道主)였지만, 합리적인 지도 방안을 마련하기 위하여 이러한 제도를 두었던 것이다. 100여 년 전 해월 최시형이 지도하던 동학의 조직에 육임제 같은 제도가 있었기 때문에 동학은 당시 최고의 조직력을 갖춘 집안으로 성장할 수 있었다.

이와 같이 해월 최시형은 동학 교단의 견고한 조직을 위하여 내적으로는 신앙심을 통한 신념과 신뢰를 구축하는 한편, 외적으로는 접·포, 편의장 등의 제도를 두어 전국적 규모로 확산된 동학 교도를 관리하였다. 그런가 하면 다양성과 통일성이 조화를 이루는 가운데 교도를 지도하기 위하여 육임제를 시행해 나갔던 것이다. 이런 점에서 볼 때, 해월 최시형은 탁월한 조직력이 성실함과 만나, 36년이라는 긴 시간을 산간으로 숨어 다니면서도, 한국 근대사를 이끌어간 크나큰 교단으로 동학을 발전시킬 수 있었다.

또한 해월 최시형은 이러한 조직을 통해 동학의 가르침을 널리 펼쳐 나갔다. 신망이 두텁고 행실이 돈독한 석망독행(碩望篤行)의 사람을 발탁하여 각수직분(各受職分)을 수행케 하였다. 이를 통해 궁극적으로 '성스러운 한울님의 일'이 세상에 펼쳐지는 '다시 개벽'의 삶을 이룩하

---

9 『해월신사법설』, 「오도지운」.

려는 데에 동학 선생으로서의 해월 최시형이 지닌 본뜻이 있었다고 하였다.

해월 최시형은 단지 신앙의 깊은 경지에 들기만 했던 것이 아니라, 이를 현실에 적응시켰고, 현실 속에서 펼쳐 나갔으며, 이를 통해 새로운 삶의 질서를 이루고자 노력했던 진정한 '동학 선생'이었다.

부록 1.
해월 최시형 주요 법설*

1. 천지이기(天地理氣)

옛글에 이르기를 천지는 한 물 덩어리이니라. 하늘과 땅이 시판되기 전은 북극 태음 한 물일 뿐이니라. 물이라는 것은 만물의 근원이니라. 물에는 음수와 양수가 있느니라. 사람은 능히 양수는 보고 음수는 보지 못하느니라. 사람이 음수 속에서 사는 것이 고기가 양수 속에서 사는 것과 같으니라. 사람은 음수를 보지 못하고 고기는 양수를 보지 못하느니라. 크게 깨달아서 확실히 통한 후에야 현묘한 이치를 능히 알 수 있느니라. 무엇이 해가 되었으며 무엇이 달이 되었는가. 해는 양의 정이요 달은 음의 정이니라.

묻기를 "태양은 불의 정이요 태음은 물의 정이니, 불도 또한 물에서 나왔습니까." 대답하기를 "그러하니라."

묻기를 "어찌하여 그러합니까." 대답하기를 "하늘과 땅도 한 물일 뿐인데, 하물며 그 사이에서 화출한 불이 어찌 홀로 북극 태음 한 물 속에서 낳지 않았겠는가. 그러므로 한울과 땅이 시판되기 전은 북극

---

* 부록 1의 「해월 최시형 주요 법설」은 천도교중앙총부 홈페이지에서 발췌하였음을 밝혀둔다.

태음 한 덩어리 물일 뿐이라고 하는 것은 이를 이름이니라."

묻기를 "어찌하여 한울이 자(子)에 열렸다고 합니까."

대답하기를 "이것은 곧 북극 일륙수(一六水)이니라. 그러므로 한울이 하나로 물을 낳았다고 하느니라. 이것이 한울이 하나로 물을 낳았다고 이르는 것이니, 물이 한울에서 생하였는가, 한울이 물에서 생하였는가. 물이 한울을 낳고 한울이 도리어 물을 낳아서 서로 변하고 화하여 조화가 무궁하니라. 그러나 양은 건에 속했으므로 건이 군세고 쉼이 없는 이치를 체로하여, 낮에는 밝고 밤에는 어두운 도수가 있고 그믐과 보름에 찼다 비었다 하는 수는 없으며, 음은 곤에 속했으므로 그믐과 보름에 이지러졌다 가득 찼다 하는 도수가 있어, 조수와 더불어 왕래하여 서로 짝하고 서로 화하는 것이니, 부인 경도도 또한 이 이치를 체로 한 것이니라. 무릇 사람이 잉태할 처음에 한 점의 물뿐이요. 1개월이 되면 그 물의 형상이 이슬과 같고, 2개월이 되면 그 물의 형상이 한 알의 구슬과 같고, 3개월이 되면 화공 현묘조화의 수단으로 어머님 혈기를 받되 태문으로 받아들이는데, 먼저 코와 눈을 이루고 차차 형상을 이루고, 머리가 둥근 것은 한울을 체로 하여 태양의 수를 상징하고, 몸의 넓은 태음의 수를 상징하고, 오장은 오행을 상징하고, 육부는 육기를 상징하고, 사지는 사시를 상징하고, 손은 곧 마음 내키는 대로 하는 바, 조화의 수단이므로 한 손바닥 안에 특별히 팔문, 구궁, 태음, 태양, 사시, 12달의 수를 늘어놓아 화생하느니라."

어떤 이가 묻기를 "이치와 기운 두 글자에 어느 것이 먼저 입니까."

대답하기를 "천지, 음양, 일월, 천만물의 화생한 이치가 한 이치기운의 조화 아님이 없는 것이니라. 나누어 말하면 기란 것은 천지 귀신 조화 현묘를 총칭한 이름이니 도시 한 기운이니라."

또 말씀하기를 「화해 낳는 것은 하늘의 이치요 움직이는 것은 하늘의 기운이니, 이치로 화생하고 기운으로 동정하는 것인즉, 먼저 이치요 뒤에 기운이라고 해도 당연하나 합하여 말하면 귀신, 기운, 조화가 도시 한 기운이요, 나누어 말하면 귀신은 형상하기도 어렵고 헤아리기도 어려운 것이요, 기운은 굳세고 건실하여 쉬지 않는 것이요, 조화는 현묘하여 함이 없이 되는 것이니, 그 근본을 상고하면 한 기운뿐이니라. 밝게 분별하여 말하면 처음에 기운을 편 것은 이치요, 형상을 이룬 뒤에 움직이는 것은 기운이니, 기운은 곧 이치라 어찌 반드시 나누어서 둘이라 하겠는가. 기란 것은 조화의 원체 근본이요, 이치란 것은 조화의 현묘니, 기운이 이치를 낳고 이치가 기운을 낳아 천지의 수를 이루고 만물의 이치가 되어 천지 대정수를 세운 것이니라.」

2. 천지부모(天地父母)

천지는 곧 부모요 부모는 곧 천지니, 천지부모는 일체니라. 부모의 포태가 곧 천지의 포태니, 지금 사람들은 다만 부모포태의 이치만 알고 천지포태의 이치와 기운을 알지 못하느니라. 한울과 땅이 덮고 실었으니 덕이 아니고 무엇이며, 해와 달이 비치었으니 은혜가 아니고 무엇이며, 만물이 화해 낳으니 천지이기의 조화가 아니고 무엇인가.

천지는 만물의 아버지요 어머니이니라. 그러므로 경에 이르기를, 님이란 것은 존칭하여 부모와 더불어 같이 섬기는 것이라 하시고, 또 말씀하시기를 예와 이제를 살펴보면 인사의 할 바니라 하셨으니, 존칭하여 부모와 더불어 같이 섬긴다는 것은 옛 성인이 밝히지 못한 일이요 수운대선생께서 비로소 창명하신 큰 도이니라. 지극한 덕이 아니면 누가 능히 알겠는가. 천지가 그 부모인 이치를 알지 못한 것이 5만년이 지나도록 오래 되었으니, 다 천지가 부모임을 알지 못하면 억조창생이 누가 능히 부모에게 효도하고 봉양하는 도로써 공경스럽게 천지를 받들 것인가. 천지부모를 길이 모셔 잊지 않는 것을 깊은 물가에 이르듯이 하며 엷은 얼음을 밟는 듯이 하여, 지성으로 효도를 다하고 극진히 공경을 다하는 것은 사람의 자식된 도리 이니라. 그 아들과 딸 된 자가 부모를 공경치 아니하면, 부모가 크게 노하여 가장 사랑하는 아들 딸에게 벌을 내리나니, 경계하고 삼가라.

내가 부모 섬기는 이치를 어찌 다른 사람의 말을 기다려 억지로 할 것인가. 도무지 이것은 큰 운이 밝아지지 못한 까닭이요 부지런히 힘써서 착한데 이르지 못한 탓이니, 참으로 개탄할 일이로다. 사람은 오행의 빼어난 기운이요 곡식은 오행의 으뜸가는 기운이니, 젖이란 것은 사람의 몸에서 나는 곡식이요, 곡식이란 것은 천지의 젖이니라. 부모의 포태가 곧 천지의 포태니, 사람이 어렸을 때에 그 어머니 젖을 빠는 것은 곧 천지의 젖이요, 자라서 오곡을 먹는 것은 또한 천지의 젖이니라. 어려서 먹는 것이 어머님의 젖이 아니고 무엇이며, 자라서 먹는 것이 천지의 곡식이 아니고 무엇인가. 젖과 곡식은 다 이것이 천지의 녹이니라.

사람이 천지의 녹인줄을 알면 반드시 식고(食告)하는 이치를 알 것이요, 어머님의 젖으로 자란 줄을 알면 반드시 효도로 봉양할 마음이 생길 것이니라. 식고는 반포의 이치요 은덕을 갚는 도리이니, 음식을 대하면 반드시 천지에 고하여 그 은덕을 잊지 않는 것이 근본이 되느니라. 어찌 홀로 사람만이 입고 사람만이 먹겠는가. 해도 역시 입고 입고 달도 역시 먹고 먹느니라.

사람은 한울을 떠날 수 없고 한울은 사람을 떠날 수 없나니, 그러므로 사람의 한 호흡, 한 동정, 한 의식도 이는 서로 화하는 기틀이니라.

한울은 사람에 의지하고 사람은 먹는데 의지하나니, 만사를 안다는 것은 밥 한 그릇을 먹는 이치를 아는데 있느니라. 사람은 밥에 의지하여 그 생성을 돕고 한울은 사람에 의지하여 그 조화를 나타내는 것이니라. 사람의 호흡과 동정과 굴신과 의식은 다 한울님 조화의 힘이니, 한울님과 사람이 서로 화는 기틀은 잠깐이라도 떨어지지 못할 것이니라.

3. 도결(道訣)

천지부모 네 글자는 글자는 비록 각각 다르나, 그 실은 도무지 한울 천 한 자니라. 그러면 천지는 곧 부모요 부모는 곧 천지니, 천지부모는 처음부터 사이가 없느니라. 목숨이 하늘에 있음과 하늘이 만민을 냄은 선성의 이르는 바요, 건(乾)을 부(父)라 칭하고 곤(坤)을 모(母)라 칭하는 것은 선현의 말한 바라. 천지 섬김을 부모 섬김과 같이 하되, 출입에 반드시 고하고 혼정신성의 예의를 한 결 같이 하는 것은, 개벽 5만년 이후에 선생께서 시창한 것이라. 반드시 그런 이치가 있으므로 이에 그러한 도를 시창하여, 사람으로 하여금 이 덕을 알게 하여 이 도를 닦게 하는 것이니라. 근래에 와서 사람의 윤리가 업신여겨지게 되어 정녕 부모가 나를 낳아 길러주신 것을 알면서도 등한히 하고 소홀히 하여 효도하는 자가 매우 적거늘, 하물며 미묘난측한 무형유적의 천지부모의 이치를 누가 능히 경외하여 효성으로 봉양하겠는가.

무릇 지금 하품 사람은, 보이는 데는 강하고 무형한 데 소홀히 함은 이치의 당연한 것이라. 심히 책하여도 모자랄 것이나 도가 이미 창시하였은 즉, 어찌 가히 깨닫지 못한 것으로만 돌려 전연 돌보지 않고 포기하는 밖에 내버려 두겠는가. 그러므로 생각을 거듭하여 천박함을 무릅쓰고 타일러 말하여 손잡아 깨우쳐 주니, 진심으로 행하여 그 근본을 찾아 그 근본을 통달하고 그 근원을 밝히어 황연히 적자의 마음을 회복하고 확실히 천지의 이치를 분별하면, 성철의 경지에 이르지 못함을 근심하지 않으리라.

대개 이 몸은 모두 이것이 천지 부모의 주신 바요 나의 사물이 아니니, 어찌 소홀히 하리오. 지금 세상 사람은 다만 부모의 기혈포태의 이치만 말하고, 천지조화 기성이부의 근본을 알지 못하며 혹은 이기포태의 수를 말하되, 낙지이후에 천포지태 자연이기의 가운데서 자라나고 있음을 전연 알지 못하니 가히 탄식할 일이로다.

행주좌와와 어묵동정이 어느 것이나 천지귀신조화의 자취 아님이 없건마는, 혹 천리를 말하고 혹 천덕을 말하나 그러나 전혀 효경함이 없고 하나도 받들어 섬기지 아니하니, 실로 마음이 상쾌한 이치를 알지 못하는 까닭이니라. 부모가 나를 낳고 나를 기르나 자연히 성장하는 것은 천지의 조화요. 천지가 나를 화생하고 나를 성장하게 하나 천명을 받아서 가르치고 기르는 것은 부모의 은덕이니 그런 즉, 천지가 아니면 나를 화생함이 없고 부모가 아니면 나를 양육함이 없을 것이니, 천지부모가 복육하는 은혜가 어찌 조금인들 사이가 있겠는가. 천지는 이미 부모의 이름자가 있고 또한 부모의 은덕이 있은 즉, 부모에게 효도하는 도로써 받들어서 같이 섬기고 공경하여 같이 봉양함이 또한 마땅하지 않으며 또한 옳지 않겠는가. 선성이 다만 신체발부를 부모에게서 받은 은혜만 말하고, 천지에게서 받은 근본을 명확히 말하지 않은 까닭을 선성이 어찌 알지 못한다 하리오. 때에는 그 때가 있고 운에는 그 운이 있어서 먼저 미래의 도를 발설하지 못하여 그러한 것이니라.

한울님은 음양오행으로써 만민을 화생하고 오곡을 장양한 즉, 사람은 곧 오행의 가장 빼어난 기운이요, 곡식도 또한 오행의 으뜸가는 기운이라. 오행의 원기로써 오행의 수기를 기르나니, 화해서 나고 자라서 이루는 것은 이것이 한울님이 아니고 누구이며 은혜가 아니고 무엇이라 말하리오. 그렇기 때문에 우리 스승님께서 5만년 무극대운을 받아 덕을 천하에 펴서 이 사람들로 하여금 이 도를 행하여 이 덕을 알게 하는 것은 다만 이 한 가지뿐이라.

우리 스승님의 대도종지는 첫째는 천지 섬기기를 부모 섬기는 것과 같이 하는 도요, 둘째 식고는 살아계신 부모를 효양하는 이치와 같은 것이니 내수도를 가히 힘쓰지 않겠는가. 식고의 이치를 잘 알면 도통이 그 가운데 있다는 것이 이것이니라. 지금은 그렇지 아니하여 스승님의 도를 배반하고 한울님의 마음을 어기고 한울님의 이치를 업신여기면서 말하기를 도를 닦는다고 하니, 천우신조는 오히려 말할 것도 없고 한울님이 내리는 꾸지람을 받을 것이 명약관화한지라. 이제 우리 도유는 이미 천지부모를 길이 모시는 도를 받았으나, 처음에 부모의 도로써 효경하다가 내종에 보통 길가는 사람으로서 대접하면 그 부모의 마음이 어찌 편안할 수 있으며, 그 자식이 어버이를 배반하고 어버이를 잊어버리고 어디로 가겠는가.

한울님이 간섭하지 않으면 고요한 한 물건 덩어리니 이것을 죽었다고 하는 것이요, 한울님이 항상 간섭하면 지혜로운 한 영물이니 이

것을 살았다고 말하는 것이라. 사람의 일동일정이 어찌 한울님의 시키는 바가 아니겠는가. 부지런하고 부지런하여 힘써 행하면 한울님이 감동하고 땅이 응하여 감히 통하게 되는 것은 한울님이 아니고 무엇이리오. 잘 생각하고 자세히 살필지어다. 부부는 곧 천지라. 천지가 화하지 못하면 이는 한울님이 싫어하나니, 싫어하면 화를 주고 기뻐하면 복을 내릴 것이니 가내가 화순한 곳이 되도록 더욱 힘쓰는 것이 어떠하리오. 말을 지어 이에 미치니 크게 두렵고 크게 두려움이라, 경계하고 삼가하여 함께 대운의 터전을 이루도록 복축하고 복축하나이다. 나의 말이 노망이 아니라 오직 성인의 가르침이니 평생토록 잊지 않음이 어떠하리오.

4. 천지인·귀신·음양(天地人·鬼神·陰陽)

천지는 한 기운 덩어리니라. 천·지·인은 도시 한 이치기운 뿐이니라. 사람은 바로 한울 덩어리요, 한울은 바로 만물의 정기이니라. 푸르고 푸르게 위에 있어 일월성신이 걸려 있는 곳을 사람이 다 한울이라 하지마는 나는 홀로 한울이라고 하지 않노라. 알지 못하는 사람은 나의 이 말을 깨닫지 못할 것이니라. 사람의 동하고 정하는 것이 마음이 시키는 것이냐, 기운이 시키는 것이냐. 기운은 주가 되고 마음은 체가 되고 귀신은 용사하는 것이니 조화란 것은 귀신의 좋은 재능이니라. 귀신이란 것은 무엇인가. 음양으로 말하면 음은 귀, 양은 신이요, 성심으로 말하면 성은 귀, 심은 신이요, 굴신으로 말하면 굴은 귀, 신은 신이요, 동정으로 말하면 정은 귀, 동은 신이니라. 기운이 마음을 부리는가, 마음이 기운을 부리는가. 기운이 마음에서 나왔는가, 마음이 기운에서 나왔는가. 화생하는 것은 기운이요 작용하는 것은 마음이니, 마음이 화하지 못하면 기운이 그 도수를 잃고 기운이 바르지 못하면 마음이 그 궤도를 이탈하나니, 기운을 바르게 하여 마음을 편안히 하고 마음을 편안히 하여 기운을 바르게 하라. 기운이 바르지 못하면 마음이 편안치 못하고, 마음이 편안치 못하면 기운이 바르지 못하나니, 그 실인즉 마음도 또한 기운에서 나는 것이니라. 움직이는 것은 기운이요, 움직이고자 하는 것은 마음이요, 능히 구부리고 펴고 변하고 화하는 것은 귀신이니라. 귀신이란 것은 천지의 음과 양이요 이치와 기운의 변동이요 차고 더움의 정기니, 나누면 한 이치가 만가지로 다르게 나타나고 합하면 한 기운일 따름이니라. 그 근본을 연구하면 귀신, 성심, 조화가 도무지 한 기운의 시키는 바니라.

사람이 바로 한울이요 한울이 바로 사람이니, 사람 밖에 한울이 없고 한울 밖에 사람이 없느니라. 마음은 어느 곳에 있는가 한울에 있고, 한울은 어느 곳에 있는가 마음에 있느니라. 그러므로 마음이 곧 한울이요 한울이 곧 마음이니, 마음 밖에 한울이 없고 한울 밖에 마음이 없느니라. 한울과 마음은 본래 둘이 아닌 것이니 마음과 한울이 서로 화합해야 바로 시·정·지라 이를 수 있으니, 마음과 한울이 서로 어기면 사람이 다 시천주라고 말할지라도 나는 시천주라고 이르지 않으리라.

천지는 한 기운 울타리니라. 기운은 혼원이요 마음은 허령이니 조화가 무궁한 것이니라. 사람의 마음 있는 것이 비유하면 한울에 해가 있는 것과 같으니, 해가 밝음에 만국을 비추고 마음이 밝음에 일만 이치를 환히 꿰뚫는도다. 둥글고 밝은 달은 능히 천강의 물을 비추고, 한 봄의 화한 기운은 능히 만물의 정기를 낳느니라.

5. 허와 실(虛와 實)

경에 이르기를 「마음은 본래 비어서 물건에 응하여도 자취가 없다」 하였으니, 빈 가운데 영이 있어 깨달음이 스스로 나는 것이니라. 그릇이 비었으므로 능히 만물을 받아들일 수 있고, 집이 비었으므로 사람이 능히 거처할 수 있으며, 천지가 비었으므로 능히 만물을 용납할 수 있고, 마음이 비었으므로 능히 모든 이치를 통할 수 있는 것이니라. 없은 뒤에는 있는 것이요 있은 뒤에는 없어지는 것이니, 무는 유를 낳고 유는 무를 낳느니라. 없는 데서 생기어 빈 데서 형상을 갖추나니, 없는 듯 비인 듯한 지라, 보려하나 보이지 아니하고 들으려하나 들리지 아니하느니라. 빈 것이 능히 기운을 낳고, 없는 것이 능히 이치를 낳고, 부드러운 것이 능히 기운을 일으키고, 굳센 것이 능히 기운을 기르나니, 네 가지는 없어서는 안 되느니라. 이 비고 없는 기운을 체로 하여 비고 없는 이치를 쓰면, 비고 신령한 것이 참된데 이르러 망령됨이 없어지느니라.

참이란 것은 빈 가운데서 실상을 낳은 것이니 천지의 지극히 공변된 것이요, 망령이란 것은 허한 가운데서 생긴 거짓이니 천지의 공이 없어지는 것이니라. 참을 지키면 한울이 사랑하고 망령되면 한울이 미워하느니라. 그러므로 진실이란 것은 천지의 생명체요, 거짓과 망령이란 것은 사람의 몸을 깨쳐 없애는 쇠뭉치이니라. 비어서 고요하며, 움직이면서 전일하며, 형상은 없으나 형상을 나타내는 것이 이 혼원한 한 기운의 참된 것이니라. 정신혼백이 지혜가 있고 깨달음이 있는 것은 허무한 가운데 이치기운이 시키는 것이니, 모여서 바르면 있고 흩어져 잃으면 없는 것이니라.

이치와 기운이 바르면 만물이 신령하고, 이치와 기운이 바르지 못하면 만물이 병이 생기고, 사람의 몸에 있는 이치와 기운이 바르면 천지에 있는 이치와 기운도 바르고, 사람의 몸에 있는 이치와 기운이 바르지 못하면 천지에 있는 이치와 기운도 역시 바르지 못하느니라.

6. 심령지령(心靈之靈)

세상 사람은 천령의 영함을 알지 못하고 또한 심령의 영함도 알지 못하고, 다만 잡신의 영함만을 아니 어찌 병이 아니겠는가. 지금 세속에서 이르는 성황이니 제석이니 성주니 토왕이니 산신이니 수신이니 석신이니 목신이니 하는 등의 음사는 붓으로 다 기록하기 어려운 것이니라. 이것은 한무제 때에 무당이 하던 여풍을 지금까지 고치지 못하고 마음에 물들어 고질이 되었으니, 다만 어리석은 사람들의 병근을 고치기 어려울 뿐 아니라 썩은 유생과 속된 선비도 왕왕 흘러들어 습관과 풍속을 이루었으니, 가히 한심한 것이라 이르리로다. 이러한 고질은 대방가의 수단이 아니면 실로 고치기 어려우니라. 그러므로 내 감히 논하여 말하는 것이니 밝게 살피어 쾌히 병든 뿌리를 끊고 한 이치로 돌아와 죄를 한울님께 얻지 말라. 지금 이 말은 도성입덕한 사람이 아니면 깨닫기 어려운 것이니라. 「음양」이라 「귀신」이라 「조화」라 「명」이라 「기운」이라 하니, 음양의 근본을 아는가 모르는가. 근본을 알지 못하고 한갓 글 외우기만 하니 한심한 일이로다.

이 근본을 투철하게 안 뒤에라야 바로 한울을 안다고 이르리라. 무엇으로써 음양이 되었으며, 무엇으로써 귀신이 되었으며, 무엇으로써 조화가 되었으며, 무엇으로써 명이 되었으며, 무엇으로써 기운이 되었는가. 보였는데 보이지 아니하고 들렸는데 들리지 않는데 이르러야 가히 도를 이루었다 할 것이요. 밖으로 접령하는 기운이 있음과 안으로 강화의 가르침이 있음을 확실히 투득해야 가히 덕을 세웠다 말할 것이니, 그렇지 못하면 탁명이나 하였다는 것을 면치 못할 것이니라.

도인이 입도한 뒤에 천지 섬기기를 부모 섬기는 것과 같이 아니하고, 오히려 음사에 빠져서 음사의 마음을 놓지 못하여 혹 만들고, 혹 걷어치우고, 반은 믿고 반은 의심하여 반은 천지를 믿고 반은 음사를 믿으니, 이것은 천지부모를 배척하는 것이니라. 이러므로 천지부모가 크게 노하여 자손이 영락하나니, 이 이치를 자세히 안 뒤에라야 거의 도문에 들어섰다고 이를 것이니라. 이것이 개벽 후 5만년에 노이무공하다가서 너를 만나 성공하니 하신 한울님 뜻이니 밝게 살피고 깊이 연구하라.

7. 대인접물(待人接物)

사람이 바로 한울이니 사람 섬기기를 한울같이 하라. 내 제군들을 보니 스스로 잘난 체 하는 자가 많으니 한심한 일이요. 도에서 이탈되는 사람도 이래서 생기니 슬픈일 이로다. 나도 또한 이런 마음이 생기면 생길 수 있느니라. 이런 마음이 생기면 생길 수 있으나, 이런 마음을 감히 내지 않는 것은 한울님을 내 마음에 양하지 못할까 두려워함이로다. 다만 교만하고 사치한 마음을 길러 끝내 무엇을 하리오. 내가 본 사람이 많으나 학을 좋아하는 사람을 아직 보지 못했노라. 겉으로 꾸며대는 사람은 도에 멀고 진실한 사람이 도에 가까우니, 사람을 대하여 거리낌이 없는 자라야 가히 도에 가깝다 이르리라. 그 그러함을 아는 사람과 그 그러함을 믿는 사람과 그 그러한 마음을 기쁘게 느끼는 사람은 거리가 같지 아니하니, 마음이 흐뭇하고 유쾌하게 느낌이 있은 뒤에라야 능히 천지의 큰일을 할 수 있느니라.

내가 청주를 지나다가 서택순의 집에서 그 며느리의 베 짜는 소리를 듣고 서군에게 묻기를 "저 누가 베를 짜는 소리인가" 하니, 서군이 대답하기를 "제 며느리가 베를 짭니다" 하는지라. 내가 또 묻기를 "그대의 며느리가 베 짜는 것이 참으로 그대의 며느리가 베 짜는 것인가" 하니, 서군이 나의 말을 분간치 못하더라. 어찌 서군뿐이랴. 도인의 집에 사람이 오거든 사람이 왔다 이르지 말고 한울님이 강림하셨다 말하라. 도가의 부인은 경솔히 아이를 때리지 말라. 아이를 때리는 것은 곧 한울님을 때리는 것이니 한울님이 싫어하고 기운이 상하느니라. 도인집 부인이 한울님이 싫어하고 기운이 상함을 두려워하지 아니하고 경솔히 아이를 때리면, 그 아이가 반드시 죽으리니 일체 아이를 때리지 말라.

악한 사람은 선하게 대하는 것만 같지 못하니라. 나의 도가 바르면 저 사람이 반드시 스스로 바르게 되리니, 어느 겨를에 그 곡직을 가리고 장단을 비교하겠는가. 겸양은 덕을 세우는 근본이니라. 어진 것은 대인의 어진 것과 소인의 어진 것이 있나니, 먼저 나를 바르게 하고 사람들과 융화하는 것은 대인의 어진 마음이니라. 거짓으로써 사람을 사귀는 사람은 도를 어지럽게 하고 도를 사납게 하는 자요, 이치를 거역하는 자이니라.

사람을 대하고 물건을 접함에 반드시 악을 숨기고 선을 찬양하는 것으로 주를 삼으라. 저 사람이 포악으로써 나를 대하면 나는 어질고 용서하는 마음으로써 대하고, 저 사람이 교활하고 교사하게 말을 꾸미거든 나는 정직하게 순히 받아들이면 자연히 돌아와 화하리라. 이말은 비록 쉬우나 몸소 행하기는 지극히 어려우니 이런 때에 이르 러 가히 도력을 볼 수 있느니라. 혹 도력이 차지 못하여 경솔하고 급작스러워 인내가 어려워지고 경솔하여 상충되는 일이 많으니, 이런 때를 당하여 마음을 쓰고 힘을 쓰는데 나를 순히하여 나를 처신하면 쉽고, 나를 거슬려 나를 처신하면 어려우니라. 이러므로 사람을 대할 때에 욕을 참고 너그럽게 용서하여, 스스로 자기 잘못을 책하면서 나 자신을 살피는 것을 주로 하고, 사람의 잘못을 그대로 말하지 말라.

내 핏덩어리만이 아니 어니 어찌 시비하는 마음이 없으리오 마는 만일 혈기를 내면 도를 상하므로 내 이를 하지 아니하노라. 나도 오장이 있거니 어찌 탐욕하는 마음이 없으리오 마는 내 이를 하지 않는 것은 한울님을 봉양하는 까닭이니라. 이는 다 대선생님의 명교를 잊지 아니하는 것이라. 그러므로 내 이같이 하노라.

맑고 밝음이 있으면 그 아는 것이 신과 같으리니, 맑고 밝음이 몸에 있는 근본 마음은 곧 도를 지극히 함에 다하는 것이니라. 일용행사가 도 아님이 없느니라. 한 사람이 착해짐에 천하가 착해지고, 한 사람이 화해짐에 한 집안이 화해지고, 한 집안이 화해 짐에 한 나라가 화해지고, 한 나라가 화해짐에 천하가 같이 화하리니, 비내리듯 하는 것을 누가 능히 막으리오.

무릇 때와 일에 임하여 「우(어리석은 체 하는것)·묵(침착하게 하는것)·눌(말조심 하는것)」세자를 용으로 삼으라. 만약 경솔하게 남의 말을 듣고 말하면, 반드시 나쁜 사람의 속임에 빠지느니라. 이로써 실행해 나아가면 공은 반드시 닦는데 돌아가고 일은 반드시 바른데 돌아갈 것이니라. 사람을 대할 때에 언제나 어린아이 같이 하라. 항상 꽃이 피는 듯이 얼굴을 가지면 가히 사람을 융화하고 덕을 이루는데 들어가리라.

누가 나에게 어른이 아니며 누가 나에게 스승이 아니리오. 나는 비록 부인과 어린아 이의 말이라도 배울만한 것은 배우고 스승으로 모실 만한 것은 스승으로 모시노라. 일이 있으면 사리를 가리어 일에 응하고 일이 없으면 조용히 앉아서 마음 공부를 하라. 말을 많이 하고 생각을 많이 하는 것은 심술에 가장 해로우니라.

남을 훼방하고 배척하여 삶을 상하게 하는 것은 군자가 이르기를 불효라 하였으니, 사람의 장단을 말하는 것은 도덕에 크게 해로우니라. 양공은 구부러진 재목을 거절하지 아니하고, 명의는 병든 사람을 거절하지 아니하고, 성인의 도를 배우는 자리에는 어리석은 사람을 거절하지 아니 하느니라. 말은 행할 것을 돌아보고 행동은 말한 것을 돌아보아, 말과 행동을 한결같이 하라. 말과 행동이 서로 어기면 마음과 한울이 서로 떨어지고, 마음과 한울이 서로 떨어지면 비록 해가 다하고 세상이 꺼질지라도 성현의 지위에 들어가기가 어려우니라.

만물이 시천주 아님이 없으니 능히 이 이치를 알면 살생은 금치 아니해도 자연히 금해지리라. 제비의 알을 깨치지 아니한 뒤에라야 봉황이 와서 거동하고, 초목의 싹을 꺾지 아니한 뒤에라야 산림이 무성하리라. 손수 꽃가지를 꺾으면 그 열매를 따지 못 할 것이오, 폐물을 버리면 부자가 될 수 없느니라. 날짐승 삼천도 각각 그 종류가 있고 털벌레 삼천도 각각 그 목숨이 있으니, 물건을 공경하면 덕이 만방에 미치리라.

8. 영부주문(靈符呪文)

마음이란 것은 내게 있는 본연의 한울이니 천지만물이 본래 한마음이니라. 마음은 선천 후천의 마음이 있고 기운도 또한 선천 후천의 기운이 있느니라. 천지의 마음은 신신영령하고 천지의 기운은 호호창창하여 천지에 가득차고 우주에 뻗쳐 있느니라. 경에 말씀하시기를 "나에게 영부 있으니 그 이름은 선약이요 그 형상은 태극이요 또 형상은 궁궁이니 나의 이 영부를 받아 사람을 질병에서 건지라" 하셨으니, 궁을의 그 모양은 곧 마음 심자이니라.

마음이 화하고 기운이 화하면 한울과 더불어 같이 화하리라. 궁은 바로 천궁이요, 을은 바로 천을이니 궁을은 우리 도의 부도요 천지의 형체이니라. 그러므로 성인이 받으시어 천도를 행하시고 창생을 건지시니라. 태극은 현묘한 이치니 환하게 깨치면 이것이 만병통치의 영약이 되는 것이니라.

지금 사람들은 다만 약을 써서 병이 낫는 줄만 알고 마음을 다스리어 병이 낫는 것은 알지 못하니, 마음을 다스리지 아니하고 약을 쓰는 것이 어찌 병을 낫게 하는 이치이랴. 마음을 다스리지 아니하고 약을 먹는 것은 이는 한울을 믿지 아니하고 약만 믿는 것이니라. 마음으로써 마음을 상하게 하면 마음으로써 병을 나게 하는 것이요, 마음으로써 마음을 다스리면 마음으로써 병을 낫게 하는 것이니라. 이 이치를 만약 밝게 분별치 못하면 후학들이 깨닫기 어렵겠으므로, 논하여 말하니 만약 마음을 다스리어 심화기화가 되면 냉수라도 약으로써 복용하지 않느니라. 이것이 "개벽 후 오만년에 노이무공 하다가서 너를 만나 성공하니"라고 하신 한울님의 뜻이니 밝게 살필지어다.

마음으로써 마음을 다스리고, 기운으로써 기운을 다스리고, 기운으로써 기운을 먹고, 한울로써 한울을 먹고, 한울로써 한울을 받드는 것이니라. 주문 삼칠자는 대우주·대정신·대생명을 그려낸 천서이니, 시천주 조화정은 만물화생의 근본이요, 영세불망 만사지는 사람이 먹고 사는 녹의 원천이니라. 경에 말씀하시기를 "모신다는 것은 안에 신령이 있고 밖에 기화가 있어 온 세상 사람이 각각 알아서 옮기지 않는 것이라" 하셨으니, 안에 신령이 있다는 것은 처음 세상에 태어날 때 갓난아기의 마음이요, 밖에 기화가 있다는 것은 포태할 때에 이치와 기운이 바탕에 응하여 체를 이룬 것이니라. 그러므로 밖으로 접령하는 기운이 있고 안으로 강화의 가르침이 있다는 것과 지기금지 원위대강이라 한 것이 이것이니라.

우리 사람이 태어난 것은 한울님의 영기를 모시고 태어난 것이요, 우리 사람이 사는 것도 또한 한울님의 영기를 모시고 사는 것이니, 어찌 반드시 사람만이 홀로 한울님을 모셨다 이르리오. 천지만물이 다 한울님을 모시지 않은 것이 없느니라. 저 새소리도 또한 시천주의 소리니라. 우리 도의 뜻은 한울로써 한울을 먹고, 한울로써 한울을 화할 뿐이니라. 만물이 낳고 나는 것은 이 마음과 이 기운을 받은 뒤에라야 그 생성을 얻나니, 우주만물이 모두 한 기운과 한 마음으로 꿰뚫어졌느니라.

9. 수심정기(守心正氣)

사람이 능히 그 마음의 근원을 맑게 하고 그 기운바다를 깨끗이 하면 만진이 더럽히지 않고, 욕념이 생기지 아니하면 천지의 정신이 전부 한 몸 안에 돌아오는 것이니라. 마음이 맑고 밝지 못하면 그 사람이 우매하고, 마음에 티끌이 없으면 그 사람이 현철하느니라.

등불은 기름을 부은 뒤에라야 불빛이 환히 밝고, 거울은 수은을 칠한 뒤에라야 물건이 분명히 비치고, 그릇은 불에 녹아 단련된 뒤에라야 체질이 굳고 좋으며, 사람은 마음에 한울님의 가르침을 얻은 뒤에라야 뜻과 생각이 신령한 것이니라. 몸은 심령의 집이요 심령은 몸의 주인이니, 심령의 있음은 일신의 안정이 되는 것이요, 욕념의 있음은 일신의 요란이 되는 것이니라.

심령은 오직 한울이니, 높아서 위가 없고 커서 끝이 없으며, 신령하고 호탕하며 일에 임하여 밝게 알고 물건을 대함에 공손하니라. 생각을 하면 한울이치를 얻을 것이요 생각을 하지않으면 많은 이치를 얻지 못할 것이니, 심령이 생각하는 것이요, 육관(눈·귀·코·혀·몸·뜻)으로 생각하는 것이 아니니라. 심령으로 그 심령을 밝히면 현묘한 이치와 무궁한 조화를 가히 얻어 쓸 수 있으니, 쓰면 우주 사이에 차고 폐하면 한 쌀알 가운데도 감추어지느니라.

거울이 티끌에 가리우지 않으면 밝고, 저울에 물건을 더하지 않으면 평하고, 구슬이 진흙에 섞이지 않으면 빛나느니라. 사람의 성령은 한울의 일월과 같으니, 해가 중천에 이르면 만국이 자연히 밝고, 달이 중천에 이르면 천강이 자연히 빛나고, 성품이 중심에 이르면 백체가 자연히 편안하고, 영기가 중심에 이르면 만사가 자연히 신통한 것이니라. 넓고 큰 집이 천간이라도 주인이 잘 보호치 않으면 그 기둥과 들보가 비바람에 무너지나니 어찌 두렵지 않으랴.

내 마음을 공경치 않는 것은 천지를 공경치 않는 것이요, 내 마음이 편안치 않은 것은 천지가 편안치 않은 것이니라. 내 마음을 공경치 아니하고 내 마음을 편안치 못하게 하는 것은 천지부모에게 오래도록 순종치 않는 것이니, 이는 불효한 일과 다름이 없느니라. 천지부모의 뜻을 거슬리는 것은 불효가 이에서 더 큰 것이 없으니 경계하고 삼가 하라. 사나운 범이 앞에 있고 긴 칼이 머리에 임하고 벼락이 내리어도 무섭지 아니하나, 오직 말 없고 소리 없는 한울이 언제나 무섭고 두려운 것이니라. 사람이 다 사람으로 연유하여 생기는 화복은 당장에 보기 쉬우나, 형상도 없고 말도 없는 한울의 화복은 보기 어려운 것이니라.

세상 사람이 다 촉도가 험난하다고 이르나, 촉도가 험한 것이 아니라 사람의 마음 길이 더욱 험한 것이니라. 수심정기 네 글자는 천지가 운절되는 기운을 다시 보충하는 것이니라. 경에 말씀하시기를 「인의예지는 옛 성인의 가르친 바요, 수심정기는 오직 내가 다시 정한 것이라」하셨으니, 만일 수심정기가 아니면 인의예지의 도를 실천하기 어려운 것이니라. 내 눈을 붙이기 전에 어찌 감히 수운대선생님의 가르치심을 잊으리오. 삼가서 조심하기를 밤낮이 없게 하느니라.

그대들은 수심정기를 아는가. 능히 수심정기하는 법을 알면 성인 되기가 무엇이 어려울 것인가. 수심정기는 모든 어려운 가운데 제일 어려운 것이니라. 비록 잠잘 때라도 능히 다른 사람이 나고 드는 것을 알고, 능히 다른 사람이 말하고 웃는 것을 들을 수 있어야 가히 수심정기라고 말할 수 있는 것이니라. 수심정기 하는 법은 효·제·온·공이니 이 마음 보호하기를 갓난아이 보호하는 것같이 하며, 늘 조용하여 성내는 마음이 일어나지 않게 하고 늘 깨어 혼미한 마음이 없게 함이 옳으니라.

마음이 기쁘고 즐겁지 않으면 한울이 감응치 아니하고, 마음이 언제나 기쁘고 즐거워야 한울이 언제나 감응하느니라. 내 마음을 내가 공경하면 한울이 또한 즐거워 하느니라. 수심정기는 바로 천지를 내 마음에 가까이 하는 것이니, 참된 마음은 한울이 반드시 좋아하고 한 울이 반드시 즐거워 하느니라.

10. 성·경·신(誠·敬·信)

우리 도는 다만 성·경·신 세 글자에 있느니라. 만일 큰 덕이 아니면 실로 실천하고 행하기 어려운 것이요, 과연 성·경·신에 능하면 성인되기가 손바닥 뒤집기 같으니라. 사시의 차례가 있음에 만물이 생성하고, 밤과 낮이 바뀜에 일월이 분명하고, 예와 지금이 길고 멀음에 이치와 기운이 변하지 아니하니, 이는 천지의 지극한 정성이 쉬지 않는 도인 것이니라. 나라 임금이 법을 지음에 모든 백성이 화락하고, 벼슬하는 사람이 법으로 다스림에 정부가 바르며 엄숙하고, 뭇 백성이 집을 다스림에 가도가 화순하고, 선비가 학업을 부지런히 함에 국운이 흥성하고, 농부가 힘써 일함에 의식이 풍족하고, 장사하는 사람이 부지런히 노고함에 재물이 다하지 않고, 공업하는 사람이 부지런히 일함에 기계가 고루 갖추어지니, 이는 인민이 지극한 정성을 잃지 않는 도이니라. 순일한 것을 정성이라 이르고 쉬지 않는 것을 정성이라 이르나니, 이 순일하고 쉬지 않는 정성으로 천지와 더불어 법도를 같이하고 운을 같이하면 가히 대성대인이라고 이를 수 있느니라. 사람마다 마음을 공경하면 기혈이 크게 화하고, 사람마다 사람을 공경하면 많은 사람이 와서 모이고, 사람마다 만물을 공경하면 만상이 거동하여 오니, 거룩하다 공경하고 공경함이여!

우주에 가득찬 것은 도시 혼원한 한 기운이니, 한 걸음이라도 감히 경솔하게 걷지 못할 것이니라. 내가 한가히 있을 때에 한 어린이가 나막신을 신고 빠르게 앞을 지나니, 그 소리 땅을 울리어 놀라서 일어나 가슴을 어루만지며, 그 어린이의 나막신 소리에 내 가슴이 아프더라고 말했었노라. 땅을 소중히 여기기를 어머님의 살같이 하라. 어머님의 살이 중한가 버선이 중한가. 이 이치를 바로 알고 공경하고 두려워하는 마음으로 체행하면, 아무리 큰 비가 내려도 신발이 조금도 젖지 아니 할 것이니라. 이 현묘한 이치를 아는 이가 적으며 행하는 이가 드물 것이니라. 내 오늘 처음으로 대도의 진담을 말하였노라.

인의예지도 믿음이 아니면 행하지 못하고 금목수화도 토가 아니면 이루지 못하나니, 사람의 믿음 있는 것이 오행의 토가 있음과 같으니라. 억천만사가 도시 믿을 신 한자뿐이니라. 사람의 믿음이 없음은 수레의 바퀴 없음과 같으니라. 믿을 신 한자는 비록 부모형제라도 변통하기 어려운 것이니라. 경에 말씀하시기를 「대장부 의기범절 신 없으면 어디 나며」하신 것이 이것이니라. 마음을 믿는 것은 곧 한울을 믿는 것이요, 한울을 믿는 것은 곧 마음을 믿는 것이니, 사람이 믿는 마음이 없으면 한 등신이요, 한 밥주머니일 뿐이니라.

사람이 혹 정성은 있으나 믿음이 없고, 믿음은 있으나 정성이 없으니 가히 탄식할 일이로다. 사람의 닦고 행할 것은 먼저 믿고 그 다음에 정성드리는 것이니, 만약 실지의 믿음이 없으면 헛된 정성을 면치 못하는 것이니라. 마음으로 믿으면 정성 공경은 자연히 그 가운데 있느니라. 우리 수운대선생께서는 정성에 능하고 공경에 능하고 믿음에 능하신 큰 성인이시었다. 정성이 한울에 이르러 천명을 계승하시었고, 공경이 한울에 이르러 조용히 천어를 들으시었고, 믿음이 한울에 이르러 묵계가 한울과 합하셨으니, 여기에 큰 성인이 되신 것이니라. 생이

지지하신 성인도 오히려 그러하셨거든, 하물며 어리석은 사람이 어질고자 어두운 사람이 밝아지고자 범인이 성인이 되고자 함에랴.

11. 독공(篤工)

독실하게 공부해서 이루지 못할 것이 없느니라. 내가 신유년 여름에 도를 받은 뒤로부터 독실하게 공부할 뿐이더니, 얼음물에 목욕하여도 따스한 기운이 돌고 불을 켜도 기름이 졸지 아니하니 정성 드려야 할 것은 도학이니라. 우물을 판 뒤에야 물을 마실 것이요, 밭을 간 뒤에야 밥을 먹을 것이니, 사람의 마음공부 하는 것이 물마시고 밥 먹는 일과 같지 아니한가. 곡식을 여러 창고에 저장하는 것도 반드시 밭 한 이랑으로부터 시작하는 것이요, 많은 재물을 모으는 것도 반드시 한 시장으로부터 되는 것이요, 덕이 백체를 윤택하게 하는 것도 반드시 한 마음으로부터 시작하는 것이니라.

도에 대한 한결같은 생각을 주릴 때 밥 생각 하듯이, 추울 때 옷 생각 하듯이, 목 마를 때 물 생각하듯이 하라. 부귀한 자만 도를 닦겠는가, 권력 있는 자만 도를 닦겠는가, 유식한 자만 도를 닦겠는가, 비록 아무리 빈천한 사람이라도 정성만 있으면 도를 닦을 수 있느니라. 배우는 것은 반드시 넓게 하고 묻는 것은 반드시 자세히 하고 행하는 것은 반드시 독실하게 하라. 만일 삼년에 도안이 밝지 못하고 마음 바탕이 신령치 못하면 이것은 정성이 없고 믿음이 없음이니라. 정성이 있고 믿음이 있으면 돌을 굴리어 산에 올리기도 쉬우려니와, 정성이 없고 믿음이 없으면 돌을 굴리어 산에서 내리기도 어려우니, 공부하는 것의 쉽고 어려움도 이와 같으니라. 사사로운 욕심을 끊고 사사로운 물건을 버리고 사사로운 영화를 잊은 뒤에라야, 기운이 모이고 신이 모이어 환하게 깨달음이 있으리니, 길을 가면 발끝이 평탄한 곳을 가리키고 집에 있으면 신이 조용한데 엉기고 자리에 앉으면 숨결이 고르고 편안하며 누우면 신이 그윽한 곳에 들어, 하루 종일 어리석은 듯하며 기운이 평정하고 심신이 청명하니라.

내가 젊었을 때에 스스로 생각하기를 옛날 성현은 뜻이 특별히 남다른 표준이 있으리라 하였더니, 한번 대선생을 뵈옵고 마음공부를 한 뒤부터는, 비로소 별다른 사람이 아니요 다만 마음을 정하고 정하지 못하는데 있는 것인줄 알았노라. 요순의 일을 행하고 공맹의 마음을 쓰면 누가 요순이 아니며 누가 공맹이 아니겠느냐. 여러분은 내 이 말을 터득하여 스스로 굳세게 하여 쉬지 않는 것이 옳으니라. 나는 비록 통하지 못했으나 여러분은 먼저 대도를 통하기 바라노라.

웬만큼 아는 것을 가지고 도의 근본을 알지도 못하면서 문득 「내가 아노라」 하지마는, 나는 아무런 말도 하지않고 좋게 한번 웃노라. 사람들이 다 제갈량과 강태공을 도통하였다 하지마는, 내가 생각하기엔 정말 도통이 아니라고 보노라. 약간의 마음이 열렸다고 해서 어찌 도통이라고 말할 수 있겠느냐. 천지와 더불어 그 덕에 합하여 능히 천지 조화를 행한 뒤에라야 바야흐로 도통하였다 이르리라. 도통은 사람마다 하고자하나 지금 소행을 보면 사람이 작은 이익만 알고 큰 이익은 알지 못하니, 탄식스럽고 애석한 일이로다.

12. 성인의 덕화(聖人之德化)

천지의 도를 밝히고 음양의 이치를 통달하여 억조창생으로 하여금 각각 그 직업을 얻게하면 어찌 도덕문명의 세계가 아니겠는가. 성인의 덕행은 춘풍태화의 원기가 초목군생에 퍼짐과 같으니라. 한울님은 마음이 있으나 말이 없고, 성인은 마음도 있고 말도 있으니, 오직 성인은 마음도 있고 말도 있는 한울님이니라. 아이가 난 그 처음에 누가 성인이 아니며, 누가 대인이 아니리오마는 뭇 사람은 어리석고 어리석어 마음을 잊고 잃음이 많으나, 성인은 밝고 밝아 한울님 성품을 잃지 아니하고, 언제나 성품을 거느리며 한울님과 더불어 덕을 같이하고, 한울님과 더불어 같이 크고, 한울님과 더불어 같이 화하나니, 천지가 하는 바를 성인도 할 수 있느니라.

성인의 교화는 가물던 한울에서 비가 내리는 것 같아서 만물이 각각 스스로 기쁘게 번영하고, 성인의 절개는 겨울 산마루에 외로운 소나무와 같아서 홀로 봄빛을 띠고, 성인의 법도는 가을 서리같이 엄숙하여 만물이 다 원망하는 마음이 없느니라. 성인은 세상 사람에게 항상 온화한 기운으로 덕성을 베풀어 훈육하나니, 거듭 일러 친절히 가르치고 돌보고 돌보아 알아듣게 타이르고, 가혹하게 꾸짖는 말씀을 입밖에 내지 아니하느니라. 성인의 덕화는 자기를 버리어 사람에게 덕이 되게하고, 세상 사람의 사사로운 마음은 자기만 이롭게하고 사람을 해롭게 하느니라. 요순의 세상에 백성 이 다 요순이 되었다 하나, 백성이 어찌 다 요순이 되었겠는가. 이것은 요순의 덕화속에 훈육되었기 때문이니라.

13. 천도와 유불선(天道와 儒佛仙)

우리 도는 무극에 근원하여 태극에 나타났으니 뿌리는 천상지하에

뻗었고, 이치는 혼원일기에 잠기었고, 현묘한 조화는 천지일월과 더불어 한 몸으로 무궁하니라. 우리 도의 진리는 얕은 것 같으나 깊고, 속된 것 같으나 고상하고, 가까운 것 같으나 멀고, 어두운 것 같으나 밝은 것이니라. 우리 도는 유와도 같고 불과도 같고 선과도 같으나, 실인즉 유도 아니요 불도 아니요 선도 아니니라. 그러므로 만고 없는 무극대도라 이르나니, 옛 성인은 다만 지엽만 말하고 근본은 말하지 못했으나, 우리 수운대선생은 천지·음양·일월·귀신·기운·조화의 근본을 처음으로 밝혔나니라. 진실로 총명 달덕한 이가 아니면 누가 능히 알리오. 아는 이가 적으니 가히 탄식할 일이로다.

14. 오도의 삼황(吾道之三皇)

성인이 처음 나시어 덕이 만방에 화하고, 덕이 만방에 화하니 뭇 백성이 이에 화하도다. 이것이 누구의 덕인가, 한울님의 은혜로다. 한울이 밝은 것이 아니라 큰 성인이 밝은 것이니, 넓고 넓은 한울님의 덕을 큰 성인이 밝히셨도다. 넓고 넓은 그 덕을 한울님이 아니면 누가 내리시며, 밝고 밝은 그 덕을 성인이 아니면 누가 밝히겠는가. 넓고 큰 그 덕을 성인이 밝히셨도다.

높고 높은 천도를 큰 성인이 처음 밝히셨으니, 밝고 밝은 천지도 일월이 아니면 밝지 못하고, 밝고 밝은 큰 성인도 다음 성인이 아니면 밝히지 못하느니라.

천지가 밝은 것이 아니라 일월이 밝고 밝은 것이요, 일월이 밝은 것이 아니라 천황이 밝은 것이요, 천황이 밝은 것이 아니라 지황이 더욱 밝은 것이로다. 천황의 도와 지황의 덕을 인황이 밝히나니, 천황·

지황이 세상에 난 뒤에 인황이 세상에 나는 것은 이치가 본래 그러한 것이니라.

15. 개벽운수(開闢運數)

이 세상 운수는 천지가 개벽하던 처음의 큰 운수를 회복한 것이니 세계만물이 다시 포태의 수를 정치않은 것이 없느니라. 경에 말씀하시기를 「산하의 큰 운수가 다 이 도에 돌아오니 그 근원이 가장 깊고 그 이치가 심히 멀도다」하셨으니, 이것은 바로 개벽의 운이요 개벽의 이치이기 때문이니라. 새 한울·새 땅에 사람과 만물이 또한 새로워질 것이니라. 만년에 대일변, 천년에 중일변, 백년에 소일변은 이것이 천운이요, 천년에 대일변, 백년에 중일변, 십년에 소일변은 이것이 인사이니라. 성한 것이 오래면 쇠하고 쇠한 것이 오래면 성하고, 밝은 것이 오래면 어둡고 어두운 것이 오래면 밝나니 성쇠명암은 천도의 운이요, 흥한 뒤에는 망하고 망한 뒤에는 흥하고, 길한 뒤에는 흉하고 흉한 뒤에는 길하나니 흥망길흉은 인도의 운이니라.

경에 말씀하시기를 "그 사람의 귀천의 다름을 명하고 그 사람의 고락의 이치를 정했으나, 그러나 군자의 덕은 기운이 바르고 마음이 정해져 있으므로 천지와 더불어 그 덕에 합하고 소인의 덕은 기운이 바르지 못하고 마음이 옮기므로 천지와 더불어 그 명에 어기나니, 이것이 성쇠의 이치가 아니겠는가" 하셨으니, 이것은 천리와 인사가 부합한 수이니라.

봄이 가고 봄이 옴에 꽃이 피고 꽃이 지는 것은 변하는 운이요, 추위가 오고 더위가 감에 만물이 나고 이루는 것은 동하는 운이요, 황하

수가 천년에 한번 맑음에 성인이 다시 나는 것은 천도와 인도의 무궁한 운이니라. 세상 만물이 나타나는 때가 있고 쓰는 때가 있으니, 달밤 삼경에는 만물이 다 고요하고, 해가 동쪽에 솟으면 모든 생령이 다 움직이고, 새 것과 낡은 것이 변천함에 천하가 다 움직이는 것이니라. 동풍에 화생하여도 금풍(서풍)이 아니면 이루지 못하나니 금풍이 불 때에 만물이 결실하느니라. 운을 따라 덕에 달하고 시기를 살피어 움직이면 일마다 공을 이루리라. 변하여 화하고, 화하여 나고, 나서 성하고, 성하였다가 다시 근원으로 돌아가나니, 움직이면 사는 것이요 고요하면 죽는 것이니라.

낮이 밝고 밤이 어두운 것은 하루의 변함이요, 보름에 차고 그믐에 이지러지는 것은 한 달의 변함이요, 춥고 덥고 따스하고 서늘한 것은 한 해의 변함이니라. 변하나 변치 아니하고, 움직이나 다시 고요하고, 고요하나 다시 움직이는 것은 이기의 변동이요, 때로 변하고 때로 움직이고 때로 고요한 것은 자연의 도이니라. 선천이 후천을 낳았으니 선천운이 후천운을 낳은 것이라, 운의 변천과 도의 변천은 같은 때에 나타나는 것이니라. 그러므로 운인즉 천황씨가 새로 시작되는 운이요, 도인 즉 천지가 개벽하여 일월이 처음으로 밝는 도요, 일인즉 금불문 고불문의 일이요, 법 인즉 금불비 고불비의 법이니라.

우리 도의 운수에 요순공맹의 성스러운 인물이 많이 나리라. 우리 도는 천황씨의 근본 큰 운수를 회복한 것이니라. 천황씨 무위화기의 근본을 누가 능히 알 수 있겠는가. 아는 이가 적으니라. 사람은 한울 사람이요, 도는 대선생님의 무극대도니라.

운이 있고 믿음이 있는 이는 한번 말하면 다 알 수 있으나, 천리를 믿지 않는 자는 비록 천언만담을 할지라도 어쩔 수 없으니, 한말로 하면 도시 운수에 있는 것이니라. 아무리 좋은 논밭이 있어도 종자를 뿌리지 않으면 나지 않을 것이요, 만일 김매지 아니하면 가을에 바랄 것이 없느니라. 이 운은 동방에서 먼저 시작한 것이니 동방은 목운이라. 그러므로 서로 부딪히면 불이 날 것이니라.

이 세상의 운수는 개벽의 운수라. 천지도 편안치 못하고, 산천초목도 편안치 못하고, 강물의 고기도 편안치 못하고, 나는 새·기는 짐승도 다 편안치 못하리니, 유독 사람만이 따스하게 입고 배부르게 먹으며 편안하게 도를 구하겠는가. 선천과 후천의 운이 서로 엇갈리어 이치와 기운이 서로 싸우는지라, 만물이 다 싸우니 어찌 사람의 싸움이 없겠는가. 천지일월은 예와 이제의 변함이 없으나 운수는 크게 변하나니, 새것과 낡은 것이 같지 아니 한지라 새것과 낡은 것이 서로 갈아드는 때에, 낡은 정치는 이미 물러가고 새 정치는 아직 펴지 못하여 이치와 기운이 고르지 못할 즈음에 천하가 혼란하리라. 이 때를 당하여 윤리·도덕이 자연히 무너지고 사람은 다 금수의 무리에 가까우리니, 어찌 난리가 아니겠는가.

우리 도는 삼절운에 창립하였으므로 나라와 백성이 다 이 삼절운을 면치 못하리라. 우리 도는 우리나라에서 나서 장차 우리나라 운수를 좋게 할 것이라. 우리 도의 운수로 인하여 우리나라 안에 영웅호걸이 많이 날 것이니, 세계 각국에 파송하여 활동하면 형상 있는 한울님이요, 사람 살리는 부처라는 칭송을 얻을 것이니라.

우리 도인의 지금에 보는 정상으로는 보리밥에 거칠은 옷을 입고 도를 닦으나, 이 다음에는 능히 높고 큰 집에 살면서 쌀밥을 먹고 비단옷을 입고 좋은 자리에 앉아서 도를 닦으리라. 지금에 입도하는 사람들은 백지 한 권으로 예물을 드리나 일후에는 비단으로 예물을 드릴 것이요, 지금은 도를 권하면 사람들이 다 믿지 아니하나 일후에는 사람들이 다 손바닥에 시천주 주문을 써 달라고 할 것이니라. 이때를 당하여 포덕사를 세계 각국에 파송하면 모든 나라가 자연히 천국이 되리라. 우리나라의 영웅호걸은 인종의 종자니, 모두가 만국 포덕사로 나간 뒤에 제일 못난이가 본국에 남아있으리니, 지열자가 상재요 도통한 사람이니라.

우리 도는 중국에 가서 포덕할 때가 되어야 포덕천하를 달성하리라. 묻기를 "어느 때에 현도가 되겠습니까." 신사 대답하기를 "산이 다 검게 변하고 길에 다 비단을 펼 때요, 만국과 교역할 때이니라." 묻기를 "어느 때에 이같이 되겠습니까." 신사 대답하기를 "때는 그 때가 있으니 마음을 급히 하지 말라. 기다리지 아니하여도 자연히 오리니, 만국 병마가 우리나라 땅에 왔다가 후퇴하는 때이니라."

16. 부화부순(夫和婦順)

부화부순은 우리 도의 제일 종지니라. 도를 통하고 통하지 못하는 것이 도무지 내외가 화순하고 화순치 못하는 데 있느니라. 내외가 화순하면 천지가 안락하고 부모도 기뻐하며, 내외가 불화하면 한울이 크게 싫어하고 부모가 노하나니, 부모의 진노는 곧 천지의 진노이니라. 천지가 편안하고 즐거워하는 미묘한 것은 보기 어려우나, 진노하는 형상은 당장에 보기 쉬우니, 크게 두렵고 두렵도다. 부부가 화순하면 한울이 반드시 감응하여 일년 삼백육십일을 하루아침 같이 지내리라.

부인은 한 집안의 주인이니라. 한울을 공경하는 것과 제사를 받드는 것과 손님을 접대하는 것과 옷을 만드는 것과 음식을 만드는 것과 아이를 낳아서 기르는 것과 베를 짜는 것이 다 반드시 부인의 손이 닿지 않는 것이 없느니라.

남자는 한울이요 여자는 땅이니, 남녀가 화합치 못하면 천지가 막히고, 남녀가 화합하면 천지가 크게 화하리니, 부부가 곧 천지란 이를 말한 것이니라. 부인이 불민하면 아무리 날마다 세가지 짐승(소·양·돼지)으로 봉양할지라도 한울이 반드시 감응치 아니하리라. 부부가 화합치 못하면 자손이 보잘 것 없이 되느니라. 여자는 편성이라, 혹 성을 내더라도 그 남편된 이가 마음과 정성을 다하여 절을 하라. 한번 절하고 두번 절하며 온순한 말로 성내지 않으면, 비록 도척의 악이라도 반드시 화할 것이니, 이렇게 절하고 이렇게 절하라.

17. 부인수도(婦人修道)

묻기를 "우리 도 안에서 부인수도를 장려하는 것은 무슨 연고입니까." 신사 대답하기를 "부인은 한 집안의 주인이니라. 음식을 만들고, 의복을 짓고, 아이를 기르고, 손님을 대접하고, 제사를 받드는 일을 부인이 감당하니, 주부가 만일 정성 없이 음식을 갖추면 한울이 반드시 감응치 아니하는 것이요, 정성 없이 아이를 기르면 아이가 반드시 충실치 못하나니, 부인수도는 우리 도의 근본이니라. 이제로부터 부인도통이 많이 나리라. 이것은 일남구녀를 비한 운이니, 지난 때에는 부인을 압박하였으나 지금 이 운을 당하여서는 부인도통으로 사람 살리는 이가 많으리니, 이것은 사람이 다 어머니의 포태속에서 나서 자라는 것과 같으니라."

18. 향아설위(向我設位)

신사 묻기를 "제사 지낼 때에 벽을 향하여 위를 베푸는 것이 옳으냐, 나를 향하여 위를 베푸는 것이 옳으냐." 손병희 대답하기를 "나를 향하여 위를 베푸는 것이 옳습니다." 신사 말하시기를 "그러하니라. 이제부터는 나를 향하여 위를 베푸는 것이 옳으니라. 그러면 제물을 차릴 때에 혹 급하게 집어 먹었다면, 다시 차려서 제사를 지내는 것이 옳겠느냐, 그대로 지내도 옳겠느냐." 손천민이 대답하기를 "그대로 제사를 지내는 것이 옳겠습니다." 신사 말씀하기를 "너희들은 매번 식고할 때에 한울님 감응하시는 정을 본 때가 있느냐." 김연국이 대답하기를 "보지 못하였습니다." 신사 말씀하기를 "그러면 한울님께서 감응하시지 않는 정은 혹 본 일이 있느냐. 사람은 다 모신 한울님의 영기로 사는 것이니, 사람의 먹고 싶어 하는 생각이 곧 한울님이 감응하시는 마음이요, 먹고 싶은 기운이 곧 한울님이 감응하시는 기운이요, 사람이 맛나게 먹는 것이 이것이 한울님이 감응하시는 정이요, 사람이 먹고 싶은 생각이 없는 것이 바로 한울님이 감응하시지 않는 이치니라. 사람이 모신 한울님의 영기가 있으면 산 것이요, 그렇지 아니하면 죽은 것이니라. 죽은 사람 입에 한 숟갈 밥을 드리고 기다려도 능히 한 알 밥이라도 먹지 못하는 것이니 이는 한울님이 이미 사람의 몸안에서 떠난 것이니라. 그러므로 능히 먹을 생각과 먹을 기운을 내지 못하는 것이니, 이것은 한울님이 능히 감응하시지 않는 이치니라."

또 말씀하기를 "제사 지낼 때에 몇 대조까지 제사를 받드느냐." 김연국이 대답하기를 "보통 사대조까지 제사를 받들고 그 이상은 매년 봄과 가을에 시향을 베풀 따름입니다." 또 말씀하기를 "시향은 몇 대조까지 하느냐." 대답하기를 "이십대 안팎을 지나지 아니하오며 그 이상은 알 수 없습니다." 신사 말씀하기를 "이십대나 삼십대를 거슬러 올라가면 반드시 첫 조상이 있으리니 첫 조상의 영은 받들지 않느냐. 사람은 다 부모가 있으리니 부모로부터 처음 할아버지에게 거슬러 올라가면 첫 할아버지는 누가 능히 낳았겠느냐. 예로부터 한울이 만백성을 낳았다 말하나니, 첫 할아버지의 부모는 한울님이시니라. 그러므로 한울을 모시고 한울을 받드는 것은 곧 첫 할아버지를 받드는 것이니 부모의 제사를 지낼 때에 지극한 정성을 다하는 것이 마땅하며, 시간은 정오에 베푸는 것이 옳으니라."

임규호 묻기를 "나를 향하여 위를 베푸는 이치는 어떤 연고입니까" 신사 대답하기를 "나의 부모는 첫 조상으로부터 몇 만대에 이르도록 혈기를 계승하여 나에게 이른 것이요, 또 부모의 심령은 한울님으로부터 몇 만대를 이어 나에게 이른 것이니 부모가 죽은 뒤에도 혈기는 나에게 남아있는 것이요, 심령과 정신도 나에게 남아있는 것이니라. 그러므로 제사를 받들고 위를 베푸는 것은 그 자손을 위하는 것이 본위이니, 평상시에 식사를 하듯이 위를 베푼 뒤에 지극한 정성을 다하여 심고하고, 부모가 살아계실 때의 교훈과 남기신 사업의 뜻을 생각하면서 맹세하는 것이 옳으니라"

방시학이 묻기를 "제사 지낼 때에 절하는 예는 어떻게 합니까." 신사 대답하기를 "마음으로써 절하는 것이 옳으니라." 묻기를 "제물 차리는 것과 상복은 어떻게 하는 것이 옳습니까" 신사 대답하기를 「만 가지를 차리어 벌려 놓는 것이 정성이 되는 것이 아니요, 다만 청수한 그릇이라도 지극한 정성을 다하는 것이 옳으니라. 제물을 차릴 때에 값이 비싸고 싼 것을 말하지 말고, 물품이 많고 적은 것을 말하지 말라. 제사지낼 시기에 이르러 흉한 빛을 보지 말고, 음란한 소리를 듣지 말고, 나쁜 말을 하지 말고, 서로 다투고 물건 빼앗기를 하지 말라. 만일 그렇게 하면 제사를 지내지 않는 것이 옳으니라. 굴건과 제복이 필요치 않고 평상시에 입던 옷을 입더라도 지극한 정성이 옳으니라. 부모가 돌아가신 뒤에 굴건을 쓰고 제복을 입고라도, 그 부모의 뜻을 잊어버리고 주색과 잡기판에 나들면, 어찌 가히 정성을 다했다고 말하겠는가."

조재벽이 묻기를 "상기는 어떻게 하는 것이 옳습니까." 신사 대답하기를 "마음으로 백년상이 옳으니라. 천지부모를 위하는 식고가 마음의 백년상이니, 사람이 살아있을 때에 부모의 생각을 잊지않는 것이 영세불망이요, 천지부모 네 글자를 지키는 것이 만고사적 분명하다라고 말하는 것이니라."

19. 삼경(三敬)

사람은 첫째로 한울을 공경하지 아니치 못할지니, 이것이 돌아가신 스승님께서 처음 밝히신 도법이라. 한울을 공경하는 원리를 모르는 사람은 진리를 사랑할 줄 모르는 사람이니, 왜 그러냐 하면 한울은 진리의 중심을 잡은 것이므로써이다. 그러나 한울을 공경함은 결단코 빈 공중을 향하여 상제를 공경한다는 것이 아니요, 내 마음을 공경함이 곧 한울을 공경하는 도를 바르게 아는 길이니, 「내 마음을 공경치 않는 것이 곧 천지를 공경치 않는 것이라」함은 이를 이름이었다. 사람은 한울을 공경함으로써 자기의 영원한 생명을 알게 될 것이요, 한울을 공경함으로써 모든 사람과 만물이 다 나의 동포라는 전체의 진리를 깨달을 것이요, 한울을 공경함으로써 남을 위하여 희생하는 마음과 세상을 위하여 의무를 다할 마음이 생길 수 있나니, 그러므로 한울을 공경함은 모든 진리의 중심이 되는 부분을 움켜잡는 것이니라.

둘째는 사람을 공경함이니 한울을 공경함은 사람을 공경하는 행위에 의지하여 사실로 그 효과가 나타나는 것이니라. 한울만 공경하고 사람을 공경함이 없으면 이는 농사의 이치는 알되 실지로 종자를 땅에 뿌리지 않는 행위와 같으니, 도 닦는 사람이 사람을 섬기되 한울과 같이 한 후에야 처음으로 바르게 도를 실행하는 사람이니라. 도인집에 사람이 오거든 사람이 왔다 이르지말고 한울님이 강림하셨다 이르라 하셨으니, 사람을 공경치 아니하고 귀신을 공경하여 무슨 실효가 있겠느냐. 어리석은 풍속에 귀신을 공경할 줄은 알되 사람은 천대하나니, 이것은 죽은 부모의 혼은 공경하되 산 부모는 천대함과 같으니라. 한울이 사람을 떠나 따로 있지 않는지라, 사람을 버리고 한울을 공경한다는 것은 물을 버리고 해갈을 구하는 자와 같으니라.

셋째는 물건을 공경함이니 사람은 사람을 공경함으로써 도덕의 최고경지가 되지 못하고, 나아가 물건을 공경함에까지 이르러야 천지기화의 덕에 합일될 수 있느니라.

20. 이심치심(以心治心)

내 항상 한울님 말씀과 사람의 말의 구별을 말하였거니와, 마음으로써 마음을 다스림도 또한 이 이치에서 생긴 것이라. 사람의 마음에 어찌 두가지 뿌리가 있으리오. 다만 마음은 하나이지마는 그 씀에 있어 하나는 이심이 되고 하나는 치심이 되나니, 이심은 한울님 마음이요 치심은 사람의 마음이니라. 비유하건대 같은 불이로되 그 씀에 의하여 선악이 생기고, 같은 물이로되 그 씀에 의하여 이해가 다름과 같이, 같은 마음 이로되 마음이 이치에 합하여 마음이 화하고 기운이 화하게 되면 한울님 마음을 거느리게 되고, 마음이 감정에 흐르면 마음이 너그럽지 못하고 좁아 몹시 군색하여 모든 악한 행위가 여기서 생기는 것이니라. 그러므로 도 닦는 자 이심으로써 항상 치심을 억제하여, 마차부리는 사람이 용마를 잘 거느림과 같이 그 씀이 옳으면, 화가 바뀌어 복이 되고 재앙이 변하여 경사롭고 길하게 될 수 있느니라.

21. 이천식천(以天食天)

내 항상 말할 때에 물건마다 한울이요 일마다 한울이라 하였나니, 만약 이 이치를 옳다고 인정한다면 모든 물건이 다 한울로써 한울을 먹는 것 아님이 없을지니, 한울로써 한울을 먹는 것은 어찌 생각하면 이치에 서로 맞지 않는 것 같으나, 그러나 이것은 사람의 마음이 한쪽으로 치우쳐서 보는 말이요, 만일 한울 전체로 본다면 한울이 한울 전체를 키우기 위하여 같은 바탕이 된 자는 서로 도와줌으로써 서로 기운이 화함을 이루게 하고, 다른 바탕이 된 자는 한울로써 한울을 먹는 것으로써 서로 기운이 화함을 통하게 하는 것이니, 그러므로 한울은 한쪽 편에서 동질적 기화로 종속을 기르게 하고 한쪽 편에서 이질적 기화로써 종속과 종속의 서로 연결된 성장발전을 도모하는 것이니, 합하여 말하면 한울로써 한울을 먹는 것은 곧 한울의 기화작용으로 볼 수 있는데, 대신사께서 모실 시자의 뜻을 풀어 밝히실 때에 안에 신령이 있다함은 한울을 이름이요, 밖에 기화가 있다함은 한울로써 한울을 먹는 것을 말씀한 것이니 지극히 묘한 천지의 묘법이 도무지 기운이 화하는데 있느니라.

22. 양천주(養天主)

한울을 양할 줄 아는 사람이라야 한울을 모실줄 아느니라. 한울이 내 마음속에 있음이 마치 종자의 생명이 종자속에 있음과 같으니, 종자를 땅에 심어 그 생명을 기르는 것과 같이 사람의 마음은 도에 의하여 한울을 양하게 되는 것이라. 같은 사람으로도 한울이 있는 것을 알지 못하는 것은 이는 종자를 물속에 던져 그 생명을 멸망케 함과 같아서, 그러한 사람에게는 한 평생을 마치도록 한울을 모르고 살 수 있나니 오직 한울을 양한 사람에게 한울이 있고, 양치 않는 사람에게는 한울이 없나니, 보지 않느냐, 종자를 심지 않는 자 누가 곡식을 얻는다고 하더냐.

23. 내수도문(內修道文)

부모님께 효를 극진히 하오며, 남편을 극진히 공경하오며, 내 자식과 며느리를 극진히 사랑하오며, 하인을 내 자식과 같이 여기며, 육축(六畜)이라도 다 아끼며, 나무라도 생순을 꺾지 말며, 부모님 분노하시거든 성품을 거슬리지 말며 웃고, 어린 자식 치지 말고 울리지 마옵소서. 어린아이도 한울님을 모셨으니 아이 치는 것이 곧 한울님을 치는 것이오니, 천리를 모르고 일행 아이를 치면 그 아이가 곧 죽을 것이니 부디 집안에 큰 소리를 내지 말고 화순하기만 힘쓰옵소서. 이같이 한울님을 공경하고 효성하오면 한울님이 좋아하시고 복을 주시나니, 부디 한울님을 극진히 공경하옵소서.

　가신 물이나 아무 물이나 땅에 부을 때에 멀리 뿌리지 말며, 가래 침을 멀리 뱉지 말며, 코를 멀리 풀지 말며, 침과 코가 땅에 떨어지거든 닦아 없이 하고, 또한 침을 멀리 뱉고, 코를 멀리 풀고, 물을 멀리 뿌리면 곧 천지부모님 얼굴에 뱉는 것이니 부디 그리 아시고 조심하옵소서.

　잘 때에「잡니다」고하고, 일어날 때에「일어납니다」고하고, 물 길러 갈 때에「물 길러 갑니다」고하고, 방아 찧으러 갈 때에「방아 찧으러 갑니다」고하고, 정하게 다 찧은 후에「몇 말 몇 되 찧었더니 쌀 몇 말 몇 되 났습니다」고하고, 쌀 그릇에 넣을 때에「쌀 몇 말 몇 되 넣습니다」고하옵소서.

　먹던 밥 새 밥에 섞지 말고, 먹던 국 새 국에 섞지 말고, 먹던 침채 새 침채에 섞지 말고, 먹던 반찬 새 반찬에 섞지 말고, 먹던 밥과 국과 침채와 장과 반찬등절은 따로 두었다가 시장하거든 먹되, 고하지 말고 그저「먹습니다」하옵소서.

　조석할 때에 새 물에다 쌀 다섯번 씻어 안치고, 밥해서 풀 때에 국이나 장이나 침채나 한 그릇 놓고 고하옵소서.

　금난 그릇에 먹지 말고, 이 빠진 그릇에 먹지 말고, 살생하지 말고, 삼시를 부모님 제사와 같이 받드옵소서.

　일가 집이나 남의 집이나 무슨 볼일 있어 가거든「무슨 볼일 있어 갑니다」고하고, 볼일 보고 집에 올 때에「무슨 볼일 보고 집에 갑니다」고하고, 일가나 남이나 무엇이든지 줄 때에「아무것 줍니다」고하고, 일가나 남이나 무엇이든지 주거든「아무것 받습니다」고하옵소서.

　이 칠조목을 하나도 잊지말고 매매사사를 다 한울님께 고하오면,

병과 윤감(輪感)을 아니하고, 악질과 장학(瘴瘧)을 아니하오며, 별복(鱉腹)과 초학(初瘧)을 아니하오며, 간질(癎疾)과 풍병(風病)이라도 다 나으리니, 부디 정성하고 공경하고 믿어 하옵소서. 병도 나으려니와 위선 대도를 속히 통할 것이니, 그리 알고 진심 봉행하옵소서.

24. 내칙(內則)

포태하거든 육종(肉種)을 먹지 말며, 해어(海魚)도 먹지 말며, 논의 우렁도 먹지 말며, 거렁의 가재도 먹지 말며, 고기 냄새도 맡지 말며, 무론 아무 고기라도 먹으면 그 고기 기운을 따라 사람이 나면 모질고 탁하니, 일삭이 되거든 기운 자리에 앉지 말며, 잘 때에 반듯이 자고, 모로 눕지 말며, 침채와 채소와 떡이라도 기울게 썰어 먹지 말며, 울새 터논 데로 다니지 말며, 남의 말 하지 말며, 무거운 것 들지 말며, 무거운 것 이지 말며, 가벼운 것이라도 무거운 듯이 들며, 방아 찧을 때에 너무 되게도 찧지 말며, 급하게도 먹지 말며, 너무 찬 음식도 먹지 말며, 너무 뜨거운 음식도 먹지 말며, 기대앉지 말며, 비껴 서지 말며, 남의 눈을 속이지 말라.

이같이 아니 말면 사람이 나서 요사(夭死)도 하고, 횡사(橫死)도 하고, 조사(早死)도 하고, 병신도 되나니, 이 여러 가지 경계하신 말씀을 잊지 말고 이같이 십삭을 공경하고 믿어하고 조심하오면 사람이 나서 체도도 바르고 총명도 하고 지국과 재기(才技)가 옳게 날 것이니, 부디 그리 알고 각별 조심하옵소서.

이대로만 시행하시면 문왕 같은 성인과 공자 같은 성인을 낳을 것이니, 그리 알고 수도를 지성으로 하옵소서.

이 내칙과 내수도하는 법문을 첨상가에 던져두지 말고, 조용하고 한가한 때를 타서 수도하시는 부인에게 외워 드려, 뼈에 새기고 마음에 지니게 하옵소서.

부록 2.
해월 최시형 연보

1827년 3월 21일 경주 황오리에서 탄생.

부친 종수(宗秀), 모친 월성 배씨. 처음 이름은 경상(慶翔)

1832년(6세)

모친 월성 배씨 환원.

어린 시절은 영일군 신광면 기일[터일]에서 자람

1841년(15세)

부친 종수 환원. 이후 여동생과 함께 친척집에 의탁

1843년(17세)

신광 터일의 제지소에서 직공으로 생계 도모

1845년(19세)

흥해 매곡의 밀양 손씨를 배필로 맞아 결혼

1854년(28세)

신광면 마북동으로 이사. 마을 집강의 직책을 맡음

1859년(33세)

신광면 금등골[검곡]으로 이주 화전으로 생활

1860년(34세)

대신사 후천개벽의 무극대도인 동학·천도교 득도

1861년(35세)

경주의 용담으로 가 대신사를 뵙고 동학에 입도. 이후 주문 공부에 전념

1862년(36세)

1월 하순부터 천어를 듣는 등의 종교체험

　“찬물에 갑자기 앉는 것은 몸에 해롭다.”

7월 초 박대여의 집에 은거하시는 대신사를 찾아 뵘.

　대신사께 종교체험을 논하고 포덕의 명을 받음.

　경상도 동해안 일대(영덕, 상주, 흥해, 예천, 청도, 울진 등) 포덕

1863년(37세)

7월 23일 대신사로부터 북도중주인(北道中主人)의 직임과 해월(海月)의 도
　　호를 받음

8월 14일 도통을 전수받아 동학의 제2세 교조가 됨

12월 10일 새벽 용담에서 대신사 체포 압송

1864년(38세)

1월 6일 대신사 대구 감영에 수감된 이후 대구로 잡입 옥바라지

1월 20일 대신사 명으로 태백산 중 안동으로 피신. 이무중 안동접주의
　　도움으로 은거

3월 10일 대구 장대에서 대신사 순도

4월 영덕 직천의 강수의 집을 거쳐 영해, 평해 황주일의 도움으로 여
　　름을 남

1865년(39세)

1월 울진군 죽병으로 옮김

3월 영양의 용화동 윗대치로 은거하여 농사를 지음

7월 용화동의 아래대치로 옮김(윗대치는 대신사 사모님과 가족이 기거

10월 28일 윗대치 사가에서 대신사 탄신향례와 법설.

　“인내천 강론과 귀천 차별 폐지” 법설

　가을부터 도인들이 윗대치일대로 모여들기 시작

1866년(40세)

3월 10일 대신사순도 향례(용화동 윗대치)

10월 28일 대신사탄신 제례. 대신사 제례를 위한 계안 송부

1867년(41세)

3월 10일 대신사순도제례. 대신사탄신 및 순도제례를 위한 계조직(경주

　　북도중, 영덕도인 중심)

10월 중순 흥해 매곡동 방문. “양천주” 법설

1868년(42세)

4월 영양 용화동 윗대치로 이주

1869년(43세)

2월 강원도 양양 도인들 해월신사를 찾아 윗대치로 방문

3월 강원도 양양 방문 30여 호 포덕(이듬해까지 양양, 인제, 정선, 영월 충북 단양

　　등 포덕)

1871년(45세)

3월 10일 영해교조신원운동(교조신원과 탐관오리 영해부사 이정 처단)

※ 참석지역: 영해, 평해, 울진, 진보, 영양, 안동, 영덕, 청하, 흥해,

연일, 경주북산중, 울산, 장기, 상주, 대구, 경남 영산, 칠원

※ 참가인원: 5~6백명

※ 주동인물: 이필제, 최경오, 강사원, 김진균, 전인철, 남두병, 박영 관 등

※ 결과: 문초중 사망-12명, 효수-32명, 중형 후 정배-21명 등의 인 적 손실과 경상도 북부지방의 동학조직 괴멸

3월 영해교조신원운동 이후 피신

(윗대치 → 봉화군 춘향 → 영월 중동면 소미원의 사가 → 단양 가산 정기현의 집 → 단양 정 석현의 집에서 머슴살이)

5월 강수와 영월 직동의 정진일의 집으로 피신

6월 영양접주 황재민과 재회

8월 이필제 문경사변으로 지목이 심해져 산중으로 은거

9월 영월 직동 박용걸의 집에 은거하며 49일 기도(지달준의 도움)

12월 정선도인 유인상 등 영월 직동 방문. "대인접물" 법설

1872년(46세)

1월 5일 참회고천제례(영해교조신원은둥의 과오를 참회)

1월 20일 순흥 박용걸의 형집 방문

1월 22일 대신사 큰아들 세정 양양감옥에 수감

3월 18일 양양으로 가 세정의 옥사 살핌, 정선 유인상의 집을 거쳐 직 동으로 옮

4월 5일 영월직동 박용걸의 집에서 창도기념제례

4월 8일 정선 유인상의 집 방문

5월 12일 세정 양양에서 옥사

5월 하순 세정을 위한 49일 기도

10월 16일 갈래산 적조암에서 49일 기도(신사, 강수, 전성문, 김해성)

"태백산공사십구" 지음

1873(47세)

1월 전성문과 의형제를 맺음(강수, 박용걸, 전성문을 의제로 삼음)

이후 여러 곳을 돌아가며 도인들의 수련을 지도

12월 9일 대신사 박씨 사모님 환원(정선 동면 화암리 싸내)

12월 10일 정선 유인상의 집에서 박씨 사모님 환원소식을 듣고 싸내로
　　　　가서 가매장으로 장례

1874년(48세)

1월 1일 영춘 장항리 박용걸의 집에서 새해를 맞음

1월 10일 단양의 강수가 방문

1월 15일 순흥의 박용걸의 형 집 방문

2월 초 정선 유도원의 집 방문, 적조암 방문과 철수좌 스님 입적 다비

2월 19일 정선 싸내에서 박씨 사모님 장례식

2월 그믐 영춘 장현곡 박용걸의 집으로 돌아옴

4월 초 단양군 대강면 사동[절골]로 이사, 김씨 사모님과 혼례

12월 9일 박씨 사모님 첫제사를 위해 싸내에 강수와 김연국을 보냄

1875(49세)

1월 22일 대신사의 둘째아들 세청 급사

2월 절골에서 송두둑으로 이사

8월 15일 천제 봉행

9월 초 영남 행(문경 → 상주 → 선산 → 신령 → 용담 가정리 → 청하 → 달성)

10월 18일 고천제 봉행(추수가 끝나고 행한 전통의 제례 계승).

강수를 차도주에 임명. "용시용활" 법설. 이름을 시형(時亨)으로 고침

11월 13일 정선 유시헌의 집에서 고천제 치제. 유시헌을 도접주에 임명

1876(50세)

봄에 대신사 사위들이 박씨 사모님 묘소를 단양 영춘 의풍으로 이장
(1943년 용담으로 이장)

4월 인제 남면 김연호의 집에서 고천제례

7월 손씨 사모님과 재회

1877년(51세)

10월 3일 인제 갑둔리 김연호가에서 고천제를 구성제라 명명하고 치제

1878년(52세)

7월 25일 정선 무은담 유시헌의 집에서 개접(開接).

1879년(53세)

2월 경주 내왕(강수, 김연국 동행)

3월 10일 영양 일월면에서 대신사순도제례(큰사위집)

3월 36일 강원 영서 순회(영월, 정선). 영월 하동면 거석리에서 신몽

윤3월 7일 인제 남면 갑둔리 김치운의 집에서 구성제

4월 초 구성제를 인등제로 바꿔 치성(매년 10월, 11월, 4월에 관례로 행함)

11월 10일 정선 남면 방시학의 집에 대신사수단소를 설치하고 사적편찬

1880년(54세)

1월 정선 동면 전세인의 정서로 사적 간행

5월 9일 인제 남면 갑둔리 김현수의 집에 경전간행소를 설치하고 판각
　　착수

6월 14일 목판본 동경대전 백여 부 간행

6월 15일 경전간행 봉고제례

1881년(55세)

6월 단양 남면 천동 여규덕의 집에서 용담유사 수백권 간행(인제접에서
　　　비용 마련)

1882년(56세)

가을부터 청주와 목천 지역 등지에서 입도자 증가

1883년(57세)

2월 천원군 목천 김은경의 집에서 동경대전 백여부 간행

충청도 일대 포덕 활발. 생활규범 11개조 실천요목 제정

5월 경주판 동경대전 간행

8월에 용담유사 간행

1884년(58세)

3월 10일 대신사조난기념예식. 교인들의 내왕이 많아 지목 심해짐

6월 전라도 익산 금마면의 사자암에서 4개월 은거, 가족은 상주 화서
　　　촌 봉촌리 앞재[전성]로 이사

10월 4일 공주 가섭암에서 21일 수도. 강서 3종 받음

10월 24일 육임제 제정.

13자 주문을 '봉사상제일편심(奉事上帝一片心) 조화정만사지(造化定萬事知)'
　　　로 고침

10월 28일 단양 장정리에서 대신사탄신제례에 각포 두령 82명 참석

1885(59세)

5월 단양군수 최희진 동학지도자 잡아들임

신사 보은 장내리에 은신하며 청주, 진천 순회

청주 서택순의 집에서 '천주직포(天主織布)' 법설

6월 공주 마곡사로 피신

8월 보은으로 돌아와 영일 기계면 화계리에 은거

9월 상주 화령 전성촌으로 이사(최보따리 이야기)

11월 도인들 내방과 법설(천주직포, 이천식천, 사인여천, 천인합일, 귀신과 조화의 실
체, 부부화목, 사인여천은 대신사의 가르침, 공직에 대한 자세 등)

1886년(60세)

4월 위생준칙 반포

6월 하순에 콜레라 괴질, 동학도 무탈로 입도자 증가

충정, 전라, 경상, 경기도 등지의 도인들이 전성촌 내방

1887년(61세)

1월 1일 '무극대도작심정 원통봉하우통통'의 시를 지음

2월 24일 김씨부인 환원

3월 21일 환갑. 갈래사에서 49일 기도(서인주, 손천민)

'불의사월사월래 금사옥사우옥사' 지음.

5월 보은 장내리에 육임소 설치, 육임직 임명

10월 인제 갑둔리 김현경의 집으로 옮김

1888년(62세)

1월 호남북부지방 순례(전주→삼례)

3월 10일 대신사순도제례. 도인들이 행할 새로운 절목[신정절목]10개
조 공포

3월 인제접에서 동경대전과 용담유사 중간(무자판)

전라북도와 충청도 지역에 포덕 대치

9월 흉년이 들자 도인들간에 서로돕기 통문

1889년(63세)

1월 15일 정선민란과 인제민란으로 동학에 대한 지목 심해짐

7월 보은 장내리의 육임소를 파하고 괴산 신양동(수수면 수리 새양동)으로
　　피신

10월 문경사변으로 서인주, 강한형, 정현섭 등 피체.

신사 피신(음성→ 인제군 갑둔리 김현경의 집→간성 왕곡마을 김하도의 집에서 과세)

1890년(64세)

1월 인제 갑둔리로 옮김

2월 15일 성황거리 이명수의 집으로 옮김

3월 충주 외서촌 보뜰(음성군 금왕읍 도전리)로 가족들과 옮김(손병희 주선)

4월 양구군 죽곡리 길운성의 집에 은거

5월 15일 인제 갑둔리 김연호의 집으로 옮김

7월 초에 성황거리 이명수의 집으로 옮김."저 새소리도 시천주의 소리"

7월 가족 공주 정안면 활원으로 이사(윤상오 주선)

8월 활원에서 가족들과 상봉

9월 가족 진천군 초평면 용산리 금성동으로 이사(서택순 주선)

10월 영남순례

11월 김산군 구성면 복호동 김창준의 집 방문. "내칙·내수도문" 반포

12월 공주 신평 윤상오의 집에서 과세

1891년(65세)

2월 공주 정안면 평정리 동막으로 가족 이사(윤상오 주선)

3월 호남포덕 증가로 윤상오를 우도편의장, 남계천을 좌도편의장에

임명. 이후 분란이 생기자 남계천을 좌·우도 편의장과 도접주 임명

5월 호남 순례(옥천 → 익산 오산 남계천의 집 → 부안 신리 윤상오의 집 → 옹정 → 고부 →
　　태인 동곡 김낙삼의 집 → 지금실 김기범의 집 → 원평 용계마을 김덕명의 집 → 전주 →
　　공주 동막)

"문벌이 천미한 자라도 두령의 자격이 있다."

7월 금성동에서 "관관일기정심처" 지음. 임사실천10개조 반포

12월 초 충주 외서촌 보뜰로 이사

"모든 산이 검게 변하고 모든 길에 비단이 깔리고 만국과 교역할 때"

1892년(66세)

1월 충청감사 조병식 동학탄압 극심

1월 진천군 초평면 부창리로 피신(손병희 주선)

1월 19일 건실한 생활자세로 수행하라는 통유문 띄움

1월 25일 생활자세에 대한 요목 통유

2월 26일 3월 1일부터 100일간 기도하라는 통유(해시에 청수봉행)

2월 29일 각종 임첩 납발 방지 통유

5월 15일 상주 공성면 효곡리 윗왕실에 거처(권병덕 주선)

"식즉천(食卽天)[먹는 것이 하늘이다]"법설

동학의 확산으로 관의 탄압이 심해져 충청도와 전라도 수령들이 동학
　　도의 재산을 몰수

5월 관의 탄압으로 충청도 도인은 보은 장내리로 전라도 도인은 금구
　　원평으로 모여듦

7월 교조신원운동 논의(서인주, 서병학 건의)

10월 교조신원운동 시작. 청주 남쪽 솔뫼에 의송소를 설치하고 신원
　　협의

10월 17일 교조신원을 알리는 입의통문 발송

10월 20일 동학도 천여명이 공주 집결

10월 21일 서인주, 서병학을 앞세워 충청감사에 의송단자[소원문] 제출

10월 22일 충청감사 조병식 제사를 동학도에 전해줌

"동학에 관한 권한은 조정에 있다."

일부 동학도들의 농성에 충청감사는 감결을 수령에 보내 횡포와 침탈
　　을 못하게 함

10월 25일 동학지도부 해산

10월 25일 전라도 삼례에 동학도회소를 설치

10월 27일 삼례집회를 알리는 경통 발송

11월 1일 전봉준, 유태홍이 의송단자를 전라감사 이경직에 제출

11월 7일 동학도는 이경직의 결단을 촉구하는 글을 재차 제출

11월 9일 이경직의 제음을 받음 "동학은 나라에서 금한다."

동학지도부 해산하지 않고 시위 계속, 전라감사는 영장 김시풍으로 하
　　여금 군졸을 동원하여 해산하려 함. 김시풍과 서인주 삼례남쪽 한
　　천[만경강]에서 담판. 동학의 기세에 눌린 김시풍은 전주로 돌아감

11월 11일 전라감사 각 군·현에 감결 발송. "동학도의 재산 약탈금지"

11월 12일 지도부 해산

11월 12일 각 접과 도소에서 군·현에 단자를 올려 부정에 시정하자는
　　경통 발송

11월 19일 서울에서 교조신원운동을 할 것을 알리는 통문 발송

11월 21일 전라감사는 각 군·현에 동학도 탄압을 중지하라는 감결 재
　　차 발송

11월 말 서학과 대립하지 말라는 경통 발송

12월 초 정부 상대 교조신원운동 준비 착수. 보은 장내리에 동학도소 설치, 육임 임명, 상소문 작성

12월 초 소장을 올려 정부의 반응 살핌. 정부는 소장 접수치 않고 도소에 돌려보냄

1893년(67세)

1월 청원군 산동면 용곡리 권병덕의 집에서 서병학에 광화문교조신원 운동 허락, 봉소도소를 청원군 송산리 솔뫼[남일면 신송리] 손천민의 집에 설치

1월 10일경 제소문안 작성

1월 20일 두령에 서울 집결 경통 발송

2월 8일 왕세자탄신일 별시(別試) 시행

2월 1일 서병학 등 선발대 복소를 위한 도소인 서울 남서 남소동 최창한의 집에 집결

2월 10일 도소에서 봉소를 위한 봉고식

2월 11일 봉소인 9명이 주의(周衣)를 입고 광화문에서 복소(伏疏), 천여 명의 도인 운집. 봉소인: 소수 박광호 제소 손천민 서소 남홍원 봉소 박석규 임규호 손병희 김낙봉 권병덕 박원칠 김석도

2월 12~13일 광화문에서 광화문교조신원운동전개

2월 13일 오후 정부가 사알을 보내 "집으로 돌아가 생업에 임하면 소원에 따라 베풀어준다."는 말을 전하고 돌아감

2월 14일~15일 동학교인들 해산하여 서울을 빠져나감

※ 광화문복합상소를 하면서 동학교인은 반외세운동을 전개

2월 7일 서학교두를 지목하는 괘서

2월 13일 서울 외국인 거리, 18일 서양공관, 24일에는 일본인을 경고

    하는 글

3월 2일 일본국 상려관에 방을 내걸음

3월 10일 대신사 순도제례(옥천군 청송면 거포리 갯밭의 김연국의 집)

    동학지도부 척왜양창의를 건의.

    신사 보은 장내에 모든 교인을 모으도록 통유

    보은관아, 부산성문 등 경상, 전라, 충청의 주요지역에 척왜양창

    의와 보국안민의 방을 내걸음

3월 11일 신사 보은 장내리로 옮

3월 13일부터 각지의 도인 집결 시작

3월 15일 1만 명 이상의 도인 집결

3월 16일 동원 독촉의 통문 재차 발송

3월 16일 정부는 해산령을 내림. 금구 원평에도 도인 집결

3월 17일 호조참판 어윤중을 양호도어사로 임명 사태수습

3월 18일 장내리 뒷산 옥녀봉에 돌담 축조. 각 포에 포명 제정

3월 19일 전라도 도인 집결 시작

3월 20일 척왜양창의와 40여 포명 깃발 게양

3월 21일 2만여명 집결

3월 23일 보은 군수 이중익 등 장내리에서 해산 종용

3월 25일 조정에서 보은신원운동 대책회의

3월 25일 양호도오사 어윤중 보은에 도착

3월 26일 장내리에서 어윤중과 동학지도부 면담 후 조정에 장계 올림

3월 29일 경군 6백명 청주 도착

3월 28일 고종의 윤음 하달

3월 30일 어윤중 고종의 윤음 동학도에 전달 "해산 후 생업 종사 종용"

4월 1일 청주병정 1백명 보은에 도착

4월 2일 해월신사 해산명령 후 장내리를 빠져나와 상주 공성면 효곡
리 왕실집으로 돌아옴

4월 3일 금구 원평의 동학군 해산

4월 10일 정부 동학지도부 체포령

4월 15일 경상도 지역 순회

8월 청산군 문바위골[옥천군 청산면 한곡리]로 이거
문암리에 대도소를 설하고 각포에 법소와 도서를 설치 12월 중순
경부터 새로운 활동

1894년(68세)

1월 문암리에 강석(講席) 마련

1월 10일 새벽 전봉준 등 고부관아 점령

1월 17일 민요군 말목장터로 옮김

2월 15일 고부군수 박명원 임명

3월 3일 민요군 일부해산

3월 5일 민요군 백산 이전

3월 7일 안핵사 이용태 진상규명을 구실로 동학도와 농민 탐학

3월 9일 동학군 원평에 집결

3월 16일 동학군 무장현 동음치면 구엄리 구수 당산으로 이동

3월 20일 동학군 무장 용현에서 기포

3월 25일 동학군 백산으로 이동 '호남창의대장소' 설치. 격문 선포

3월 29일 조정에서 홍계훈은 양호초토사로 임명 장위영소속 500명과

인천 출발

4월 6일 동학군 황토현 전투 승리

　동학군 남진(정읍→흥덕→고창→무장→영광→힘평)

4월 7일 홍계훈 전주성 도착

4월 23일 동학군 장성 황룡촌 전투 승리

4월 27일 동학군 전주성 입성

5월 7일 전주 화약. 전라도 53개 군·현에 집강소 설치

6월 25일 청·일 전쟁

9월 동학군 2차 기포 논산 집결

9월 18일 신사 각포 두령에 기포하라는 통유 발송

10월초 황산에서 충청 지역 동학도 집결. 손병희 통령으로 임명

10월 16일 논산에서 손병희와 전봉준의 동학군 합세 공주 진격

10월 21일 동학군 세성산전투 패배

10월 23일 공주 공략을 위해 이인전투, 효포·곰치전투

11월 9일 동학군 효포·곰치·우금치 세 방면으로 총공격

11월 11일 동학4군 노성으로 후퇴

11월 15일 동학군 논산 황화대에서 관군에 대패

11월 18일 동학군 전주성으로 후퇴

11월 25일 금구 원평·태인 전투 패배. 전봉준과 손병희부대 나뉨

12월 2일 동도대장 전봉준 순창 피로리에서 체포.

　김개남 대접주 태인 종송리에서 체포

12월 3일 김개남 대접주 전주 초록바위에서 효수

1894년(68세)

11월 태인전투 후 손병희 임실 갈담에서 신사와 재회

12월 신사 손병희와 함께 오수 장수 무주를 거쳐 영동, 용산, 청산, 보은, 북실 경유

12월 24일 무극 장대에서 대패 후 강원도 홍천으로 피신

1895년(69세)

1월 인제군 느릅정의 최영서의 집에 은거

6월 홍천군 고대의 최우범의 집 방문

12월 원주 치악산 중 수레촌으로 이사(임학선 주선)

1896년(70세)

1월 5일 손병희에 의암의 도호 수여

1월 11일 손천민에 송암, 김연국에 구암의 도호 수여. 3암의 집단지도 체제 임명

1월 18일 개벽운수 법설

2월 초 충주 외서촌 마르택으로 이사(이용구 주선)

3월 초 상주 높은터로 은거

4월 음성군 창곡으로 이거

5월 "성·경·신" 법설

6월 청주군 청천면 산막리로 이거

8월 상주군 은척원으로 이거

12월 마음을 경계하는 통문 배부

1897년(71세)

2월 음죽군 앵산동으로 이거. 지목이 심해짐

4월 5일 창도기념식을 향아설위로 봉행

7월 황해도와 평안도 포덕을 위해 '북접법헌'의 명첩을 '용담연원'으로 변경

8월 여주 전거론으로 이사

10월 28일 인제군 느릅정 최영서의 집에서 대신사 탄신 향례

12월 24일 의암 손병희에 도통 전수

1897년(72세)

1월 3일 권성좌의 밀고로 여주 전거론에서 피체의 위기를 당하나 손병희의 기지로 모면

1월 4일 지평군 갈현 이강수의 집에 며칠 은거하다 홍천군 서면 제일동 오창섭의 집으로 피신하였다가 며칠 뒤 홍천 동면 방아재의 용여수의 집에 은거하다 2월 그믐에 여주 임학선의 주선으로 원주군 송골 원진여의 집으로 이주

4월 4일 창도기념식을 봉행하러온 두목을 집으로 보냄

4월 5일 정오 경 송경인의 밀고로 원주 송골에서 경군에 체포됨

문막을 거쳐 여주에서 배편으로 서울로 압송됨

5월 11일 법정 심문

5월 말일 좌도난정율(左道亂正律)로 사형 언도 후 한성감옥으로 이감

6월 2일 하오 2시 한성감옥에서 교형(絞刑)으로 순도(殉道)

『동경대전』.

『고종실록』.

『해월선생문집』.

『수운행록』.

『대선생문집』.

『최선생문집도원기서』.

『천도교회사초고』.

『천도교서』.

『시천교종역사』.

「전봉준공초」.

『해월신사 법설』.

『한국민족문화대백과사전』.

『일성록』.

『천도교서』.

『右捕廳謄錄』.

『신미역적필제기현등국안』.

『우포청등록』.

『교남공적』.

『신미아변시일기』.

『신미영해부적변문축』.

『천도교경전』.

『천도교회사초고』.

『東京日日新聞』.

『舊韓國外交文書』.

『속음청사』.

『율산일기』.

『오하기문』.

『광서조중일교섭문서』.

『영상일기』.

『용암 김낙철역사』

『천도교회월보』

『신인간』

「金洛鳳履歷」

『주한일본공사관기록』

『東匪討錄』

『천도교임실교구사』

『천도교회월보』

『신인간』

오지영, 『동학사』, 영창서관, 1938.

이돈화, 『천도교창건사』, 천도교중앙종리원, 1933.

『韓國民衆運史資料大系: 東學書』, 驪江出版社, 1986.

「天道敎百年略史(上)」, 천도교중앙총부 교사편찬위원회, 1981.

최동희, 『해월 최시형』, 태극출판사, 1970.

김용섭, 『한국근대 농업사 연구』(상), 일조각, 1984.

한국역사연구회 편, 『한국사강의』, 한울아카데미, 1989.

민중사상연구소 편, 『한국근대민중사』, 참한, 1988.

황현 저·김준 역, 『완역 매천야록』, 교문사, 1996.

김운태, 『조선왕조행정사(근세편)』, 박영사, 1981.

최정간, 『해월 최시형가의 사람들』, 웅진출판, 1994.

표영삼, 『동학』 1, 통나무, 2004.

표영삼, 『동학』 2, 통나무, 2015.

김구 저·이만열 옮김, 『백범일지』, 역민사, 1997.

『동학농민혁명국역총서』 11, 동학농민혁명기념재단, 2013.

조경달 저, 박맹수 옮김, 『이단의 민중반란』, 역사비평사, 2008.

강동진, 『일제의 한국침략정책사』, 한길사, 1980.

윤석산, 『동학 교조 수운 최제우』, 모시는사람들, 2004.

윤석산, 『해월 최시형의 삶과 사상』, 모시는사람들, 2014.

『양양군답사보고서』, 한양대학교 국제문화대 한국언어학과, 1993.

황선희, 『한국근대사상과 민족운동』 I, 혜안, 1996.

장영민, 『동학의 정치사상운동』, 경인출판사, 2004.

영덕군지편찬위원회, 『영덕군지(상)』, 영덕군, 2002.

김기현 편저, 『최초의 동학혁명』, 황금알, 2005.

오문환, 『사람이 한울이다』, 도서출판 솔, 1996.

신용하, 『동학과 갑오농민전쟁연구』, 일조각, 1993.

김구, 『白凡日誌』(학술원판), 나남출판, 2002.

오문환, 『해월 최시형의 정치철학』, 모시는사람들, 2003.

표영삼, 『표영삼의 동학이야기』, 모시는사람들, 2018.

『동학관련판결문집』 1, 총무처 정부기록보존소, 1994.

한성대 역사연구팀, 『서소문역사공원과 동학의 관련성 검증을 위한 역사고증 학
　　　술용역 연구결과 보고』, 2016.

조광, 「19세기 민란의 사회경제적 배경」, 『19세기 한국전통사회의 변모와 민중의
　　　식』, 고려대학교 민족문화연구소, 1882.

김정기, 「자본주의 열강의 이권침탈연구」, 『역사비평』 가을, 1990.

최승희, 「서원(유림) 세력의 동학배척운동 소고」, 『한우근박사정년기념사학논총』,
　　　지식산업사, 1981.

박맹수, 『최시형 연구』, 정신문화연구원 한국학대학원 박사학위논문, 1995.

김상기, 「수운행록 해제」, 『아세아연구』 13, 아세아문화연구소, 1984.

표영삼, 「수운대신사의 생애」, 『한국사상』 20, 한국사상연구회, 1985.

최원식, 「동학가사 해제」, 『동학가사』 1, 한국정신문화연구원, 1979.

김상일, 「상주지역 동학교단의 활동과 동학가사」, 『동학학보』 12, 한국동학학회,
　　　2006.

박맹수, 「동학농민전쟁기 해월 최시형의 활동」, 『해월 최시형과 동학사상』, 부산문
　　　화예술대학 동학연구소편, 예문서관, 1999.

윤석산, 「이야기 동경대전」, 『신인간』 2009.7.

신일철, 「동학사상의 전개」, 『한국사상』 17, 한국사상연구회, 1980.

장영민, 「1840년 영해향전과 그 배경에 관한 소고」, 『충남사학』 2, 충남대학교 사
　　　학과, 1987.

장영민, 「1871년 영해 동학난」, 『한국학보』 47, 일지사, 1987.

장영민, 「최시형과 서장옥-남북접 문제와 관련하여-」, 『동학농민혁명과 농민군 지도부의 성격』, 서경문화사, 1997.

표영삼, 「용강본 대선생사적」(하), 『신인간』 495, 1991.6.

연갑수, 「이필제 연구」, 『동학학보』 6, 한국동학학회, 2003.

김용환, 「동학교조신원운동과 동학농민혁명의 상관연동」, 『동학학보』 25, 동학학회, 1912.

박찬승, 「1892, 1893년 동학교도들의 '신원'운동과 '척왜양' 운동」.

정창렬, 「동학교문과 전봉준의 관계 – 교조신원운동과 고부민란을 중심으로 –」, 『19세기 전통사회의 변모와 민중의식』, 고려대학교.

박맹수, 「동학과 동학농민혁명 연구에 대한 재검토」, 『동학연구』 9·10합집호, 한국동학학회, 2001.

장영민, 「동학농민운동연구」, 한국정신문화연구원 박사학위논문, 1994.

이규성, 「열망에 대하여」, 『녹색평론』 31, 녹색평론사, 1996.

최준식, 「우리 스승 우습게 보비 말라」, 『해월 최시형과 동학사상』, 예문서원, 1999.

임상욱, 「해월 최시형의 퍼실리테이션 지향점」, 『동학학보』 29, 동학학회, 2013.

김용덕, 「동학군의 조직에 관하여」, 『한국사상총서』 IV, 한국사상연구회, 1875.

임순호, 「해월신사의 은도시대」, 『천도교회월보』 248, 1931.8.

나용환, 「해월신사의 통문을 가지고」, 『신인간』 49, 1930.7.

나용환, 「신성께 처음 뵈올 때」, 『신인간』 25, 1928.7.

조기간, 「해월신사의 수형 전후 실기」, 『신인간』 14, 1927.7.

성봉덕, 「해월신사의 순도경위」, 『신인간』 483, 1990.6.

임형진, 「여주의 동학과 해월 최시형의 최후에 관한 연구」, 『경기도 여주 동학농민혁명』, 모시는사람들, 2020.

성강현, 「동학농민혁명 이후 해월 최시형의 피신과 교단 수습」, 『동학학보』 49, 동학학회, 2018.

배항섭, 『조선후기 민중운동과 동학농민전쟁의 발발』, 경인문화사, 2002.

경주최씨 운내종친회 블로그.

저자소개

성주현

한양대학교 대학원 사학과를 졸업, 문학박사 학위를 받았다. 한국근대사를 전공했으며, 동학·천도교와 민족운동사, 그리고 관동대지진에 대해 연구하고 있다. 천도교 자료실장, 독립기념관 한국독립운동사연구소 연구원, 부천대학교 겸임교수, 청암대학교 재일코리안연구소 연구실장, 숭실대학교 한국기독교문화연구원 HK연구교수 등을 지냈다.

현재 천도교중앙총부 상주선도사, 1923 제노사이드연구소 부소장, 평택박물관연구소 소장 등으로 활동하고 있다.

주요 저술로는 『동학과 동학혁명의 재인식』(국학자료원, 2010), 『식민지시기 종교와 민족운동』(2013), 『일제하 민족운동 시선의 확대』(2014), 『근대 신청년과 신문화운동』(2019), 『동학과 동학농민혁명』(2019), 『관동대지진과 식민지 조선』(2020), 『근대전환기 서구문명의 수용과 민족운동』(2021), 『식민지 조선과 매일신보-1910년대-』(2002, 공저), 『시선의 탄생-식민지 조선의 근대관광』(2011, 공저), 『고종시대 정치리더십 연구』(2017, 공저), 『3.1운동의 역사적 의의와 지역적 전개』(2019, 공저)